国家级重点技工学校推荐教材

船舶气割工（中级）

CHUANBO QIGEGONG（ZHONGJI）

主　编　张　敏　李风波　朱春生

哈尔滨工程大学出版社

内 容 简 介

本书紧扣《船舶气割工国家职业技能标准》,详细讲解了船舶中级气割工应掌握的最新实用知识及操作技能,以达到船舶气割工(中级)上岗的基本要求。全书内容注重实用性,语言通俗易懂,结构安排上从气割基础知识讲起,由浅入深,系统地介绍了气割基本知识、气割工艺及实例、碳弧气刨及切割、等离子弧切割、船舶金属材料知识、造船工艺知识、质量管理和气割安全等内容。

本书可作为船舶气割工(中级)职业技能培训与鉴定考核用书,还可作为技工学校和其他中等职业技术学院焊接、船体工程专业的操作技能培训教材,也适合于各行业广大气割、焊接、装配工人和现场施工的技术人员阅读。

图书在版编目(CIP)数据

船舶气割工:中级/张敏,李风波,朱春生主编.
—哈尔滨:哈尔滨工程大学出版社,2016.6(2025.8 重印)
ISBN 978 - 7 - 5661 - 1270 - 5

Ⅰ. ①船… Ⅱ. ①张… ②李… ③朱… Ⅲ. ①造船—气割—工艺学 Ⅳ. ①U671.8

中国版本图书馆 CIP 数据核字(2016)第 113397 号

选题策划 史大伟
责任编辑 张忠远 邹临怡
封面设计 恒润设计

出版发行 哈尔滨工程大学出版社
社 址 哈尔滨市南岗区南通大街 145 号
邮政编码 150001
电 话 0451 - 82519989
经 销 新华书店
印 刷 哈尔滨市海德利商务印刷有限公司
开 本 787mm×1 092mm 1/16
印 张 12.5
字 数 318 千字
版 次 2016 年 6 月第 1 版
印 次 2025 年 8 月第 2 次印刷
定 价 27.00 元
http://www.hrbeupress.com
E-mail:heupress@ hrbeu.edu.cn

前　言

　　气割与焊接一样，是现代工业生产中的重要加工工艺，在造船、化工、桥梁、水电、建筑、机械制造和国防工业等许多重要行业都有广泛的应用。气割工的操作技能水平对保证产品质量、降低物资消耗、提高经济效益、增强市场竞争力等方面具有重要的影响。

　　本系列丛书是依据国家人力资源和社会保障部 2012 年出版的《船舶气割工（中级）标准》对船舶气割工（中级）的相关要求而编写的，包括《船舶气割工（初级）》《船舶气割工（中级）》《船舶气割工（高级－技师级）》三册。在编写过程中，内容紧扣《船舶气割工国家职业技能标准》中的理论知识和技能要求，并将两者紧密融合在一起，力求内容精练、实用、通俗易懂、覆盖面广、通用性强。在编写过程中针对船舶及海洋装备制造业的行业特点，对气割基本知识、气割工艺及技术、气割实操、碳弧气刨、等离子切割、激光切割、船舶建造工艺基本知识、金属材料知识、气割质量控制和气割安全等内容进行了分层次阐述，并增加了大量的图表和数据，以便于读者参考及使用，并突出理论与实践相结合的特点。

　　在编写过程中参考了大量有关的经典著作和最新的研究成果，部分参考文献已列于书末，尚有一些资料未能一一列出，敬请谅解。

　　笔者力求使本书能够全面反映船舶与海洋工程领域的基本气割技术，但由于知识水平所限、任务重，书中难免有疏漏或不妥之处，恳请广大读者及同行专家批评指正。

编　者
2016 年 3 月

目　　录

第1章 气割基本知识

1.1 气割原理和过程

气割的原理是利用燃气与氧气混合燃烧产生的热量(即预热火焰的热量)预热金属表面,使预热处金属达到燃烧温度(燃点),并使其呈活化状态,然后送进高纯度、高速度的切割氧流,使金属(主要是铁)在氧气中剧烈燃烧,生成氧化熔渣同时放出大量热量,借助这些燃烧热和熔渣不断加热切口处金属燃烧并使热量迅速传递,直到工件底部,同时借助高速氧流的动量把燃烧生成的氧化熔渣吹除,被切工件与割炬相对移动形成割缝,达到切割金属的目的。

气割实质就是钢在高纯度氧气中燃烧的化学过程和借切割氧流的动量排除熔渣的物理过程相结合的一种加工过程,如图1-1所示。

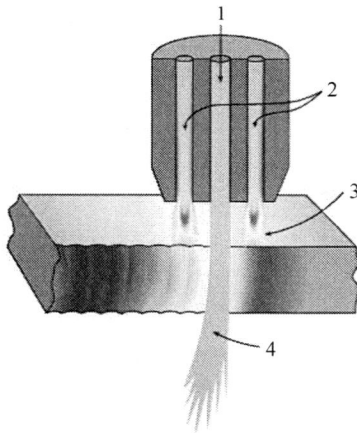

图1-1 气割示意图
1—氧气;2—燃气和氧气;3—预热焰;4—氧化渣

1.1.1 气割过程大致可分为互有关联的四个阶段

(1)起割点处的金属表面用预热火焰加热到其燃点,使预热处金属在切割氧中开始燃烧。这个阶段预热火焰起重要作用,氧-燃气的火焰温度决定加热金属至燃点所需的时间,一般催化燃气的气割时间要短一些。

(2)燃烧反应向金属下层传播。预热处金属达到燃烧温度后给出切割氧,氧化燃烧迅速开始并迅速向金属下层传播,传播速度非常快。这个过程中预热火焰的温度已降到次要,而金属在氧中燃烧产生的化学反应热已起重要作用。

(3)高速氧流排除燃烧反应生成的熔渣。这个过程是个物理过程,是和第二个过程同时进行的过程。

（4）利用熔渣和预热火焰的热量将切口前缘的金属上层加热到燃点，使之继续与氧产生燃烧反应，以维持整个切割过程。

上述过程不断重复，金属切割就连续地进行。总之，整个切割过程主要是金属在氧气中剧烈燃烧产生大量热量并维持整个切割过程的连续。

气割的化学反应式为

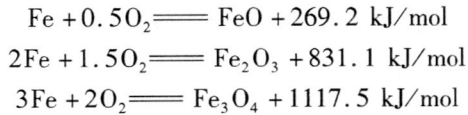

$$Fe + 0.5O_2 \Longrightarrow FeO + 269.2 \text{ kJ/mol}$$
$$2Fe + 1.5O_2 \Longrightarrow Fe_2O_3 + 831.1 \text{ kJ/mol}$$
$$3Fe + 2O_2 \Longrightarrow Fe_3O_4 + 1117.5 \text{ kJ/mol}$$

这三种反应几乎同时进行，在切割反应区将形成三种铁的氧化物，并放出大量的热量，反应速度非常快。

1.1.2　气割的应用条件

气割的实质是被切割材料在纯氧中的燃烧过程，不是熔化过程。并不是所有金属都可以进行气割，金属气割要满足以下一些条件。

（1）金属在氧气中的熔点应该高于它的燃点。气割时金属在固态下燃烧，才能保证切口平整。如果燃点高于熔点，则金属在燃烧前已经熔化，切口质量很差，严重时切割无法进行。

（2）金属氧化物的熔点应该低于金属本身的熔点，且氧化物的流动性要好。氧化物的熔点低于金属的熔点，则生成的氧化物才可能以液体状态从切口中被纯氧吹除。否则，氧化物会比液体金属先凝固，而在液体金属表面形成固态薄膜；或黏度大，不易吹除，而且阻碍下层金属与氧接触，使切割过程发生困难。铸铁、铝、铜等氧化物的熔点均高于材料本身的熔点，铸铁中的硅及铜、铝氧化物黏度都很大，因此它们很难气割。几种金属及其氧化物的熔点及气割性见表1-1。

表1-1　几种金属及其氧化物的熔点及气割性

金属名称	金属熔点/℃	金属氧化物熔点/℃	气割性
纯铁	1 538	1 370～1 565	良好
低碳钢	1 400～1 500	1 370～1 565	良好
高碳钢	1 300～1 400	1 370～1 565	差
铸铁	1 200～1 300	1 370～1 565	差
紫铜	1 083	1 236	不可气割
黄铜	850～900	1 236	不可气割
锡青铜	850～900	1 236	不可气割
铝	658	2 050	不可气割
锌	419	1 800	不可气割
铬	1 550	1 990	很差
镍	1 452	1 990	很差

表 1-1（续）

金属名称	金属熔点/℃	金属氧化物熔点/℃	气割性
钛	1 727	1 640	良好
钨	3 370	1 470	差
钼	2 620	795	非常差

（3）金属在氧气中燃烧时，能放出较多的热量，且金属的导热性要低。这样才能保证切口处下层金属的燃烧。否则，生成的热量低，导热性好，热量由切割处剧烈地散失而严重不足，导致气割不能正常进行。

（4）金属中含阻碍切割过程进行和提高金属淬硬性的成分及杂质要少。一些合金元素对钢的气割性能的影响见表 1-2。

表 1-2　合金元素对钢的气割性能的影响

元素	影响
C	$w(C)<0.25\%$，气割性能良好；$0.25\%\leqslant w(C)<0.4\%$，气割性能尚好；$w(C)>0.5\%$，气割性能显著变坏；$w(C)>1\%$，不能气割
Mn	$w(Mn)<4\%$，对气割性能没有明显影响，但随含量增加气割性能变坏；当 $w(Mn)\geqslant14\%$ 时，不能气割；当钢中 $w(C)>0.3\%$ 且 $w(Mn)>0.8\%$ 时，淬硬倾向和热影响区的脆性增加，不宜气割
Si	硅的氧化物使熔点的黏度增加，钢中硅的一般含量对气割性能没有影响，$w(Si)<4\%$ 时，可以气割，但含量增加，气割性能明显恶化
Cr	铬的氧化物熔点高，使熔渣的黏度增加，$w(Cr)\leqslant5\%$ 时，气割性能尚可，但含量大时，应考虑特种气割方式
Ni	镍的氧化物熔点高，使熔渣的黏度增加，$w(Ni)<7\%$ 时，气割性能尚可，但含量较高时，应考虑特种气割方式
Mo	Mo 提高钢的淬硬性，$w(Mo)<0.25\%$ 时，对气割性能没有影响
W	W 增加钢的淬硬倾向，氧化物熔点高。一般含量对气割性能影响不大，但含量接近 10% 时，气割困难，超过 20% 时，不能气割
Cu	$w(Cu)<0.7\%$ 时，对气割性能没有影响
Al	$w(Al)<0.5\%$ 时，对气割性能影响不大，但 $w(Al)>10\%$ 时，则不能气割
V	含有少量的钒，对气割性能没有影响
S,P	在允许的含量内，对气割性能没有影响

当被切割的材料部无法满足上述条件时，则应对气割进行改进，如振动气割、氧熔剂切割等，或采用其他切割方法，如等离子弧切割来完成材料的切割任务。

1.1.3　常见金属的气割性

1. 碳钢

在金属材料中,低碳钢的气割性能是比较好的,虽然从表1-1来看,低碳钢的氧化物略高于金属熔点,但低碳钢的燃点(1 350 ℃)低于熔点,而且低碳钢在氧气中燃烧放热量大,熔渣的黏度低,流动性好,所以气割性能良好。随着含碳量的增加钢的熔点逐渐降低(从表1-1可以看出,高碳钢的熔点比低碳钢的熔点低),钢的燃点逐渐接近熔点,淬硬倾向增大,气割难度也增加,因而高碳钢的气割性较低碳钢差。

2. 铸铁

铸铁气割性能差的原因主要是:铸铁的含碳量、含硅量较高,它的燃点高于熔点;气割时生成的 SiO_2 熔点高、黏度大、流动性差;碳燃烧生成的气体会降低氧气流的纯度。因此铸铁不能用普通的气割方法切割,但可以采用振动气割方法切割。

3. 高铬钢和铬镍钢

高铬钢和铬镍钢燃烧生成的氧化物熔点很高,流动性差,易于覆盖在切口表面,阻碍气割的进行,因此高铬钢和铬镍钢的气割性差,难以用普通的气割方法切割,但可采用振动气割法切割。

4. 铜及铜合金

因为铜及铜合金的燃点高于熔点,材料的导热性好,燃烧生成的熔渣的熔点高,材料燃烧时放热量少,所以无法采用气割法切割铜及铜合金。

5. 铝及铝合金

虽然铝和铝合金燃烧时放热量大,但由于其燃点高于熔点、导热性好、熔渣的熔点高等原因,所以也不能进行气割。

1.2　气割用气体及器具

气割火焰是由可燃气体与氧气混合而形成的。可燃气体主要是指乙炔气、液化石油气,也可采用氢气。

1.2.1　对气割火焰的要求

气割的火焰是预热的热源,火焰的气流又是熔化金属的保护介质。焊接火焰直接影响到焊接质量和焊接生产率。气割时要求焊接火焰应有足够的温度、体积要小、焰芯要直、热量要集中,还应要求火焰具有保护性,以防止空气中的氧和氮对熔化金属的氧化及污染。

1.2.2　气割火焰的种类和性质

1. 气割的火焰分类

气割的气体火焰包括氧-乙炔焰、氢氧焰及液化石油气体燃烧的火焰(液化石油气中丙烷(C_3H_8)体积分数占50% ~80%,此外还有丁烷(C_4H_{10})和丁烯(C_4H_8)等)。乙炔与氧混合燃烧形成的火焰,称为氧-乙炔焰。氧-乙炔焰具有很高的温度(约3 200 ℃),加热集中,因此是气割中主要采用的火焰。

氢与氧混合燃烧形成的火焰,称为氢氧焰。氢氧焰是气焊最早使用的气体火焰,由于其燃烧温度低(温度可达 2 770 ℃),且容易发生爆炸事故,未被广泛应用于工业生产,目前主要用于水下火焰切割等。

液化石油气燃烧的温度比氧 – 乙炔火焰要低(丙烷在氧气中燃烧温度为 2 000 ~ 2 850 ℃)。液化石油气体燃烧的火焰主要用于金属切割,用于气割时,金属预热时间稍长,但可以减少切口边缘的过烧现象,切割质量较好,在切割多层叠板时,切割速度比使用乙炔快 20% ~ 30%。液化石油气体燃烧的火焰除越来越广泛地应用于钢材的切割外,还用于焊接有色金属。国外还有采用乙炔与液化石油气体混合,作为焊接气源。

2. 气割的火焰性质

乙炔(C_2H_2)在氧气(O_2)中的燃烧过程可以分为两个阶段。首先,乙炔在加热作用下被分解为碳(C)和氢(H_2),接着碳和混合气中的氧发生反应生成一氧化碳(CO),形成第一阶段的燃烧;随后,在第二阶段的燃烧是依靠空气中的氧进行的,这时一氧化碳和氢气分别与氧发生反应分别生成二氧化碳(CO_2)和水(H_2O)。上述的反应释放出热量,即乙炔在氧气中燃烧的过程是一个放热的过程。

氧 – 乙炔火焰根据氧和乙炔混合比的不同,可分为中性焰、碳化焰和氧化焰三种类型,其构造和形状如图 1 – 2 所示。

(1)中性焰

中性焰是氧与乙炔体积的比值($V(O_2)/V(C_2H_2)$)为 1.1 ~ 1.2 的混合气燃烧形成的气体火焰,中性焰在第一燃烧阶段既无过剩的氧又无游离的碳。当氧与丙烷体积的比值($V(O_2)/V(C_3H_8)$)为3.5时,也可得到中性焰。中性焰有三个显著区别的区域,分别为焰芯、内焰和外焰,如图 1 – 2(a)所示。

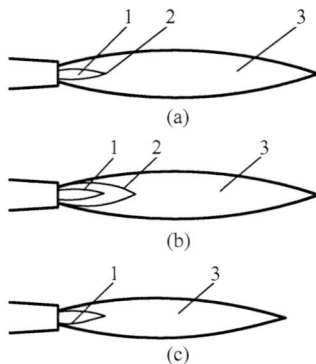

图 1 – 2　氧 – 乙炔焰的构造和形状
(a)中性焰;(b)碳化焰;(c)氧化焰
1—焰芯;2—内焰;3—外焰

①焰芯

中性焰的焰芯呈尖锥形,色白而明亮,轮廓清楚。焰芯由氧气和乙炔组成,焰芯外表分布有一层由乙炔分解所生成的碳素微粒,由于炽热的碳素微粒发出明亮的白光,因而有明亮而清楚的轮廓。在焰芯内部进行着第一阶段的燃烧。焰芯虽然很亮,但温度较低(800 ~ 1 200 ℃),这是由于乙炔分解而吸收了部分热量的缘故。

②内焰

内焰主要为乙炔的不完全燃烧产物，即来自焰芯的碳、氢气与氧气燃烧的生成物一氧化碳和氢气所组成。内焰位于碳素微粒层外面，紧靠焰芯末端，呈蓝白色，并带有深蓝色线条，微微闪动。内焰处在焰芯前 2～4 mm 部位，燃烧剧烈，温度最高，可达 3 100～3 150 ℃。

③外焰

处在内焰的外部，外焰的颜色从里向外由淡紫色变为橙黄色。在外焰中来自内焰燃烧生成的一氧化碳和氢气与空气中的氧充分燃烧，即进行第二阶段的燃烧。外焰燃烧的生成物是二氧化碳和水。

外焰温度比焰芯高，约为 1 200～2 500 ℃。由于二氧化碳（CO_2）和水（H_2O）在高温时容易分解，所以外焰具有氧化性。

中性焰的温度是沿着火焰轴线而变化的，如图 1-3 所示。中性焰温度最高处在距离焰芯末端 2～4 mm 的内焰的范围内，此处温度可达 3 150 ℃，离此处越远，火焰温度越低。

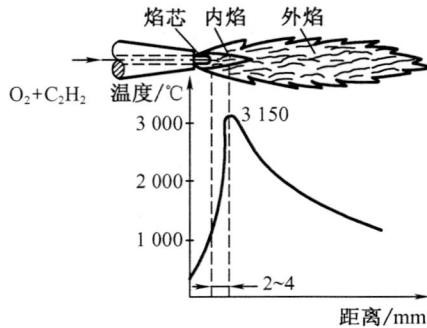

图 1-3　中性焰的温度分布情况

此外，火焰在横断面上的温度是不同的，断面中心温度最高，越向边缘，温度就越低。

由于中性焰的内焰较焰芯和外焰温度高，且具有还原性，同时还可以改善焊缝金属的性能，所以，采用中性焰切割大多数的金属及其合金时，都利用内焰。

（2）碳化焰（还原焰）

碳化焰是氧与乙炔的体积的比值（$V(O_2)/V(C_2H_2)$）小于 1.1 时的混合气燃烧形成的气体火焰，因为乙炔有过剩量，所以混合气体中的乙炔未完全燃烧，这种火焰就称为碳化焰。碳化焰中含有游离碳，具有较强的还原作用和一定的渗碳作用。

碳化焰可分为焰芯、内焰和外焰三部分，如图 1-2（b）所示。碳化焰的整个火焰比中性焰长而柔软，而且随着乙炔的供给量增多，碳化焰也就变得越长、越柔软，其挺直度就越差。当乙炔的过剩量很大时，由于缺乏使乙炔完全燃烧所需要的氧气，火焰开始冒黑烟。

碳化焰的焰芯较长，呈蓝白色，由一氧化碳（CO）、氢气（H_2）和碳素微粒组成。碳化焰的外焰特别长，呈橘红色，由水蒸气、二氧化碳、氧气、氢气和碳素微粒组成。碳化焰的温度一般为 2 700～3 000 ℃。

（3）氧化焰

氧化焰是氧与乙炔的体积的比值（$V(O_2)/V(C_2H_2)$）大于 1.2 时的混合气燃烧形成的气体火焰，氧化焰中有过剩的氧，在尖形焰芯外面形成了一个有氧化性的富氧区，其构造和形状如图 1-2（c）所示。

　　氧化焰由于火焰中含氧较多,氧化反应剧烈,导致焰芯、内焰、外焰都缩短,内焰很短,几乎看不到。氧化焰的焰芯呈淡紫蓝色,轮廓不明显;外焰呈蓝色,火焰挺直,燃烧时发出急剧的"嘶嘶"声。氧化焰的长度取决于氧气的压力和火焰中氧气的比例,氧气的比例越大,则整个火焰就越短,噪声也就越大。

　　氧化焰的温度可达 3 100 ~ 3 400 ℃。由于氧气的供应量较多,使整个火焰具有氧化性。由于氧化焰的温度很高,在火焰加热时为了提高效率,常使用氧化焰。气割时,通常使用氧化焰。

　　3. 气割及其火焰适用情况

　　氧气与乙炔的混合比不同,火焰的性质和温度差别也很大。为了获得理想的气割质量,必须根据切割材料来正确地调节和选用火焰。

　　(1)碳化焰

　　打开割炬的乙炔阀点火后,慢慢地打开氧气阀增加氧气,火焰即由橙黄色逐渐变为蓝白色,直到焰芯、内焰、外焰的轮廓清晰地呈现出来,这时的火焰即为碳化焰。视内焰长度(从割嘴末端开始计算)为焰芯长度的几倍,把碳化焰称为几倍碳化焰。

　　(2)中性焰

　　在碳化焰的基础上继续增加氧气,当内焰基本上看不清时,得到的便是中性焰。

　　如发现调节好的中性焰过大需要调小时,先减少氧气量,然后将乙炔调小,直到获得所需的火焰为止。中性焰适用于切割件的预热。

　　(3)氧化焰

　　在中性焰的基础上再增加氧气量,焰芯变得尖而短,外焰也同时缩短,并伴有"嘶嘶"声,即为氧化焰。氧化焰的氧化度,以其焰芯长度比中性焰的焰芯长度的缩短率来表示,如焰芯长度比中性焰缩短了1/10,则称为1/10或10%氧化焰。

　　氧化焰主要适用切割碳钢、低合金钢、不锈钢等金属材料,也可作为氧－丙烷切割时的预热火焰。

　　4. 气割火焰异常现象及消除方法

　　表1－3列出点火和气割中发生的火焰异常现象、原因及消除方法。

表1－3　点火和气割中发生的火焰异常现象、原因及消除方法

现象	原因	措施
火焰熄灭或火焰强度不够	1. 乙炔管道内有水; 2. 回火防止器性能不良; 3. 压力调节器性能不良	1. 清理乙炔胶管,排除积水; 2. 把回火防止器的水位调整好; 3. 更换压力调节器
点火时有爆炸声	1. 混合气体未完全排除; 2. 乙炔压力过低; 3. 气体流量不足; 4. 割嘴孔径扩大、变形; 5. 割嘴堵塞	1. 排除割炬内的空气; 2. 检查乙炔发生器; 3. 排除胶管中的水; 4. 更换割嘴; 5. 清理割嘴及射吸管积碳
脱火	乙炔压力过高	调整乙炔压力

表 1 - 3（续）

现象	原因	措施
气割中产生爆炸声	1. 割嘴过热，黏附脏污； 2. 气体压力未调好	1. 熄灭后仅开氧气进行水冷，清理割嘴； 2. 检查乙炔和氧气的压力是否恰当
氧气倒流	1. 割嘴被堵塞； 2. 割炬损坏无射吸力	1. 清理割嘴； 2. 更换或修理割炬
回火（有"嘘嘘"声，割炬把手发烫）	1. 割嘴孔道污物堵塞； 2. 割嘴孔径扩大、变形； 3. 割嘴过热； 4. 乙炔供应不足； 5. 射吸力降低； 6. 割嘴离工件太近	1. 关闭氧气； 2. 关闭乙炔； 3. 水冷割炬； 4. 检查乙炔系统； 5. 检查割炬； 6. 使割炬与工件保持适当距离

5. 气割用气体

气割所用的气体分为两类，即助燃气体（氧气）和可燃气体（如乙炔、液化石油气等）。可燃气体与氧气混合燃烧时，放出大量的热，形成热量集中的高温火焰（火焰中的最高温度一般可达 2 000 ~ 3 000 ℃），可将金属加热和熔化。气割常用的气体是乙炔，目前推广使用的燃气还有丙烷、丙烯、液化石油气（以丙烷为主）和天然气（以甲烷为主）等。常用燃气的性能见表 1 - 4 所示。

表 1 - 4　常用燃气性能

燃气		乙炔	丙烷	丙烯	丁烯	天然气	氢
分子式		C_2H_2	C_3H_8	C_3H_6	C_4H_{10}	CH_4	H_2
相对分子质量		26.01	44.06	42.05	58.08	16.03	2.016
相当密度（标准状况下）/（kg/m³）		1.109	1.862	1.915	2.46	0.677	0.09
总热值	/（kJ/m³）	55 246	104 458	88 395	121 482	37 238	12 050
	/（kJ/kg）	50 208	51 212	49 204	49 380	56 233	—
一次火焰的热值/（kJ/m³）		19 083	10 041	16 071	—	410	
二次火焰的热值/（kJ/m³）		36 162	94 416	72 325		36 828	
耗氧量（中性焰）/（m³/h）	理论值	2.5	5.0	4.5	6.5	2.0	0.5
	实际值	1.1	3.5	2.6	—	1.5	0.25

表 1−4(续)

燃气		乙炔	丙烷	丙烯	丁烯	天然气	氢
中性焰温度 /(℃)	氧气中燃烧	3 100	2 520	2 870	—	2 540	2 600
	空气中燃烧	2 630	2 116	2 104	2 132	2 066	2 210
火焰燃烧速度 /(m/s)	氧气中燃烧	8	4	—		5.5	11.2
	空气中燃烧	5.8	3.9	—		5.5	11.0
0.1 MPa 压力下 燃烧温度/℃	氧气中燃烧	416～440	490～570	520～630	610	556～700	580～590
	空气中燃烧	406～440	515～543	520～630	493～577	650～750	580～590
爆炸范围 (15.6 ℃,0.1 MPa) (体积分数)/%	氧气中燃烧	2.8～93.0	2.4～9.5	4.1～50.5	—	5.4～59.2	4.7～93.9
	空气中燃烧	2.5～80.0	2.3～9.5	2.0～10	1.9～8.4	5.3～14	7.0～74.2

(1)乙炔

乙炔,俗称风煤和电石气,是碳氢化合物,分子式为 C_2H_2。乙炔在 0 ℃和 101.325 kPa 压力下是一种无色、极易燃的气体。纯乙炔是无臭的,但工业用的乙炔由于含有硫化氢 (H_2S)、磷化氢(PH_3)等杂质,而有一股大蒜的气味。在标准气压下,密度为 1.17 kg/m^3,比空气密度稍小,−83 ℃时乙炔可变成液体,−85 ℃时乙炔变为固体。

乙炔是理想的可燃气体,与空气混合燃烧时所产生的火焰温度为 2 350 ℃,而与氧气混合燃烧时所产生的火焰温度为 3 100～3 300 ℃,热量比较集中,适用于切割。

乙炔在液态和固态下或在气态和一定压力下有猛烈爆炸的危险,受热、震动、电火花等因素都可以引发爆炸,因此不能在加压液化后储存或运输。乙炔微溶于水,溶于乙醇、苯、丙酮。在 15 ℃和 0.1 MPa 时,在 1 L 丙酮中能溶解 23.5 L 乙炔;当压力增大到 1.5 MPa 时,1 L 丙酮中能溶解 360 L 乙炔。

乙炔是易爆气体,具有如下特性。

①乙炔温度超过 300 ℃或压力超过 0.15 MPa 时,遇火就会爆炸。

②乙炔与空气或氧气混合,爆炸性大大增加。乙炔与空气混合,按体积计算,乙炔占 2.2%～81%时,或乙炔与氧气混合,按体积计算,乙炔占 2.8%～93%时,混合气体达到自燃温度(乙炔与空气混合气体的自燃温度为 305 ℃,乙炔与氧气混合气体的自燃温度为 300 ℃)或遇火星时,在常压下也会爆炸。乙炔与氯气、次氯酸盐等化合,受日光照射或受热就会发生爆炸。乙炔与氮、一氧化碳、水蒸气混合会降低爆炸危险。乙炔和其他可燃气体与空气和氧气混合气的爆炸(起火)范围,见表 1−5。

表 1−5　可燃气体与空气和氧气混合气的爆炸极限

可燃气体名称	可燃气体在混合气中的含量(体积分数)	
	空气中	氧气中
乙炔	2.2%～81.0%	2.8%～93.0%

表 1–5（续）

可燃气体名称	可燃气体在混合气中的含量（体积分数）	
	空气中	氧气中
氢气	3.3% ~81.5%	4.6% ~93.9%
一氧化碳	11.4% ~77.5%	15.5% ~93.9%
甲烷	4.8% ~16.7%	5.0% ~59.2%
天然气	4.8% ~14.0%	——
石油气	3.5% ~16.3%	——

③乙炔溶解在液体里（1 g 丙酮在 0 ℃时能溶解 33 L 乙炔）会大大降低爆炸性。

④乙炔的爆炸性与储存乙炔的容器形状、大小有关。容器直径越小，越不容易爆炸。乙炔储存在有毛细管状物质的容器中，即使压力增高到 2.65 MPa 时也不会爆炸。

（2）液化石油气

液化石油气是石油炼制工业的副产品。其主要成分丙烷（C_3H_8）约占 50% ~80%（按体积计），其余为丙烯（C_3H_6）、丁烷（C_4H_{10}）和丁烯（C_4H_8）等。液化石油气在气态时是一种略带臭味的无色气体。在常温常压下，组成液化石油气的这些碳氢化合物以气体状态存在，只要外加不大的压力（0.5 ~1.5 MPa）即变成黄绿色油状液体，因此便于装入瓶中储存和运输。

液化石油气的燃烧特性主要有以下几个方面：

①液化石油气燃烧的化学反应，以丙烷代表石油气为例分析。

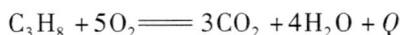

$$C_3H_8 +5O_2 \Longrightarrow 3CO_2 +4H_2O + Q$$

其中，$Q = 2\ 340.8$ kJ/mol，火焰温度为 2 000 ~2 800 ℃。由此可见，其比氧–乙炔焰温度低 200 ~300 ℃。

从化学反应可以看出，1 份丙烷（石油气）需要 5 份氧气与之化合（但实际需要量比理论上多 10%）才能完全燃烧。若供氧不足，燃烧不充分，会产生一氧化碳，使人中毒，严重时有致命危险。

②组成石油气的几种气体都能和空气形成爆炸混合气。但它们的爆炸极限范围都比较窄。例如，丙烷、丁烷和丁烯的爆炸极限分别为 2.17% ~9.5%（丙烷的体积分数）、1.15% ~8.4%（丁烷的体积分数）、1.7% ~9.6%（丁烯的体积分数），比乙炔要安全得多。但液化石油气与氧气混合有较宽的爆炸极限，其范围为 3.2% ~64%（体积分数）。有关石油和氧气混合的燃烧爆炸性能的试验结果见表 1–6。

表 1–6 石油气与氧气混合气的燃烧爆炸范围

序号	石油气在混合气中的含量（体积分数）	燃爆情况
1	3.2%	爆声微弱
2	6.0%	有爆声

表 1-6(续)

序号	石油气在混合气中的含量(体积分数)	燃爆情况
3	6.7%	有爆声
4	12.9%	有爆声
5	19.1%	爆声较响
6	33.1%	爆声响
7	36.2%	爆声响
8	43%	爆声响
9	51.5%	爆声强烈,发光
10	64%	爆声强烈,发光

③液化石油气易挥发、闪点低,其中的主要成分丙烷挥发点为 -42 ℃,闪点为 -20 ℃,所以在低温时,它的易燃性还是很大的。

④气态石油气比空气密度大(约为空气的 1.5 倍),易向低处流动并能扩散到很远的地方,遇明火燃烧而滞留、积聚在低洼处与空气易形成爆炸性混合气。液态石油气比汽油密度小,能漂浮在水面上,随水流动并在死角处聚集,而且常温常压下会迅速挥发,这时体积可以膨胀 250~350 倍而快速扩散。在使用、储存石油气时,应采取安全措施,如室内应有良好通风等。

⑤液化石油气有一定的毒性,在空气中含量很少时一般不会中毒。当浓度较高时,就会引起人的麻醉。当空气中液化石油气的浓度(体积分数)大于 10% 时,则有使人中毒的危险。

⑥液化石油气对普通橡胶导管和衬垫有膨润和腐蚀作用,能造成胶管和衬垫的穿孔或破裂。为此衬垫、胶管等必须采用耐油性强的橡胶,不得随意更换衬垫和胶管,以防因受腐蚀而发生漏气。

⑦石油气瓶内部的压力与温度成正比。在零下 40 ℃ 时,压力为 0.1 MPa;在 20 ℃ 时为 0.7 MPa,40 ℃ 时为 2 MPa。所以石油气瓶与热源、暖气片等应保持 1.5 m 以上的安全距离,冬季使用液化石油气,可在用气过程中以低于 40 ℃ 的温水加热,也可用几个石油气瓶并联,以保证供气量的需要,严禁用火烤或沸水加热。

⑧石油气点火时,要先点燃引火物后再开气,不要颠倒次序。

(3)氢气

氢气是一种无色无味的气体,相对密度 0.07,空气密度是氢气的 14.38 倍,是最轻的气体。它具有最大的扩散速度和很高的导热性,其导热效能比空气大 7 倍,极易泄漏,点火能力低,被公认为是一种极危险的易燃易爆气体。

氢气在空气中的自燃点为 560 ℃,在氧气中的自燃点为 450 ℃。氢氧火焰的温度可达 2 770 ℃。氢具有很强的还原性,在高温下,它可以从金属氧化物中夺取氧而使金属还原。它广泛地应用于水下火焰切割,以及某些有色金属的焊接和氢原子焊接等。

氢与空气混合可形成爆鸣气,其爆炸极限为 4%~80%(氢气的体积分数);氢与氧混合气的爆炸极限为 4.65%~93.9%(氢气体积分数),氢与氯气的混合物中,二者体积比为 1:1

时,见光即行爆炸,当温度达240 ℃时即能自燃。氢与氟化合时能发生爆炸,甚至在阴暗处也会发生爆炸,因此它是一种很不安全的气体。

(4)氧气

氧气(O_2)是一种无色、无味、无毒的气体,比空气略重,微溶于水。在0 ℃和101.325 kPa压力下,1 m^3氧的质量为1.43 kg。氧气在−183 ℃时变为淡蓝色的液体,在−218 ℃时变成雪花状的淡蓝色的固体。工业上用的大量氧气主要采用空气液化法制取。就是把空气引入制氧机内,经过高压和冷却,使之凝结成液体,然后让它在低温下挥发,根据各种气体元素的沸点不同,来提取纯氧。

氧气不能燃烧,但能助燃,是强氧化剂,与可燃气体混合燃烧可以得到高温火焰。如前面讲过的与乙炔混合燃烧时的温度可达3 200 ℃以上,所以氧气广泛应用于气焊、气割行业。

有机物在氧气里的氧化反应具有放热的性质,即在反应进行时放出大量的热量。增高氧的压力和温度,会使氧化反应显著加快。在一定的条件下,由于物质氧化得越来越多和氧化过程温度增高而增加放出的热量,使有机物在压缩或加热的氧气里的氧化过程加速进行。当压缩的气态氧与矿物油、油脂或细微分散的可燃物质(炭粉、有机物纤维等)接触时,能够发生自燃,时常成为失火或爆炸的原因。氧的突然压缩所放出的热量、摩擦热和金属固体微粒碰撞热、高速度气流中的静电火花放电等,也都可以成为引发火灾的因素。因此在使用氧气时,尤其是在压缩状态下,必须时刻注意杜绝其与易燃物质相接触。

氧几乎能与所有可燃气体和液体燃料的蒸气混合而形成爆炸性混合气,这种混合气具有很宽的爆炸极限范围,所以氧气减压阀要求禁油。

多孔性有机物质(炭、炭黑、泥炭和羊毛纤维等)浸透液态氧(所谓液态炸药),当遇火源或在一定的冲击力下就会产生剧烈的爆炸。在焊接及其他气体火焰加工过程中使用氧气时,应当经常注意到氧的上述性质。

氧气越纯,则可燃混合气燃烧的火焰温度越高。可燃气体乙炔和液化石油气只有在纯氧中燃烧,才能达到最高温度。因此用于切割的氧气的纯度在99.5%以上。氧气纯度不够,会明显影响燃烧效率和切割效果。

(5)新型切割气

随着科学技术的发展,为了尽快取代乙炔,减少环境污染,人们努力寻找和开发新型切割气。各类基于丙烷、丙烯的新型切割气纷纷亮相,这些产品可分为:烯烃类,如纯丙烯、日本的霞普气;烯烃类气体加入水溶性物质添加剂,如高锰酸钾、过氧化氢等强氧化剂,市场上许多新型切割气均属于此类,如特利Ⅱ型工业切割气、SHCG切割气;烯烃类气体内加入非水溶性的添加剂,如美国的凯腾气。

上述三类气体在金属切割性能上依次提高,切面光滑程度优于乙炔,但由于火焰温度低,在切割预热时间上均达不到乙炔的水平。

①特利Ⅱ气

特利Ⅱ气是以高纯度丙烯(C_3H_6)为主要原料,再辅以一定比例的添加剂,经过物理混合而成。它是金属切割、加热、焊接的一种新型气体,可以用来代替溶解乙炔。

特利Ⅱ气与溶解乙炔相比有如下特点:

a.特利Ⅱ气的相对密度比乙炔大,体积热值是乙炔的1.6倍。单瓶充装量是乙炔的2.5~3倍,增加了气瓶的使用周期。

b. 从化学结构看,乙炔是不饱和烃 CH≡CH,化合键不稳定极易打开发生聚合反应,这种反应是放热反应,使温度急剧升高,易发生爆炸。特利Ⅱ气有单键,CH_2≡CH—CH_3单键为饱和键,不易打开,同时特利Ⅱ气在空气中的爆炸极限只为 2.4% ~10.5%(特例Ⅱ气的体积分数),而溶解乙炔在空气中的爆炸极限则是 2.2% ~81.0%(乙炔的体积分数),所以较乙炔安全、无分解爆炸危险。

c. 特利Ⅱ气和乙炔都是碳氢化合物,与氧混合燃烧时其火焰结构大致相似,特利Ⅱ气燃烧温度要比乙炔低(乙炔为 3 100 ℃,特利Ⅱ气为 2 950 ℃),但实践证明气态燃烧热特利Ⅱ气比乙炔大得多,所以切割速度并无差别。特利Ⅱ气 – 氧火焰较柔和,体积发热要比乙炔高,切割时切割面上缘无明显烧塌现象,切割处几何形状平齐,氧化物易清除,挂渣少易去除;氧 – 乙炔焰集中而猛烈,切割过程中易导致切口上棱角产生烧塌,黏渣多,表面光洁度差,因此特利Ⅱ气切割优于乙炔,尤其在切割厚钢板时,其不塌边、体积热量大及不易回火等特点更优于乙炔。

d. 从乙炔和特利Ⅱ气燃烧时化学反应式看,$C_2H_2 + 2.5O_2 \Longrightarrow 2CO_2 + H_2O$ 由式中可知,1 体积乙炔完全燃烧理论上需要消耗 2.5 体积的氧,$C_3H_6 + 4.5O_2 \Longrightarrow 3CO_2 + 3H_2O$,由此式可知,1 体积的特利Ⅱ气完全燃烧理论上需消耗 4.5 体积的氧,但特利Ⅱ气在空气中燃烧时形成中性火焰的实际耗氧量为 2.6 体积,火焰温度达 2 950 ℃,切割用的也正是中性火焰。

特利Ⅱ气切割工艺参数如表 1 –7 所示。

表 1 –7 特利Ⅱ气切割工艺参数

割炬	割嘴号	切割厚度/mm	氧气压力/MPa	切割氧孔径/mm	特利Ⅱ气压力/MPa
	1	1 ~30	0.3	1	0.015
G01 – 100	2	20 ~60	0.4	1.3	0.02
	3	40 ~100	0.45 ~0.5	1.6	0.02 ~0.025
	4	50 ~120	0.4 ~0.6	1.9	0.02 ~0.03
G01 – 300	5	100 ~150	0.45 ~0.7	2.2	0.02 ~0.035
	6	150 ~200	0.5 ~0.8	2.5	0.025 ~0.04

②霞普气

霞普气早在 20 世纪 60 年代就已在日本、美国等发达国家应用于工业生产领域。20 世纪 90 年代初开始在国内推广使用。

霞普气主要成分为丙烯,其与特利Ⅱ气相近,与乙炔相比其主要性能见表 1 –8。

表 1 –8 霞普气与乙炔气的性能比较

名称	气体密度/(g/L)(0 ℃,0.1 MPa)	火焰温度/℃	发热量		着火点/℃	爆炸范围(在空气中,体积分数)	燃烧速度/(m/s)
			/(kJ/kg)	/(kJ/m^3)			
乙炔气	1.174	3 070	50 367	58 992	305	2.2% ~81%	7.6
霞普气	1.912	2 960	48 952	93 910	459	2.4% ~10.3%	3.9

　　a. 霞普气与乙炔相比具有的优点

　　● 经济性好。同等作业中与溶解乙炔气相比,燃气消耗量、氧气消费量基本相同。霞普气价格低于溶解乙炔气价格 40% 左右,降低了生产成本。每瓶霞普气(16 kg)相当于 3～3.5 瓶乙炔气的工作量,降低了运输和使用中的调整次数,节省了费用,提高了工作效率。

　　● 安全性好。霞普气燃烧速度比乙炔慢,在一般使用条件下不会产生回火,所以在管路中可以不设置回火保险器。又由于霞普气与空气混合的爆炸范围小,所以发生事故的危险性很小。

　　● 工作性能好。使用霞普气切割精度高,切割面整齐,挂渣极少,塌边和变形极小。使用配套专用机具,可以实现精密切割。

　　霞普气切割工艺参数见表 1-9 和表 1-10 所示。

表 1-9　霞普气切割工艺参数

割炬名称	割嘴号	切割厚度/mm	氧气压力/MPa	高压孔径/mm	霞普气压力/MPa
中型切割器	1	1～10	0.25	0.7	0.015
	2	5～20	0.3	0.9	0.015
	3	10～30	0.35	1.1	0.015
A 号切割器	1	3～30	0.3	1.0	0.015
	2	20～60	0.35	1.3	0.02
	3	40～100	0.4	1.6	0.02
CB 号切割器	4	50～120	0.4	1.9	0.02
	5	100～150	0.45	2.2	0.02
	6	120～200	0.5	2.5	0.025
	7	15～250	0.55	2.7	0.025
	8	200～300	0.6	3.0	0.03
	9	250～380	0.7	3.4	0.03
大型切割器	10	300～450	0.8	3.8	0.03
	11	400～550	0.8	4.0	0.035
	12	500～600	1.0	4.5	0.04
特大型切割器	45	550～650	1.3	4.5	0.04
	50	600～750	1.3	5.0	0.04
	55	650～800	1.4	5.5	0.04
	60	700～900	1.4	6.0	0.04

表 1-10　霞普气自动切割工艺参数

割炬名称	割嘴号	切割厚度/mm	氧气压力/MPa	高压孔径/mm	霞普气压力/MPa
JP	0	1~10	0.3	0.8	0.02
	1	5~20	0.3	1.0	0.02
	2	20~30	0.35	1.3	0.02
	3	30~50	0.4	1.6	0.02
	4	50~75	0.45	1.9	0.025
	5	75~100	0.5	2.1	0.03
	6	100~150	0.55	2.4	0.035
	7	150~250	0.6	2.8	0.04
	8	250~300	0.65	3.2	0.04

b. 霞普气使用时应注意事项

● 气瓶一定要直立,放倒使用时有碍气瓶安全阀工作。

● 作业时氧气压力、霞普气压力与使用乙炔气相同。

● 霞普气火焰稍偏向于氧化焰,火焰喷嘴处为放射状,呈明亮的蓝白色,无明显的内焰和焰芯区别。火焰的最高温度距火焰喷口距离比乙炔近,预热时需将火焰白色部分接触钢板,预热充分后再将喷嘴稍微抬高一些。

● 霞普气火焰开孔切割时预热时间比乙炔火焰稍长,边缘预热时与乙炔相同。

● 霞普气点火时要明火点燃。

1.3　割炬及割嘴

1.3.1　割炬

割炬是气割的主要工具。割炬的作用是使可燃气体与氧气混合,形成预热火焰,并将高压纯氧从预热火焰中心喷射到被切割的工件上,使被切割金属在氧射流中燃烧,氧射流把燃烧生成的熔渣(氧化物)吹走而形成割缝。

割炬按其工作原理和预热气体的混合方式不同分为射吸式、等压式和外混式三种类型。其中以射吸式割炬的使用最为普遍,主要用于手工切割,而等压式割炬既可用于手工切割,也可用于机械切割。割炬按其用途又分为普通割炬、重型割炬以及焊割两用炬等。

1. 射吸式割炬

射吸式割炬最初是为使用低压乙炔(≤7 kPa)而设计的,采用固定射吸管,通过更换切割孔径大小不同的割嘴,以适应切割不同厚度工件的需要,是一种传统型手工割炬。

(1)射吸原理及结构

由于乙炔压力很低,流速慢,不能适应混合气体的燃烧速度,就形不成稳定的预热火焰,因此在射吸式割炬中设有引射器和混合室,如图 1-4 所示。压力较高的预热氧从引射器喷嘴喷入射吸管的混合室,使喷嘴周围形成一定程度的真空,于是把乙炔吸入混合室,并利用扩压作用,降低氧和乙炔的流速,使两者混合,形成燃气混合物,再经混合管进一步混合均匀后流入割嘴的预热气体通道。

　　这一射吸装置也适用于中压乙炔,所以在目前广泛使用中压乙炔的条件下,射吸式割炬在国内仍然一直沿用。这种割炬的缺点是结构较复杂,容易发生回火。

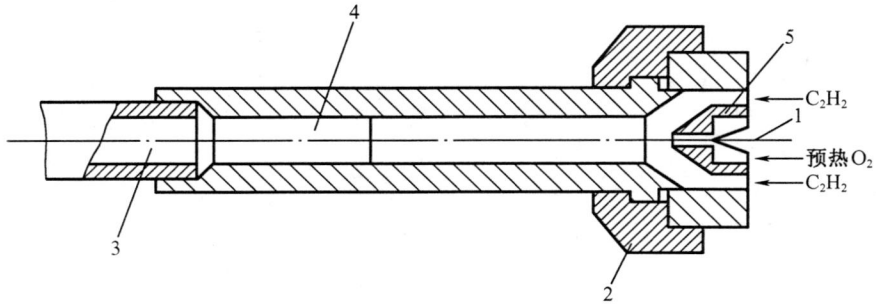

图 1-4　射吸装置结构

1—预热氧针阀;2—连接螺母;3—预热气体混匀管;4—混合室;5—引射器喷嘴

(2)氧-乙炔用射吸式割炬

①G01 型标准手工割炬

　　图 1-5 所示为 G01 型氧-乙炔射吸式手工割炬的结构,按照其切割厚度能力分为 G01-30 型,G01-100 型,G01-300 型三种。

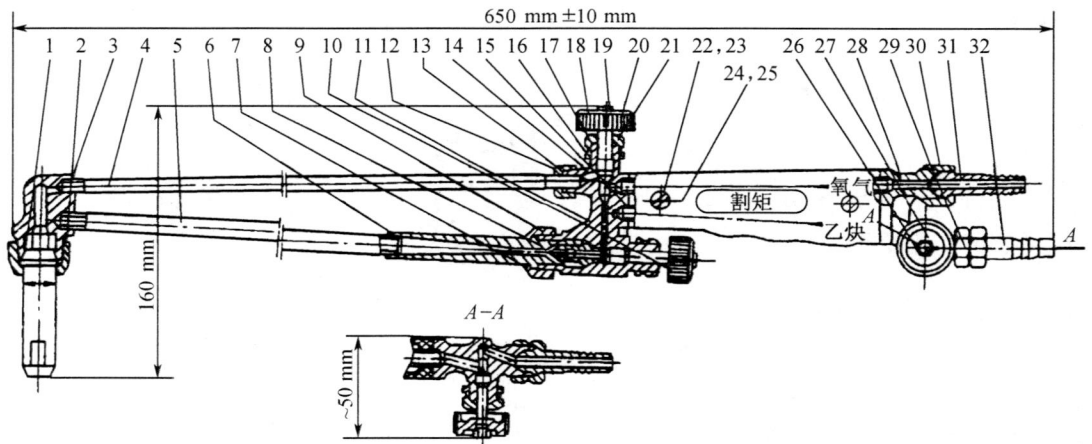

图 1-5　标准型氧-乙炔射吸式割炬构造

1—割嘴;2—割嘴螺母;3—割嘴接头;4—高压氧气管;5—混合气管;6—射吸管;7—射吸管螺母;
8—氧气阀针;9—喷嘴;10,18—手轮;11—主体;12—高压氧气管螺母;13—橡胶密封圈;14—手把管;
15—阀杆;16—防松螺母;17—密封螺母;19—密封圈;20—O 形密封圈;21—垫圈;
22—手柄螺钉;23—手柄螺母;24,25—手柄;26—手轮螺母;27—手轮;28—后体;
29—氧气螺母;30—乙炔螺母;31—氧气接头;32—乙炔接头

G01 型氧-乙炔射吸式手工割炬的主要技术数据见表 1-11 所示。

表 1-11 G01 型氧-乙炔割炬的主要技术数据

型号	割嘴号码	割嘴形式	切割低碳钢厚度/mm	切割氧孔径/mm	气体压力/MPa		气体消耗量/（L/min）	
					氧气	乙炔	氧气	乙炔
G01-30	1	环形	3~10	0.7	0.2		13.3	3.5
	2		10~20	0.9	0.25		23.3	4.0
	3		20~30	1.1	0.3		36.7	5.2
G01-100	1	梅花形	10~25	1.0	0.3	0.001~0.1	36.7~45	5.8~6.7
	2		25~50	1.3	0.4		58.2~45	7.7~8.3
	3		50~100	1.6	0.5		91.7~121.7	9.2~10
G01-300	1	梅花形	100~150	1.8	0.5		150~180	11.3~13
	2		150~200	2.2	0.65		183~233	13.3~18.3
	3	环形	200~250	2.6	0.8		242~300	19.2~20
	4		250~300	3.0	1.0		167~433	20.8~26.7

注：型号中 G 表示割炬；0 表示手工；1 表示射吸式；后缀数字表示气割低碳钢的最大厚度。

② HG01 型焊割两用炬

这种两用炬通过更换射吸管装置中的混合管使之可兼用于焊接和切割。表 1-12 所示为 HG01 型氧-乙炔射吸式手工焊割两用炬的主要技术数据。

表 1-12 HG01 型氧-乙炔焊割两用炬的主要技术数据

型号		HG01-3/50A	HG01-6/60	HG01-12/200
焊炬	乙炔工作压力/kPa	1~100	1~100	1~100
	氧气工作压/kPa	200~400	200~400	400~700
	配用焊嘴数	5	5	5
	可焊接低碳钢厚度/mm	0.5~3	1~6	6~12
割炬	乙炔工作压力/kPa	1~100	1~100	1~100
	氧气工作压力/kPa	200~600	200~400	300~700
	配用割嘴数	2	4	4
	可切割低碳钢厚度/mm	3~50	3~60	10~200
	割炬总长/mm	400	500	550

③ BG01-0.5 型薄板割炬

这种割炬是为气割厚度 0.5~3 mm 薄钢板而研制的 G01 型的改进型，图 1-6 为 BG01-0.5 型割炬的结构简图。它是由后部主体、中部主体以及混合气管和高压氧管等组成，配用阶梯形割嘴用于切割厚 0.5~1.0 mm 的薄板，也可配一般梅花形割嘴切割厚 3~20 mm 钢板。具体的主要技术数据见表 1 – 13。

表 1 – 13　BG01 – 0.5 型薄板割炬的主要技术数据

割嘴号码	可切割钢板厚度/mm	气体压力/kPa		气体流量/(m³/h)	
		氧气	乙炔	氧气	乙炔
0#(阶梯形)	0.5 ~ 1.0	400	40	0.357	0.124
1#(梅花形)	3 ~ 10	300	40	0.57	0.223
2#(梅花形)	10 ~ 15	300	40	0.85	0.248
3#(梅花形)	15 ~ 20	300	40	1.14	0.340

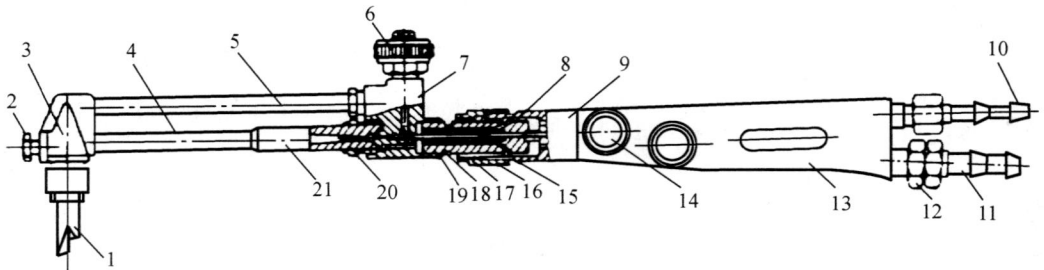

图 1 – 6　BG01 – 0.5 型薄板割炬构造图

1—割嘴;2—支架螺钉;3—割嘴接头;4—混合气管;5—高压氧管;6—高压氧手轮;7—中部主体;8—卡簧;
9—分气芯;10—过渡体;11—氧气接头;12—燃气接头;13—手柄;14—氧气手轮;15—密封垫;16—连接套;
17—连接螺母;18—分气主体;19—销钉螺母;20—射吸管螺母;21—射吸管

（3）氧 – 石油气用射吸式割炬

丙烷等石油气的燃烧速度比乙炔慢,燃烧时消耗的氧气量大。因此不能直接使用氧 – 乙炔射吸式割炬,而需对射吸装置的尺寸做如下的修正:

①将预热氧喷嘴的孔径扩大至 1.0 mm;

②将射吸管直径增大至 2.8 ~ 3 mm;

③将燃气进气孔孔径缩小至 1.2 mm;

④将混合室孔径增大至 4 mm。

目前生产使用的 G07 型氧 – 石油气射吸式手工割炬的型号及参数见表 1 – 14,这种割炬的基本结构和外形与氧 – 乙炔射吸式割炬相同。

表 1 – 14　G07 型氧 – 石油气射吸式割炬的主要技术数据

型号	G07 – 100	G07 – 300
石油气工作压力/kPa	29 ~ 49	29 ~ 49
气工作压力/kPa	690	980
配用焊嘴数	3	4
切割氧的孔径/mm	$\phi 1 ~ 1.3$	$\phi 2.4 ~ 3.0$

表 1 −14（续）

型号	G07 − 100	G07 − 300
可焊接低碳钢厚度/mm	≤100	≤300
氧气工作压力/kPa	200 ~ 600	200 ~ 400
配用割嘴数	2	4
可切割低碳钢厚度/mm	3 ~ 50	3 ~ 60
割炬总长/mm	400	500

2. 等压式割炬

所谓等压式割炬是指燃气凭借本身的压力并和预热氧分别经各自的输气管输送到割嘴内的一种割炬，也就是说燃气压力需与预热氧相当，因此主要应用于中压乙炔。

这类割炬结构简单、预热火焰燃烧稳定，回火现象比射吸式少。因此现在各种切割机上都采用此类割炬。

（1）G02 型等压式手工割炬

这是一种标准型割炬，图 1 − 7 所示为氧 − 乙炔等压式手工割炬的结构。切割氧阀门采用手压式，操作性较好，也有利于提高切割质量。

表 1 − 15 列出了等压式氧 − 乙炔手工割炬的型号和主要技术数据。

表 1 − 15　等压式氧 − 乙炔手工割炬的主要技术数据

型号	割嘴号码	切割低碳钢厚度/mm	切割氧孔径/mm	气体压力/MPa		气体消耗量/（L/min）	
				氧气	乙炔	氧气	乙炔
G02 − 100	5	5 ~ 100	0.8 ~ 1.6	0.25 ~ 0.6	0.025 ~ 0.1	1.4 ~ 7.3	0.24 ~ 0.6
G02 − 300	9	5 ~ 300	0.7 ~ 3.0	0.20 ~ 1.0	0.025 ~ 0.09	—	—
G02 − 500	3	250 ~ 500	3.0 ~ 4.0	1.2 ~ 2.0	0.05 ~ 0.1	15 ~ 30	1 ~ 2.2
FEG − 100	4	5 ~ 120	0.8 ~ 2.0	0.2 ~ 0.5	0.03 ~ 0.04	—	—
FEG − 250	4	90 ~ 250	2.0 ~ 3.2	0.4 ~ 0.6	0.04 ~ 0.05	—	—

注：①型号中 G 表示割炬；0 表示手工；2 表示等压式；后缀数字表示气割低碳钢的最大厚度。

②等压式割炬也可用于氧 − 液化石油气手工切割。

（2）等压式机械切割用割炬

各种切割机使用的等压式割炬其基本原理和结构与手工割炬相同，而外形和尺寸则按切割机本身的结构和切割钢板的厚度进行设计和制造。图 1 − 8 为半自动切割机用直形割炬的一例。

（3）分列式割嘴专用割炬

某些切割机，主要是手扶式半自动切割机，常采用预热嘴和切割嘴分开的方式，这种场合使用如图 1 − 9 所示的特制割炬，也是等压式。

（4）快速接装割嘴专用割炬

快速接装割嘴专用割炬是一种不使用螺母和扳手等工具就可装上或卸下割嘴的专用

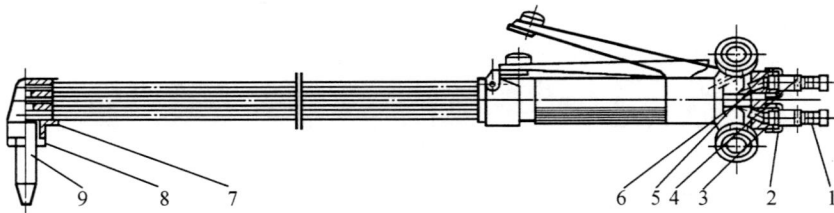

图 1 – 7　G02 型氧 – 乙炔等压式手工割炬

1—乙炔软管接头；2—乙炔螺母；3—乙炔接头螺纹；4—氧气软管接头；
5—氧气螺母；6—氧气接头螺纹；7—割嘴接头；8—割嘴螺母；9—割嘴

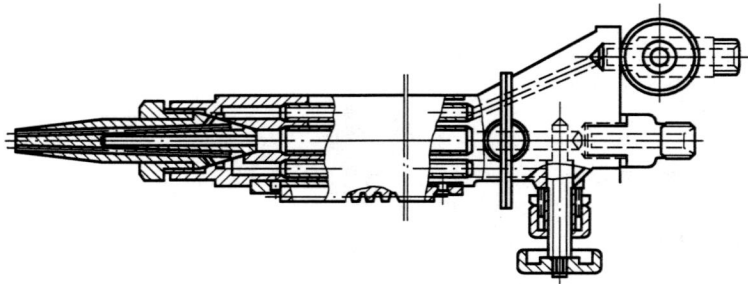

图 1 – 8　半自动切割机用等压式割炬

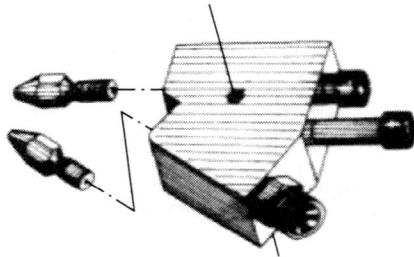

图 1 – 9　分列式割嘴专用割炬

割炬。

　　图 1 – 10 为日本研制的快速接装割炬的结构简图，与一般机械切割用等压式割炬相比，具有以下特点：

　　① 割炬前端设有滑动制动销；

　　② 与割嘴的三个肩部相接触部位装有 O 形密封环；

　　③ 用带有弹簧的连接套管来压紧割嘴。

　　其中，O 形密封环采用耐热密封橡胶制造，适用温度范围为 65 ~ 250 ℃。

　　这种割炬配用相应的专用割嘴，不会漏气。它适用于多头切割机和门式切割机中并列多割炬切割装置，能缩短更换割嘴的时间，是提高切割作业效率的有效工具。

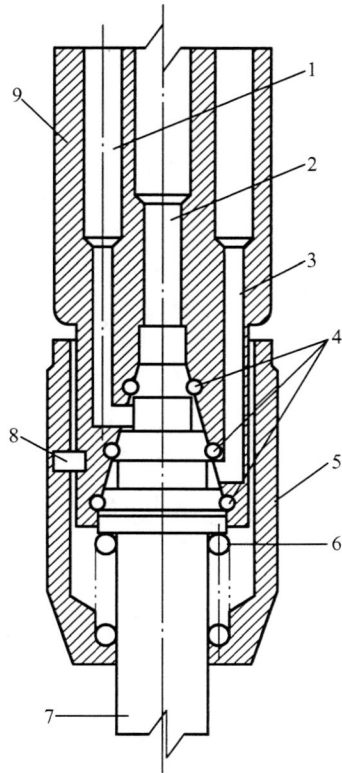

图 1 – 10　快速接装割嘴专用割炬结构简图

1—预热氧通道;2—切割氧通道;3—燃气通道;4—O 形密封环;5—连接套管;
6—弹簧;7—专用割嘴;8—滑动自动销;9—割炬本体

3. 外混式割炬

外混式割炬是用单独的管道向外混式割嘴输送燃气、预热氧和切割氧(有的还有保护用氧)的一种割炬。其具体结构和各输气管的相互排列随割嘴的结构而异,通常是专门设计的。

1.3.2　割嘴

割嘴是气割中必不可少的关键部件,其结构和加工精度对气割的质量、生产率和操作性能等都有很大的影响。因此不断改进割嘴的结构和制造工艺是一项重要的课题,而对操作人员来讲,只有正确地使用割嘴才能最大地发挥其作用。

1. 割嘴的类型和常用割嘴

随着气割机理的研究,为了提高切割速度和质量,开发出了各种各样的割嘴。图 1 – 11 和图 1 – 12 示出了现有割嘴的类型,表 1 – 16 列出常用割嘴的种类及其适用性。

```
                                        ┌─ 射吸式（割炬内混合）
        ┌─ 按预热气体（燃气和预热氧）混合方式 ─┼─ 等压式（割嘴内混合）
        │                                └─ 外混式（割嘴外大气中混合）
        │
        │                  ┌─ 乙炔用
        ├─ 按使用的燃气种类 ─┼─ 石油气用
        │                  └─ 天然气用
        │
        │                  ┌─ 环形
        │   按预热 3 L 形状  ├─ 梅花形
        ├─ （图1-12）       ┼─ 齿槽形
        │                  └─ 单孔形
割嘴 ─┤
        │   按切割氧孔道形状  ┌─ 直筒形
        ├─ （图1-13）       ┼─ 扩散形（拉伐尔喷管形）
        │                  └─ 端部扩口形
        │
        │                  ┌─ 整体式
        ├─ 按割嘴结构       ┼─ 组合式
        │                  └─ 分体式（预热嘴和切割嘴分列）
        │
        │                  ┌─ 氧帘割嘴
        │                  ├─ 双孔割嘴
        └─ 特殊割嘴        ┼─ 三孔割嘴
                           ├─ 接触式割嘴
                           └─ 表面气割嘴（火焰气刨用）
```

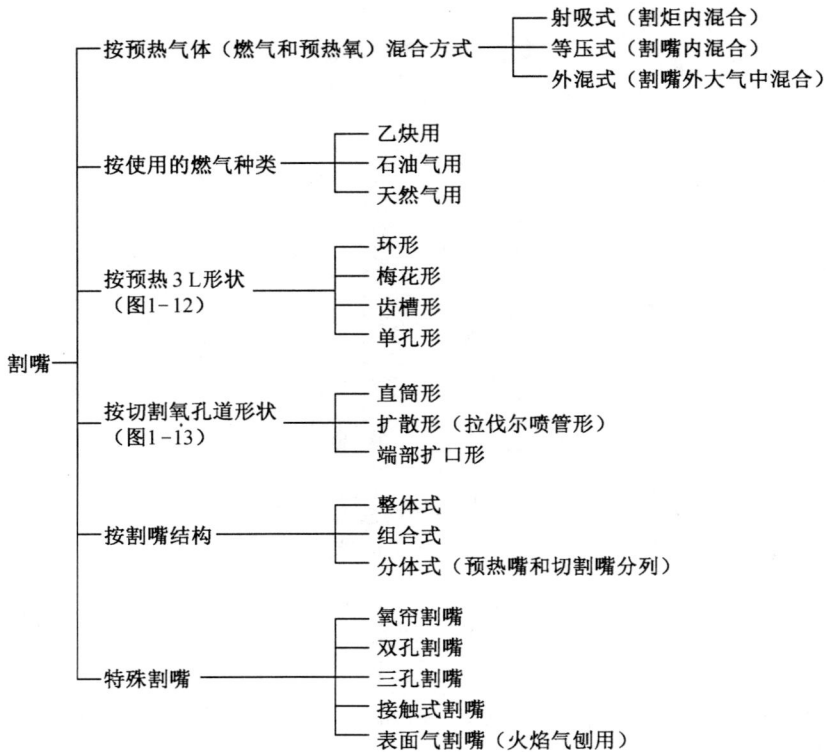

图 1-11 割嘴的分类

表 1-16 常用割嘴的种类及其适用性

割嘴	适用性
直筒形割嘴(普通割嘴) 射吸式 等压式	适用于手工切割厚 2～300 mm 的钢材； 适用于手工和机械化切割厚 4～500 mm 的钢材
扩散形割嘴(快速割嘴) 切割氧压力 490 kPa 的等压式割嘴 切割氧压力 690 kPa 的等压式割嘴	适用于机械化切割 5～200 mm 厚的钢材,其切割速度快,切割厚板时切割面光洁,也适合于成叠(多层)钢板的切割
分列式割嘴	适用于半机械化切割 4～50 mm 厚的钢材,切割速度比普通割嘴快,切割面粗糙度低
氧帘割嘴	适用于机械化切割 3～30 mm 厚的钢材,切割速度快,切割面光洁、优良
外混式割嘴	适用于机械化切割 100～3 600 mm 厚的钢材和连续铸锭中切割锭坯
表面气割嘴	火焰气刨用。适用于焊缝背面清根,刨槽和清除工件上的焊疤等

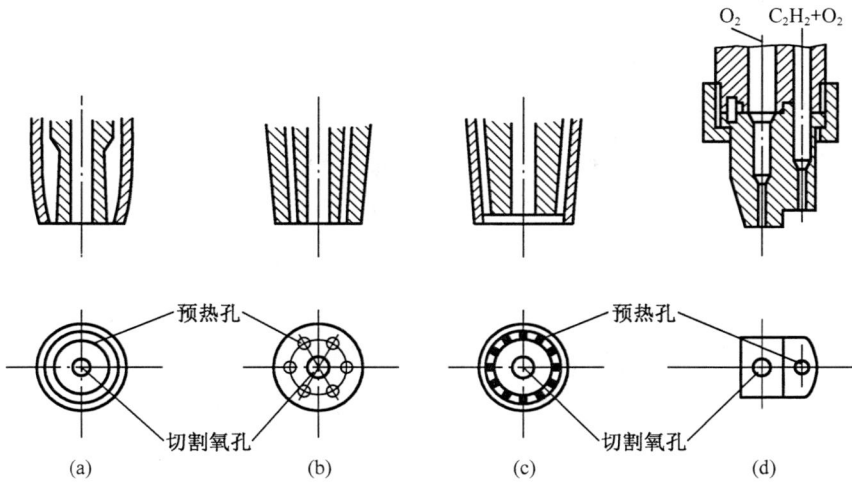

图 1－12 割嘴的预热口形状

(a)环形;(b)梅花形;(c)齿槽形;(d)单孔形

2. 普通割嘴(直筒形割嘴)

普通割嘴是指其切割氧孔道形状呈直孔形(图 1－13(a))的常用割嘴,有时也称为直筒形割嘴。

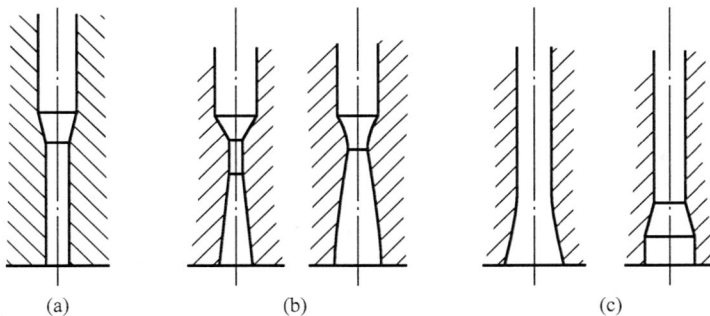

图 1－13 割嘴的切割氧孔道形状

(a)直筒形;(b)扩散形;(c)端部扩口形

(1)直筒形割嘴的气动力特性

直筒形切割氧孔道根据气动力原理属跨亚音速喷管。当气体向大气中喷出时,气流的出口流速 W 和流量 Q 与进口压力 P_0 之间的关系如图 1－14 所示。孔径大小一定时,当进口压力 $P_0 < 185$ kPa(绝对压力)的条件下,随着 P_0 逐渐增大,W 和 Q 也随之增大。P_0 增至 185 kPa 时,W 就达到最大值——当地音速(马赫数 $M = 1$)。继续增大 P_0,Q 与之成比例增加,而 W 则基本保持音速不再增大,只是喷管出口处的气流静压 P_1 升高到大于周围的气体压力。这种情况下,出口处气流的部分区域其流速会超过音速,但与此同时,喷流向横向膨胀而变粗,并产生振动(即冲波)。当 P_0 增大到 490～590 kPa 时,气流出现较强的冲波,使气流的部分动能转变成热能而散失。进一步增加 P_0,冲波呈球面状,不仅气流的能量损失

大增,而且气流出现显著的乱流,因吸入周围的气体而使切割氧的纯度大为降低。

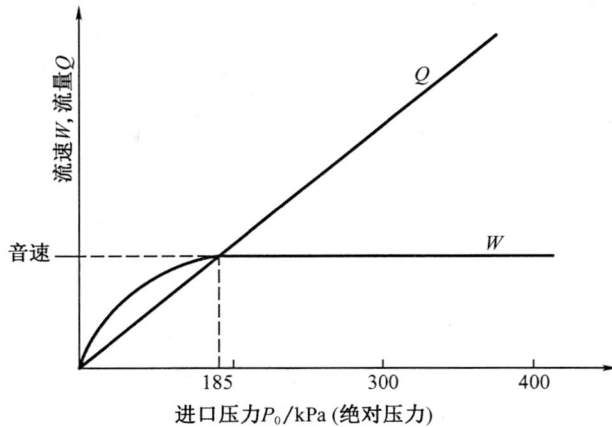

图 1-14　跨亚音速喷管的出口流速 W、流量 Q 与进口压力 P_0 之间的关系

　　由于这种直筒形割嘴的切割氧流速仅能达到音速,根据气割机理可知,其切割加工速度有限。而过分提高切割氧压力(即进口压力),不仅难以提高切割速度,反而造成切口宽度增大、切割面变粗及切口下缘黏渣。

　　由于这种割嘴的制造较为简单,目前仍获得较广泛的应用。

　　(2)射吸式普通割嘴

　　这种割嘴通常配用射吸式割炬用于手工切割,其特征是割嘴头部与割炬连接座的配合锥度为45°。

　　① 氧-乙炔用射吸式割嘴

　　常用的射吸式氧-乙炔的预热孔形状有环形和梅花形两种。另外还有两种专用割嘴——阶梯形和分列式割嘴,它们只有单个预热孔。

　　环形预热孔割嘴由内嘴和外嘴两个零件组合组成,因此也称为组合式割嘴。梅花形割嘴的预热孔道和切割气孔道在同一割嘴体中,也称为整体式割嘴。图 1-15 为射吸式氧-乙炔割嘴的结构简图,表 1-17 为氧-乙炔射吸式割嘴的主要数据。

表 1-17　氧-乙炔射吸式割嘴的主要技术数据

割嘴号码	可切割钢板厚度/mm	切割氧孔径/mm	氧气压力/kPa	气体流量/(m³/h)		配用割炬型号
				氧气	乙炔	
30 型 1#	3~10	0.6	200	0.8	0.21	G01-30
30 型 2#	10~-20	0.8	250	1.4	0.24	
30 型 3#	20~30	1.0	300	2.2	0.31	
100 型 1#	10~25	1.0	200	2.2~2.7	0.35~0.40	G01-100
100 型 2#	25~30	1.3	350	3.5~4.2	0.40~0.50	
100 型 3#	30~100	1.6	490	5.5~7.3	0.50~0.61	

表 1 – 17（续）

割嘴号码	可切割钢板厚度/mm	切割氧孔径/mm	氧气压力/kPa	气体流量/(m³/h)		配用割炬型号
				氧气	乙炔	
300 型 1#	100 ~ 150	1.8	490	9.0 ~ 10.8	0.68 ~ 0.78	
300 型 2#	150 ~ 200	2.2	640	11 ~ 14	0.80 ~ 1.10	G01 – 300
300 型 3#	200 ~ 250	2.6	790	14.5 ~ 18	1.15 ~ 1.20	
300 型 4#	250 ~ 300	3.0	980	19 ~ 26	1.25 ~ 1.60	

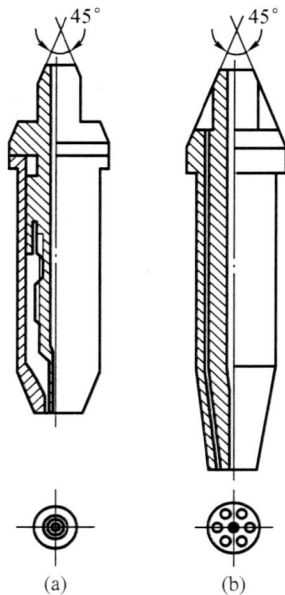

图 1 – 15　氧 – 乙炔射吸式割嘴的结构简图
（a）环形预热孔割嘴；（b）梅花形预热孔割嘴

环形预热孔割嘴保持切割氧流的动量和纯度的效果最好，缺点是火焰不够集中，所以适用于厚板的切割。而梅花形割嘴适合于中、薄板的切割，因为火焰比较集中，能促进切口前缘的钢板表面较快地达到燃点，有利于提高切割速度。

图 1 – 16 所示为阶梯形单预热孔割嘴的简图。由于预热孔离工件表面的距离较大，火焰作用于工件的加热区很小，热量较集中，可避免一般割嘴切割时产生的工件沿切口烧熔和大的翘曲变形。而切割氧喷出口距工件很近（1.2 ~ 2 mm），能获得窄而光洁的切口。

分列式割嘴由单独的切割嘴和预热嘴组成，主要用于手扶式半自动切割机，通常切割 50 mm 以下厚度的钢板。图 1 – 17 所示为分列式切割嘴的结构。预热嘴结构基本上与切割嘴相同，只是孔径比切割氧

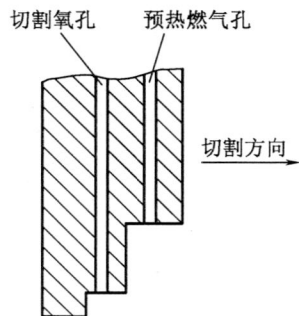

图 1 – 16　阶梯形单预热孔割嘴

孔稍大。表 1 – 18 为分列式割嘴的孔径和切割能力。

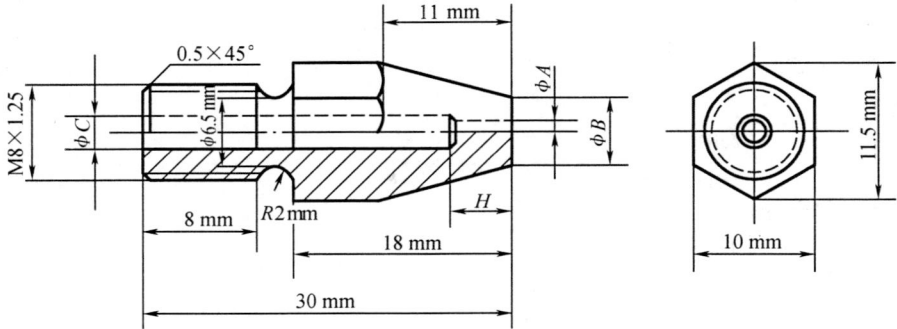

图 1 – 17 分列式切割嘴的结构图

表 1 – 18 分列式割嘴的切割性能

割嘴号码	φA/mm		适宜切割钢板厚度/mm
	切割氧孔	预热孔	
1#	1.0	1.2	10 ~ 20
2#	1.2	1.4	20 ~ 30
3#	1.4	1.6	30 ~ 40
4#	1.6	1.8	40 ~ 50
5#	1.8	2.0	50 ~ 60

分列式割嘴需要配特制的割炬。气割时切割嘴垂直于工件表面,而预热嘴斜置在切割嘴的前方,两者的轴线成 30°。虽预热火焰对切割氧流的保护不及其他形式割嘴,但因切割嘴与工件的间距小(一般在 2 mm 左右),且预热焰集中加热切口前缘,所以其切割速度通常比一般直筒形割嘴快。

② 氧 – 石油气用射吸式割嘴

氧 – 石油气用射吸式割嘴其结构与氧 – 乙炔割嘴不同,这是由于石油气的燃烧速度慢、耗氧量大、火焰粗大且温度低、加热不集中等原因。针对这种燃烧特性,氧 – 石油气割嘴都采用组合式结构和齿槽式预热孔。其结构上的主要特点是:

a. 齿形槽道的数目为 16 ~ 18 槽,按石油气成分和槽道的尺寸而异,一般情况下以丁烷为主的石油气,所需的槽道应多一些,以增加燃气流量提高火焰温度;

b. 齿形预热槽道相对割嘴轴线的锥度比乙炔割嘴大,内喷嘴上槽道的锥顶角为 9°多一些,而外套的内壁锥度取 12°左右,其目的是提高火焰的集中度;

c. 内喷嘴的端面相对外套向里缩进 0.5 ~ 1 mm,使燃气能更充分地燃烧,以获得更高的火焰温度。

图 1 – 18 为常用氧 – 石油气射吸式割嘴的结构和主要尺寸。这种割嘴其火焰燃烧稳定、集中,温度也较高,起割前的预热时间接近氧 – 乙炔焰。

氧 – 石油气射吸式割嘴的切割能力与氧 – 乙炔基本相同,只是切割速度略为慢些。

③ 氧 – 天然气用射吸式割嘴

针对天然气密度小、火焰温度低和热量集中度差的特点,这种割嘴通常采用双层预热孔道结构,使内层燃气受外层火焰的预热,而外层燃气也得到内层火焰的预热,从而加速燃烧,提高火焰温度。

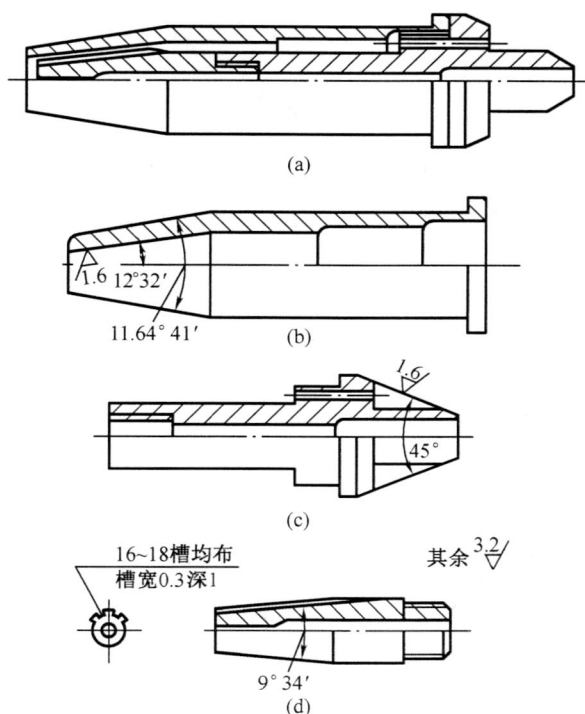

图 1 – 18　氧 – 石油气用射吸式割嘴的结构图
(a)割嘴;(b)外套;(c)接头;(d)喷嘴

图 1 – 19 为镶入式和插入式氧 – 天然气组合割嘴的结构详图。内层预热孔道为环形,外层为梅花形,且与割嘴轴线成 6°~7°夹角,因此可获得锥形火焰。另外,外层预热孔数增至 8 个,孔径也增大至 1.6 mm。这种天然气割嘴的预热时间可接近氧 – 乙炔割嘴,同时该割嘴也可适用于以丁烷为主要成分的石油气。

(3)等压式割嘴

这种割嘴其预热氧和燃气分别从顶端进气孔流入到预热气孔道内混合,形成预热混合气,即所谓嘴内混合式,适用于燃气压力大于 10 kPa 的场合。与射吸式割嘴相比,因混合室直径小,不易发生回火,因而在机械式和自动化切割设备中都采用等压式割嘴。这种割嘴的顶部有三个肩部,与割炬座的配合角锥度为 30°。

①氧 – 乙炔用等压式割嘴

一般都是整体式梅花形,预热孔为 6 个。图 1 – 20 为典型氧 – 乙炔等压式割嘴的构造,其既适用于手工切割也适用于机械切割。表 1 – 19 为 G02 型氧 – 乙炔等压式割嘴的切割能力及参数。

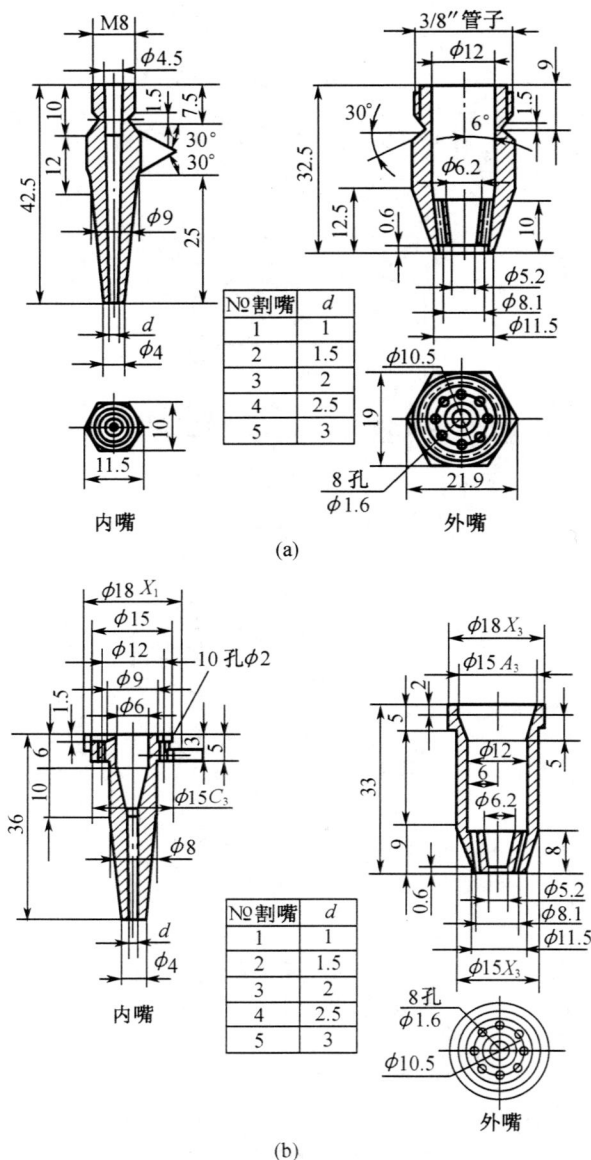

图 1-19 氧-天然气用组合式割嘴的结构图（单位：mm）

（a）镶入式结构；（b）插入式结构

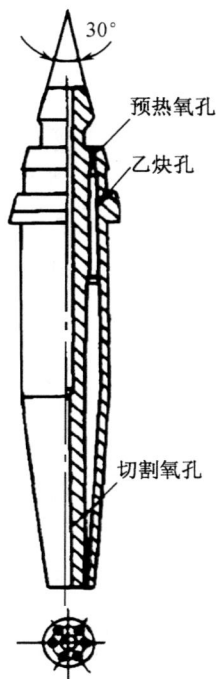

图 1-20　氧-乙炔等压式割嘴的结构图

表 1-19　G02 型氧-乙炔等压式割嘴的切割能力及参数

割嘴号码	切割低碳钢厚度/mm	切割速度/(mm/min)	气体压力/MPa		气体消耗量	
			氧气	乙炔	氧气/(m³/h)	乙炔/(L/h)
1	5~15	450~500	0.3	0.03	2.5~3.0	350~400
2	15~30	350~450	0.35	0.03	3.5~4.5	450~500
3	30~50	250~350	0.45	0.03	5.5~6.5	450~500
4	50~100	230~250	0.59	0.05	9.0~11.0	500~600
5	100~150	200~230	0.69	0.05	10.0~13.0	500~600
6	150~200	170~200	0.78	0.05	13.0~16.0	600~700
7	200~250	150~170	0.88	0.05	16.0~23.0	800~900
9	250~300	90~150	0.98	0.05	25.0~30.0	900~1 000

②氧-石油气用等压式割嘴

与石油气用射吸式割嘴一样,也是组合式、齿槽形结构。图 1-21 为氧-石油气等压式割嘴的结构和主要尺寸。

从图 1-21 中可以看出,齿形和齿槽数、内喷嘴的锥度、外套内壁锥度及内嘴的内缩量都与射吸式相同,所不同的就是割嘴顶端肩部配合面的加工精度要求高。这种割嘴的外套一般采用镀铬处理,以提高其使用寿命。

表1-20为G07型氧-石油气等压式割嘴的技术性能。

表1-20　G07型氧-石油气等压式割嘴的切割性能

割嘴号码	切割氧孔直径 /mm	切割板厚 /mm	切割氧工作压力 /kPa	丙烷工作压力 /kPa
1/32	0.8	5～10	200～250	>30
3/64	1.2	10～30	250～350	>30
1/16	1.6	30～80	300～400	>30
5/64	2.0	60～100	400～500	>40
3/32	2.4	100～150	400～500	>40
1/8	3.2	150～250	500～600	>40

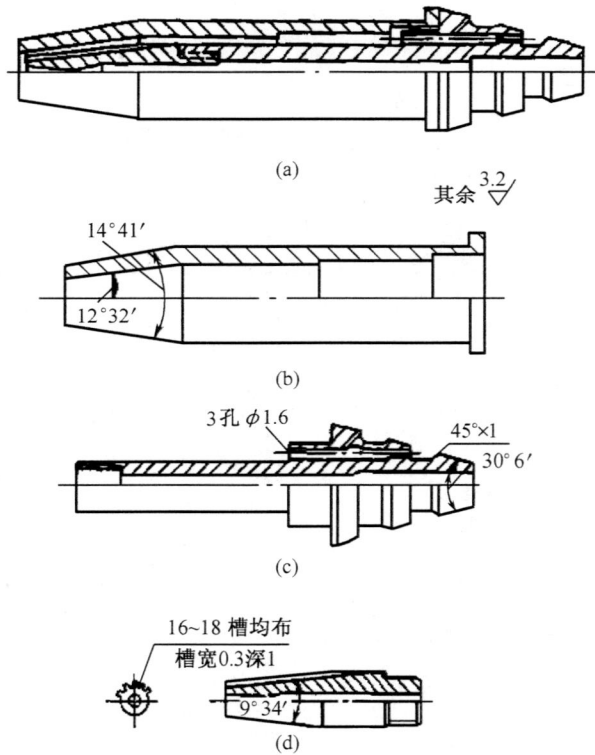

图1-21　氧-石油气等压式割嘴的结构图

(a)割嘴;(b)外套;(c)接头;(d)喷嘴

3. 扩散形割嘴

扩散形割嘴是指切割氧孔道呈拉伐尔喷管状的割嘴,因这种割嘴的切割速度比普通割嘴快,因而国内也称其为快速割嘴。

早在 20 世纪 40 年代,扩散形割嘴已由欧美等国开发和试用,但未引起广泛的重视。进入 20 世纪 60 年代后,由于钢材加工业,特别是造船工业的迅速发展,钢材的切割加工量大增,并对切割质量和精度提出了更高的要求,从而推动了对扩散形割嘴的进一步研究,曾研制了切割氧压力高达 3.5 MPa 的高压扩散形割嘴,并在生产中试用,由于高压配管和器具上存在某些问题,未获推广。但国外一些造船企业从 20 世纪 70 年代中后期开始扩大使用低压(切割氧压力 0.49 ~ 0.69 MPa)扩散形割嘴,至今已作为常用割嘴。我国自 20 世纪 70 年代初开始,不少单位对这种割嘴也进行了大量的试验研究,并取得了一定的成效,现在正在不断推广应用中。

4. 氧帘割嘴

氧帘割嘴也是一种快速优质割嘴,与扩散形切割氧孔道相组合可获得更高的切割速度,如图 1 - 22 所示。采用氧帘割嘴切割薄板时不但切割速度快、切口质量好,而且工件的变形也很小,当切割极薄的钢板时,可采用叠板气割工艺。

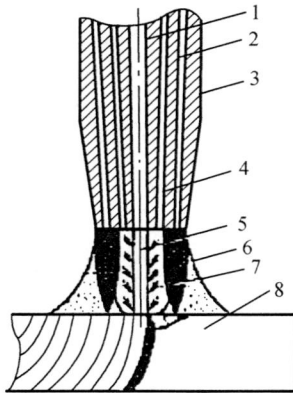

图 1 - 22　氧帘割嘴结构原理

1—切割氧孔道;2—混合燃气孔道;3—割嘴本体;4—保护氧孔道;
5—切割氧流;6—预热火焰;7—氧帘;8—工件

第2章 气割工艺及实例

2.1 气割工艺

2.1.1 影响气割过程的主要因素

影响气割过程(包括切割速度和质量)的主要因素有:切割氧的纯度;切割氧的流量、压力及氧流形状;切割氧流的流速、动量和攻角;预热火焰的功率;被切割金属的成分、表面状况和初始温度;其他因素。

其中切割氧流起着主导的作用。根据气割原理和机理可知,切割氧流既要使金属燃烧,又要把燃烧生成的氧化物(熔渣)从切口中排除。因此其纯度、流量、流速及氧流形状对气割质量和加工速度都有着重大的影响。

如前所述,切割氧的纯度越高,燃烧反应的速度越快,切割速度就能加快。为了完成气割过程,需要向反应区供给足够数量的氧气。氧气不足会引起金属燃烧不完全,并使熔渣能力变弱,造成黏渣。而氧气流量太大,将使金属冷却,甚至造成切割过程中断。为把金属沿整个厚度割透,并以尽可能快的速度向前切割,这就要求切割氧流具有足够大的流速和动量,这样可以减少由于周围杂质气体而导致的污染,使金属沿厚度方向迅速氧化,从而保证氧化速度与切割速度相匹配。

此外,为了使沿厚度方向切口宽度上下一致、后拖量尽可能小,这需要切割氧流在尽可能长的范围内保持圆柱形状。

1. 切割氧纯度的影响

切割氧的纯度是影响气割过程的重要因素。氧气纯度差,不但切割速度大为降低、切割面粗糙、切口下缘黏渣,而且导致氧气消耗量增加。相关试验资料表明,氧气纯度从99.5%降低到98%,即下降1.5%,切割速度下降25%,而耗氧量则增加50%。图2-1所示为氧气纯度对气割时间和氧气消耗量的影响资料示意图。

通常认为,氧气纯度低于95%,就不能气割,而要获得无黏渣的气割,氧气纯度需不低于99.5%。

(1)氧气纯度对切割速度影响的实验资料

图2-2所示为氧气纯度对切割速度影响的实验资料。由图可知,氧气纯度从99.5%提高到99.8%时,即提高0.3%,切割速度就可增加约12%。

(2)各种杂质气体对气割速度的影响

图2-3示出了氧气中各种杂质气体及其含量对气割速度影响的资料。这是电解水制得的高纯度氧和空气液化制得的高纯度氧中附加杂质气体并在厚25.4 mm钢板上切割试验时测得的数据。

由图2-3可见,在氧气纯度相同的条件下,电解法制得的氧比空气液化制得的氧可获得较高的切割速度。这是因为杂质氢对气割过程影响较小,而电解氧中的主要杂质是氢的

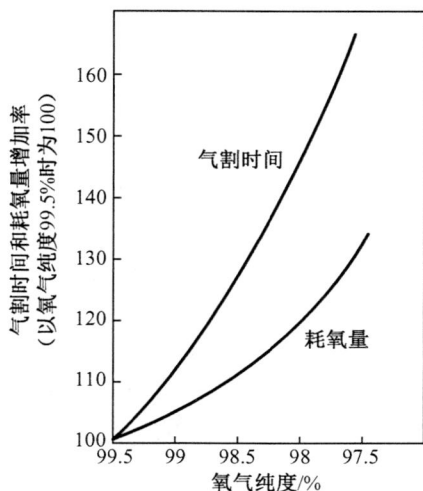

图 2 - 1　氧气纯度对气割时间和耗氧量的影响

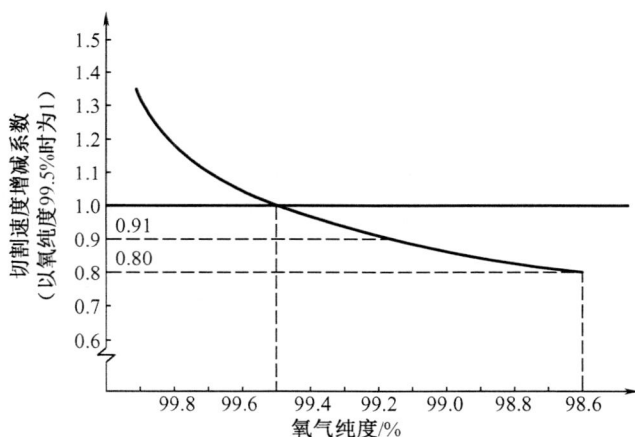

图 2 - 2　氧气纯度对钢材气割速度影响的示意图
（以氧气纯度 99.5% 时的切割速度为 1）

缘故。另外,氦的影响最为不利,其次是氩、氮和氖。但空气中氖的含量甚低,主要是氮和氩。

（3）氧气中水蒸气量对气割速度的影响

气态氧中常含有水分,图 2 - 4 给出了氧气中水蒸气含量对切割速度影响的实验数据。露点约 -60 ℃ 的氧(接近干燥氧)和其中加入水蒸气(露点为 +10 ℃)的氧,两者的极限切割速度和可能切割的最大厚度并无明显的差异。

目前国内气割作业广泛采用液态氧,其纯度在 99.8% 左右,不但切割速度快,而且切割质量大为改善。

2. 切割氧流量的影响

向气割反应区供给足量的氧气是实现切割所必要的条件。按 $Fe - O_2$ 燃烧反应式可以

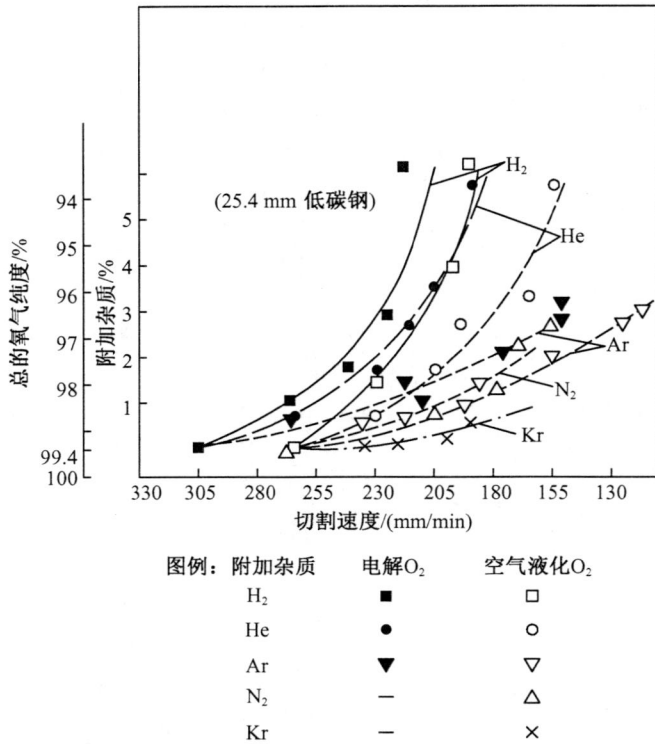

图 2 - 3　氧气中杂质气体对切割速度的影响

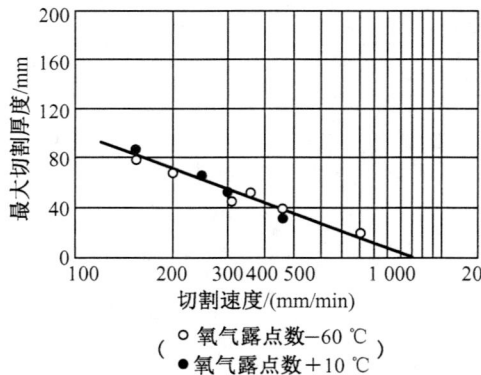

图 2 - 4　氧气中水蒸气量对切割速度的影响

（1#割嘴,切割氧压力 0.3 MPa,乙炔 10 L/min）

算出,当 1 g 铁完全生成 Fe_3O_4 时需要 0.27 L 氧,或者 1 cm^3 的铁需要 2.12 L 的氧。但实际操作中,单位质量铁的切割氧消耗量还同被切割钢材的厚度有关。据资料所述,切割厚度在 40 mm 以下的钢材时,切割氧的消耗量高于理论值,而厚度大于 40 mm 时,则低于理论值。切割厚度 100 ~ 125 mm 钢材的实际耗氧量水平最低。

　　通常,切割氧流量稍高于必要值,切割速度可提高 10% ~ 20%,但切割面略显粗糙。图 2 - 5 示出切割厚 12 mm 钢板时氧气流量对切割速度影响的资料。由图 2 - 5 可见,随着氧流量的增加,切割速度逐渐增大。这是由于在切割氧压力一定的条件下,割嘴的切割氧孔径增大,因流量增加而提高了排渣能力的缘故。但对优良的切割质量,切割速度的影响则不同,在开始时随着氧流量的增大,切割速度随之提高,但超过某个值时随着流量的增加切割速度反而降低。

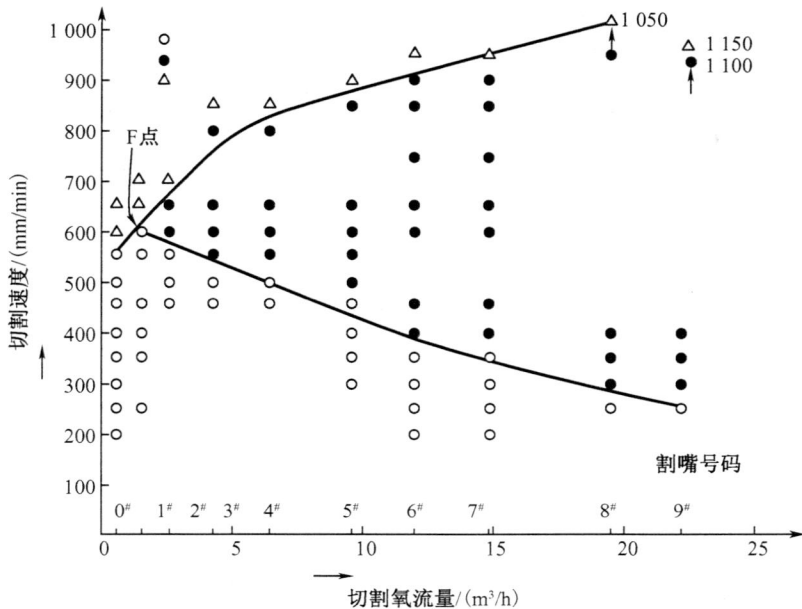

图 2－5　切割氧流量与切割速度的关系(板厚 12 mm)

(○优良切割　●割断　▲割不透)

　　由图 2－5 还可见,对某一厚度的钢板存在一个最佳氧流量值,此时不但切割速度最高,而且切割面质量良好。就 12 mm 钢板来说,由图 2－5 可知,F 点的流量为最佳值(相当于图示的 1#割嘴)。

　　3. 切割氧压力的影响

　　用普通割嘴气割时,随着切割氧压力的提高,氧流量相应增加,因此所能够切割的厚度随之增大。但压力增至一定值,可切割的厚度也达到最大值,再增大压力,可切割的厚度反而减少。图 2－6 示出了切割速度与切割氧压力的关系。由图可见用普通割嘴气割时,在压力较低的情况下,随着压力增高,切割速度也提高。但当压力超过 0.3 MPa 后,切割速度反而下降,再继续加大压力,不但速度降低,而且切口加宽,切断面变粗糙。这是由于普通割嘴在切割氧压力超过 0.4 MPa 后,氧流量虽然随之增加,但氧流中出现较强的正冲波,使其动量降低,同时也由于氧流因横向膨胀变粗并成乱流从而影响切割速度及切割质量。当切割氧压力越高时,上述现象越严重。

　　用扩散形割嘴气割时,如果切割氧压力符合割嘴的设计压力,则压力越高,由于其切割氧流的流速和动量也增大,因此所能切割厚度和切割速度也不断增加,如图 2－7 和图 2－8 所示。但当割嘴的切割氧孔径一定时,使用的切割氧压力超过设计压力过多的话,则获得优良切割面的切割速度也要降低(图 2－6)。如果降低切割面的质量要求,则切割速度能略有提高。

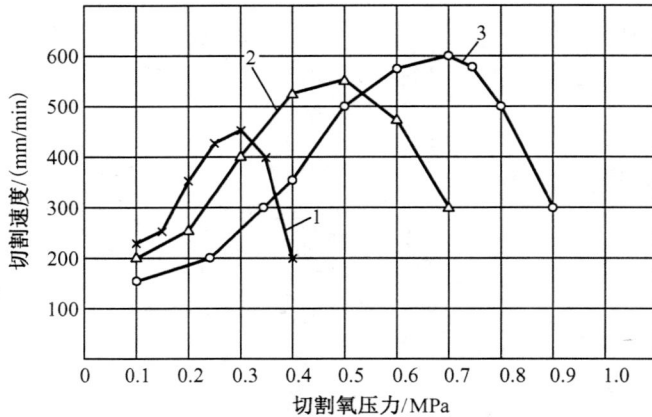

图 2 – 6　切割速度与切割氧压力的关系

(板厚 16 mm,切割面粗糙度 50 μm)

1—2$^\#$普通割嘴;2—2$^\#$0.49 MPa 扩散形割嘴;3—2$^\#$0.69 MPa 扩散形割嘴

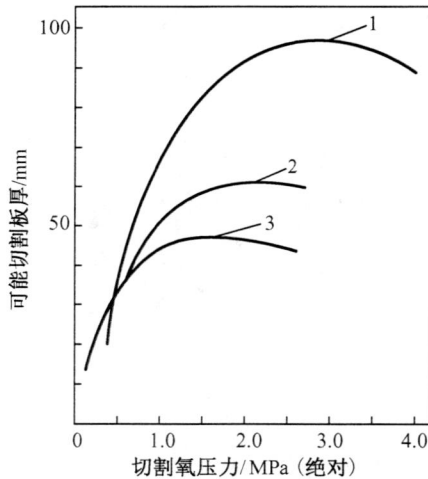

图 2 – 7　可能切割厚度与切割氧压力(绝对压力)的关系

1—设计压力 1.1 MPa 扩散形割嘴;2—设计压力 0.59 MPa 扩散形割嘴;3—普通割嘴

4. 切割氧流形状的影响

切割氧射流(通常称为风线)形状对气割过程也有明显的影响。风线长且挺直有力,切割效果就好。通常要求风线尽可能长地保持圆柱形,同时边界线应清晰,这样就能获得沿厚度方向上下一致的切口宽度,切割面的粗糙度和切割精度也提高。特别是风线细而流速高时,相应的切口宽度减小,切割氧消耗量也随之减少,高速氧流向气割反应区供给新鲜氧速度快,从而使切割速度加快,切割面质量优良。

如果风线细,边界混浊,则切割速度下降,切割面质量恶化,切口下缘黏附熔渣。在不恰当地加大切割氧压力或割嘴污损时,时常出现这种情况。

为了获得良好的风线,需对割嘴切割氧孔径形状进行优化设计,特别是孔道面的加工

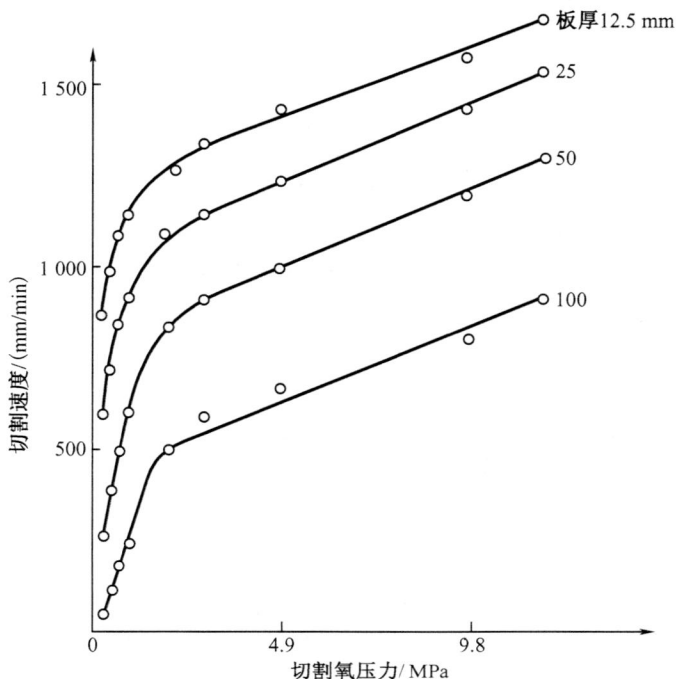

图 2 - 8　各种设计压力扩散形割嘴的切割氧压力与切割速度的关系

（○表示设计压力和使用的切割氧压力）

光洁度,这也是获得良好风线的主要因素。

　　5. 切割氧流攻角的影响

　　切割时,若把切割氧流相对切口前缘形成一个攻角(即割炬后倾),可大大加快切割速度和改善切割质量。图 2 - 9 所示为氧流攻角对切割速度影响的资料。割炬后倾时,切割氧流动量的水平分量 V_x 使切口前缘的熔渣层减薄且切口前缘金属获得充分的预热,从而加速了气割速度。由图 2 - 9 可知:

　　① 随着氧流攻角的增大,切割速度明显加快,攻角增大至某一极限角度时,切割速度达到最大值。继续加大攻角,切割速度反而下降。这是因为随着攻角的增大,氧流动量的垂直分量 V_y 减少,切割能力降低的缘故。

　　②极限攻角的大小随割嘴种类和加工钢板厚度而异。切割氧流的出口流速越高,钢板越薄,极限攻角越大。

　　③利用各种设计压力的扩散形割嘴,在形成攻角的条件下切割厚 12 mm 钢板,可使切割速度提高 50% ~ 100% 。

　　另外,利用割炬后倾切割法还能明显地减少后拖量,改善切割面质量。因此在实际生产中,尤其是使用扩散形割嘴切割厚 25 mm 以下钢板的直线边时可充分利用割炬后倾的效果。

　　6. 预热切割用氧气的影响

　　把来自气源的氧气,用某种方法(比如通过电加热)预先进行加热,然后送至割炬用作切割氧。用预先加热的氧切割,可使中、厚钢板的切割速度有某种程度的提高。表 2 - 1 示出预热切割用氧对切割速度和气体耗量的影响。

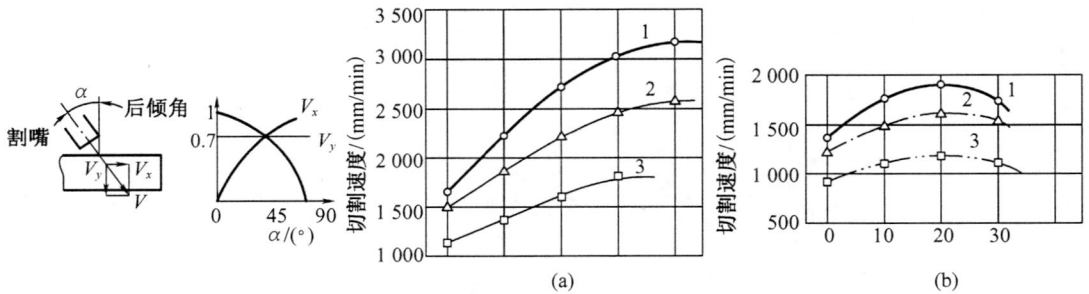

图 2-9　氧流攻角对切割速度的影响

（a）板厚 12 mm（后拖量 6 mm）；（b）板厚 25 mm（后拖量 12 mm）

1—设计压力 3.53 MPa 扩散形割嘴，喉径 1.5 mm；2—设计压力 1.57 MPa 扩散形割嘴，喉径 2.0 mm；

3—设计压力 0.69 MPa 扩散形割嘴，喉径 2.5 mm

表 2-1　预热切割用氧至 400 ℃对切割速度和氧气用量的影响

氧气纯度	切割速度增加率	氧气用量增加率
99%	6%	6%
95%	20%	18%
90%	27%	26%
85%	30%	28%

注：所谓增加率是相对于 15 ℃氧气切割时的增加率。

由表 2-1 可知，氧气纯度越高，预热过的氧的切割速度增加率越低。目前使用的工业纯度一般都在 99.2% 以上，其效果是有限的。有的实验查明，实用预先加热的氧，最大切割厚度反而减小，切割效率也降低。因为随着温度升高，气体的密度降低了。另外资料报道，用温度 20 ℃的氧气进行切割，结果最好。预热至 40 ℃，切口下缘易黏渣。

另一方面，工业上难以用经济的方法来预先把氧加热至高温，所以预先加热氧气在工业生产上并无实用意义。

7. 钢材初始温度的影响

钢材的初始温度高，加热到燃点的时间缩短，可加快气割进程，因此切割速度随之提高。表 2-2 示出用 20 mm×150 mm×200 mm 试板测定的各种温度钢板的切割速度资料。

表 2-2　厚 20 mm 低碳钢板在各种温度下的切割速度

钢板温度/℃	切割氧流量/（m³/h）	切割速度/（mm/min）
20		710
440	5.25	950
700		1 100
900		2 100

表 2 - 2（续）

钢板温度/℃	切割氧流量/(m³/h)	切割速度/(mm/min)
450		1 000
580	6.45	1 200
800		1 700
950		2 600
20		750
460		1 100
700	7.6	1 350
820		2 000
970		2 600
20		850
460		1 000
600	19.3	1 200
950		3 300

由表 2 - 2 可见,把钢板从室温预热至 950 ~ 970 ℃,切割速度可提高 3 ~ 3.5 倍,是十分显著地。而且单位切割长度的氧气消耗量也减少了约 3/4。

图 2 - 10 示出各种温度和碳的质量分数不同的钢材在预热至 540 ~ 1 200 ℃时的实用切割速度和割断速度的资料。由图 2 - 10 可见,钢材本身的温度越高,切割速度越快。另外 $w(C) = 0.75\%$ 的钢,在高温时的切割速度最高。

图 2 - 11 示出连铸坯生产线中用 300 型和 600 型外混式割嘴切割高温铸坯的实用切割速度资料。由图 2 - 11 可见,与常温钢材相比,实用切割速度提高约 1.5 倍。

由上述一系列资料可知,高温状态的钢材其切割速度可成倍地提高,同时还能显著地减少切割氧耗量。

8. 钢材表面状态的影响

钢材表面存在较厚的氧化皮、黄锈及各种脏物,在气割时使切口前缘表面加热到燃点的时间增加,对气割过程带来不利的影响。不但使切割速度下降,还会在切割面上造成缺口,严重时会使切割中断。因此,气割前要把沿切割线的铁锈和脏物清除干净。

与氧化皮相比,黄锈的影响较大。如厚 14 mm 且表面附有氧化皮的钢板,通常的切割速度为 600 mm/min,而表面附有黄锈时,切割速度即降至 510 mm/min,降低率为 15%,而且切割面变粗糙,背面黏渣。

钢材表面上预涂车间底漆也影响切割速度和质量。各种车间底漆中,尤以无机富锌底漆为甚,有机锌底漆次之,洗涤型底漆影响最小。图 2 - 12 示出各种车间底漆对船用板切割速度和切割面质量影响的实验资料。切割试验用 2# 普通割嘴在 16 mm × 500 mm × 1 000 mm 试板上进行的。

由此可见,除底漆种类外,漆膜厚度也有很大的影响。漆膜厚度较厚,获得优质切割面的切割速度降低。因此,车间底漆的漆膜厚度易控制在 15 μm 左右。

如果条件许可的话,切割加工最好在钢板抛丸处理后进行,这样既可加快切割速度,又

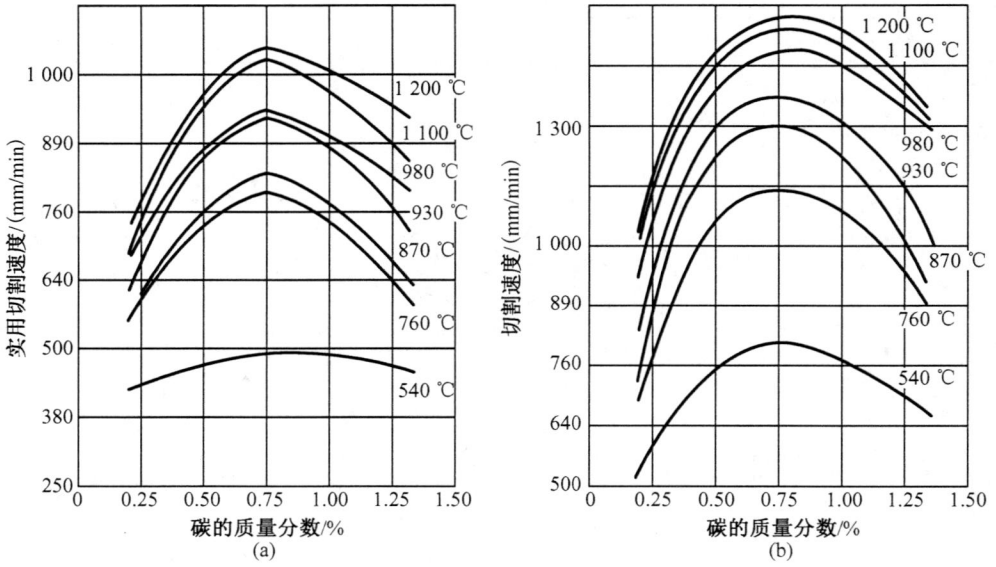

图 2-10　钢材的温度和碳的质量分数对实用切割速度和割断速度的影响

（a）实用切割速度；（b）割断速度

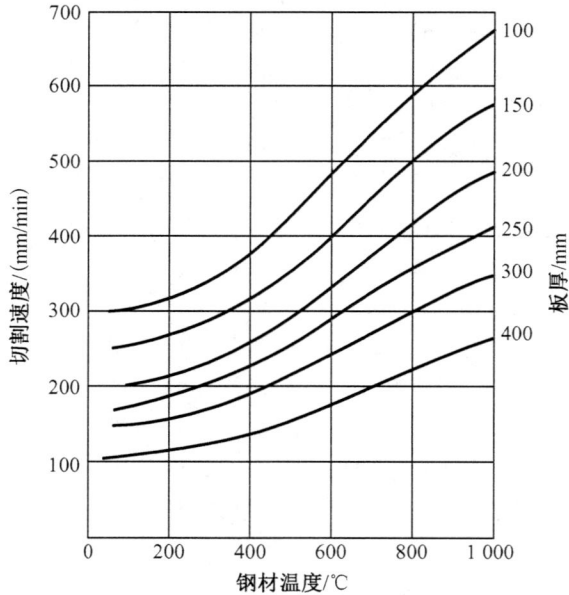

图 2-11　高温铸坯的实用切割速度

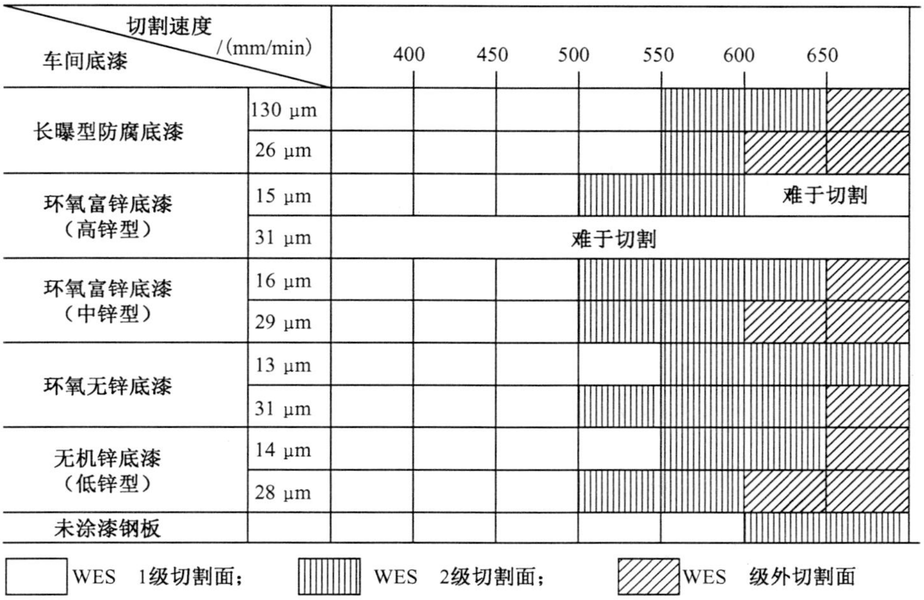

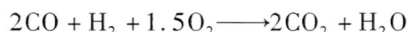

车间底漆　　切割速度/(mm/min)		400	450	500	550	600	650

图 2 – 12　车间底漆类型和膜厚对切割速度和切割面质量的影响

备注：图中切割面质量按日本焊接学会标准 WES 分级，该标准按表面粗糙度、平面度、熔渣黏附程度、缺口
　　　和上缘熔化度等参数综合评定切割面的质量，1 级为最好。

能提高切割面的质量。

9. 熔渣黏度的影响

熔渣的黏度低，流动性好，易于被切割氧流所排除，切割速度就能加快。FeO 熔渣的流动性较好，如钢中含铬较多，生成的 Cr_2O_3 熔渣黏性较大，就不易排除，从而使切割速度降低。

2.1.2　气割工艺要点

1. 预热火焰的选用

预热火焰对气割过程的重要作用前面已有叙述，它同时也是影响气割质量和速度的重要工艺参数之一。

（1）预热火焰的种类和性质

根据燃气与氧气的混合比不同，火焰分为碳化焰、中性焰和氧化焰，如图 2 – 13 所示。

在使用乙炔的场合，氧与乙炔的体积比（$V(O_2)/V(C_2H_2)$）为 1.1 ~ 1.15 时，形成的火焰为中性焰（图 2 – 13（a）），由焰芯、内焰和外焰组成。焰芯为 C_2H_2 与 O_2 的混合气。内焰为 C_2H_2 与 O_2 发生第一次反应区（即一次燃烧），其反应式为

$$C_2H_2 + O_2 \longrightarrow 2CO + H_2$$

在内焰中距焰芯 2 ~ 3 mm 处，温度最高，约 3 100 ℃。外焰是一次燃烧生成的 CO 和 H_2 与空气中氧化合而燃烧的区域（即二次燃烧），其反应式为

$$2CO + H_2 + 1.5O_2 \longrightarrow 2CO_2 + H_2O$$

火焰温度约为 2 500 ℃，外焰越长，保护切割氧流的效果越好。

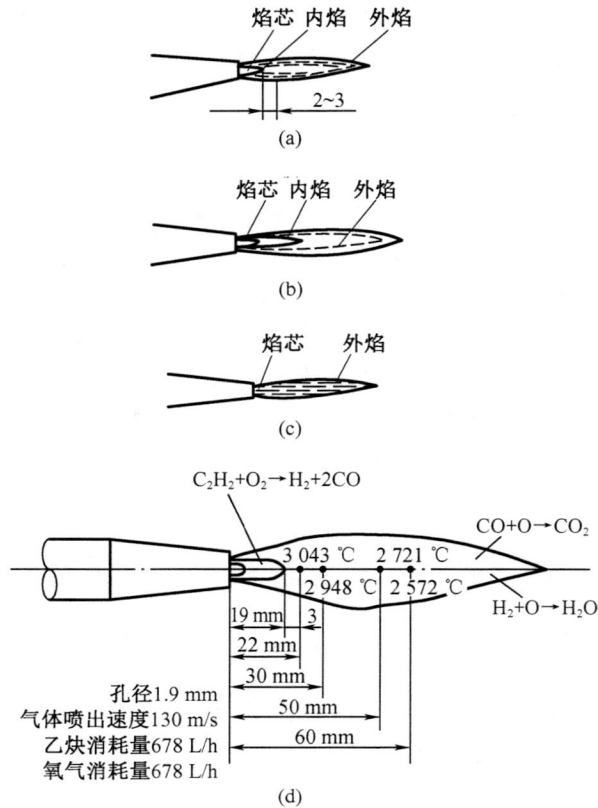

图 2-13　氧-乙炔火焰的种类和构造
(a)中性焰;(b)碳化焰;(c)氧化焰;
(d)中性焰的燃烧过程和温度分布

$V(O_2)/V(C_2H_2)$ 小于 1.1 时形成碳化焰(图 2-13(b)),也有焰芯、内焰和外焰,内焰中存在未燃烧的碳,火焰长而软,温度也较低。

$V(O_2)/V(C_2H_2)$ 大于 1.15 时形成氧化焰(图 2-13(c)),只有焰芯和外焰两部分。火焰短而挺直并伴有"嘶、嘶……"声,最高温度可达约 3 300 ℃,因火焰中存在过剩氧,具有氧化性。

(2)预热火焰的选用

气割时一般应选用中性焰,同时火焰的强度要适中。

①火焰过强时会出现以下缺点:

a.切口上边缘熔塌,并有珠粒状熔滴黏附;

b.切割面粗糙度变差;

c.切口下缘黏渣。

②火焰过弱时会发生以下问题:

a.切割速度减慢,且易发生切割中断现象;

b.易发生回火;

c.后拖量增大。

③为此应根据工件厚度、割嘴种类和质量要求选用预热火焰,其要点如下:

a. 预热火焰的功率要随板厚增大而加大,见表 2 - 3。

表 2 - 3 氧 - 乙炔火焰的功率与板厚的关系

板厚/mm	6 ~ 25	25 ~ 50	50 ~ 100	100 ~ 200	200 ~ 300
乙炔流量/(m³/h)	0.4 ~ 0.55	0.55 ~ 0.75	0.75 ~ 1.0	1.0 ~ 1.2	1.2 ~ 1.3

b. 在切割较厚钢板时,火焰宜用轻度碳化焰,以免切口上缘熔塌,同时也可使外焰长一些。

c. 使用扩散形割嘴和氧帘割嘴切割厚 20 mm 以下钢板时,火焰功率宜选大一些,以加速切口前缘加热到燃点,从而获得较高的切割速度。

d. 切割碳质量分数较高或合金元素含量较多的钢材时,因为它们的燃点较高,预热火焰的功率要加大一些。

e. 用单割嘴切割坡口时,因熔渣被吹向切口外侧,为补充热量,要加大火焰的功率。图 2 - 14 示出切割坡口时预热火焰所需功率的实用数据。

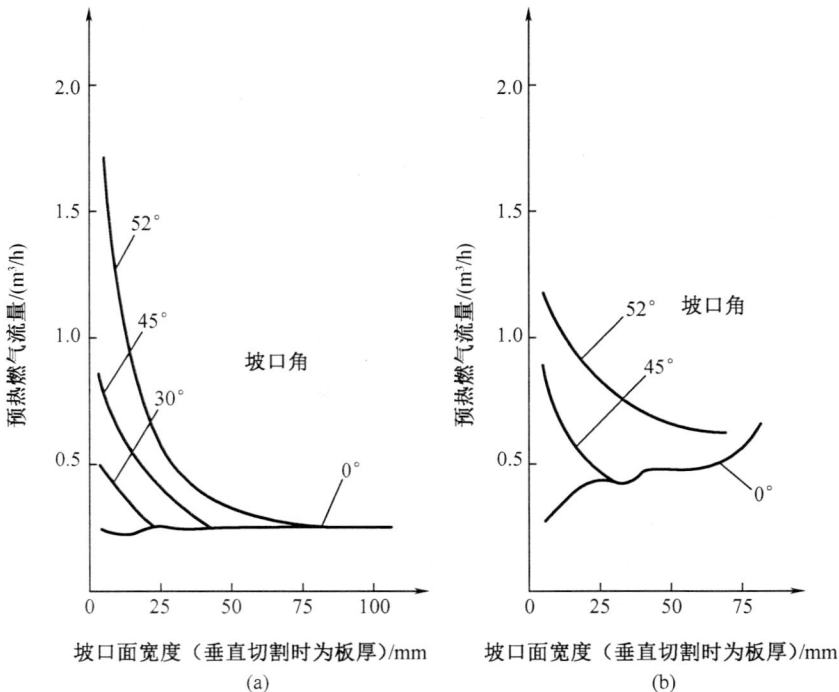

图 2 - 14 坡口切割时预热火焰的功率
(a)丙烷;(b)乙炔

f. 使用石油气或天然气作为燃气,因为其火焰温度较低,需要的预热时间较长。在切割小尺寸零件等需频繁预热、起割的场合,为缩短预热时间、提高切割效率,宜把火焰调节成氧化焰,开始切割后再恢复到中性焰。

2. 其他主要工艺参数选用要点

(1)割嘴号码的选定

割嘴号码(即切割氧孔径)根据切割工件的厚度进行选定,通常可按割嘴制造厂说明书选用。

图 2 – 15 示出使用普通割嘴时切割厚度与适用的切割氧孔径之间的关系。实际上,如图 2 – 5 所示,对每种板厚存在一个最佳的切割氧流量值(在切割氧压力一定时,即切割氧孔径一定时),此时可获得最快的切割速度和最好的切割质量。割嘴号码小于或大于最佳值,切割速度和切割面粗糙度都会变差,因此采用大号割嘴切割相对较薄的钢板,是不合理和不经济的。

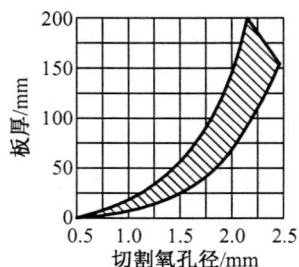

图 2 – 15　板厚与切割氧孔径的
关系(普通割嘴)

(2)气割氧压力的选定

气割氧压取决于割嘴类型和嘴号,通常可按割嘴制造厂说明书选用。

不恰当地提高切割氧压力反而会使切割速度降低、切割面质量恶化。使用普通割嘴时,习惯上往往随切割工件厚度和割嘴孔径的增大而增加切割氧的压力,其实这是不恰当的。对普通割嘴来讲,当压力增至 0.6 MPa 时,切割氧射流中出现正冲波,能量遭到损耗,气流变得紊乱,易吸入周围杂质气体,降低切割氧的纯度。压力越高,正冲波越严重,导致切割面质量恶化,所以一般不宜使压力超过 0.6 MPa。

在使用扩散形割嘴时,则不论工件多厚、割嘴孔径多大,切割氧压力都要符合其设计压力,偏差不宜超过 ±0.1 MPa,否则切割面质量和切割速度都会降低(图 2 – 8)。

一般情况下,半自动切割机上不配压力表,而是利用装在氧气瓶或管道接头处的压力表进行调压。气体通过胶管至割炬处的实际压力总是比表示压力要低。使用压力越高、胶管越长,尤其是当胶管盘成弯曲状态时,压力降更大。为此在调节压力表时,要预先加以补偿。根据实验,使用压力 0.5 MPa 左右,设定压力要调高0.05 ~ 0.1 MPa;使用压力 0.7 MPa 左右,应调高 0.15 ~ 0.2 MPa。

实际生产中,最佳切割氧压力可通过试放"风线"的办法来确定。对所用的割嘴,当风线最清晰且长度最长时,这一切割氧压力即为合适值,从而获得最佳的切割效果。

(3)割嘴高度

割嘴高度是指割嘴前端与工件上表面的距离(有时也称割炬高度)。一般情况下,除分列式割嘴外,割嘴高度过低,切口上缘会发生熔塌,且割嘴易被飞溅所黏附,甚至引起回火。割嘴高度过大,热损失增加,并且预热火焰对切口前缘的加热作用减弱。同时切割氧流因扩展而变粗,进入切口的氧纯度也降低,导致后拖量和切口宽度增大,在切割中、薄板场合还会使切割速度降低。通常,使用不同割嘴时的合适割嘴高度为:

①直筒形割嘴,10 ~ 15 mm;

②扩散形割嘴,5 ~ 10 mm;

③氧帘割嘴,约 5 mm。

切割厚工件时,割嘴高度可适当增大一些,以避免切口上缘出现过多的熔塌。

(4)切割速度

切割速度取决于切割面的质量要求。质量要求高,切割速度应稍慢一些;切割质量要求一般时,切割速度可适当加快。在切割操作时,切割速度可根据熔渣火花在切口中落下的方向来掌握,当火花呈垂直或稍微向前方排出时,即为正常速度。成形切割应以上述速度为准。在直线切割时,可采用火花稍微向后方排出的、较快的速度。

(5)提高直线切割速度的方法

进行直线切割时可采用以下方法加快切割速度。

① 割炬后倾法

在切割厚度 25 mm 以下钢板时,把割炬向切割进行的反方向后倾一定角度,可加快切割速度,在使用扩散形割嘴时尤为有效。合适的后倾角应根据割嘴孔径、切割氧压力和板厚进行综合确定。割嘴孔径小、设计切割氧压力低、钢板厚度大,后倾角应小些;反之,则可大些。当使用 0.69 MPa 扩散形割嘴时,后倾角的范围为 5° ~ 35°。

② 前行预热嘴加热法

在割嘴前方附加一个预热火焰嘴,把切口前缘加热至高温状态,后行割嘴的切割速度就可明显提高。在切割坡口时这种方法更为有效。

③ 双割炬或双孔割嘴切割法

前一个割嘴先进行粗切割,后行割嘴进行精切割。两个割嘴间距约为 50 mm。这种方法可提高切割速度 20% ~50%(取决于板厚)。

2.2　坡口的气割

焊接之前常需要对钢板的接头处开坡口,坡口切割方法有手工切割和机械切割两种。在设备条件好的情况下,可采用机械切割,如采用坐标式切割机、平面四边形切割机或专为切割坡口用的切割设备等。采用机械方法切割的坡口,只要把熔渣清理干净,不需要进行任何的机械加工就可进行焊接。在成批生产中,采用机械方法切割坡口的经济效益更为显著。

由于手工切割坡口设备简单(采用普通气割设备),方便灵活,对于组合的部件和结构较复杂的零件以及单件生产,手工切割比较方便、有效。但手工切割坡口的质量在很大程度上受切割技术熟练程度的影响。对于重要构件或受压容器的焊接坡口,在没有把握的情况下最好不采用手工切割。

焊接结构中常见的焊接坡口有 V 形、Y 形、X 形(带钝边或不带钝边)和 U 形,如图 2 - 16 所示。其中 V 形和 Y 形坡口当单侧坡口角度大于 30°时,通常不易采用正面气割,而需要把坡口面置于背面进行切割。

在正确掌握切割参数和操作技术的条件下,气割坡口的质量良好,可直接用于工件装配和焊接。

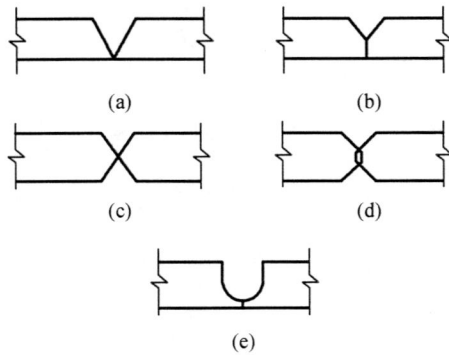

图 2 − 16 焊接结构中常见的坡口形式

(a)V 形；(b)Y 形；(c)X 形；(d)带钝边 X 形；(e)U 形

2.2.1 V 形坡口的气割

用机械方法切割单面 V 形坡口时，可采用两把割炬同时进行切割。一把割炬垂直于被切割金属表面，另一把割炬与切割表面成一定角度。调整好割炬倾角后，一般用半自动气割机或手扶式半自动气割机进行切割。垂直的割炬在前移动，倾斜的割炬在后面移动，必须按实际切割厚度选定割嘴号码和气割参数。

手工方法也可以切割单面 V 形坡口。单割炬切割 V 形坡口的示意图，如图 2 − 17 所示。气割前先按坡口尺寸画好线，然后将割嘴按坡口角度找好，用向后拖或者向前推的操作方法进行切割，切割速度稍慢，预热火焰功率应适当增加，切割氧的压力也应稍大一些。

为了得到宽窄一致和角度相等的切割坡口，可将割嘴靠在扣放的角钢上进行切割，如图 2 − 18 所示。为了更好地控制切割坡口的角度，还可将割嘴安装在角度可调的滚轮架上（一般是自制的），这样可以进一步保证切割质量，而且操作灵活（图 2 − 18(c)）。利用角钢切割直边及斜边（坡口）的操作示意图，如图 2 − 19 所示。

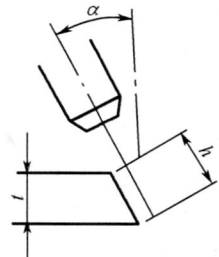

图 2 − 17 单割炬切割 V 形坡口示意图

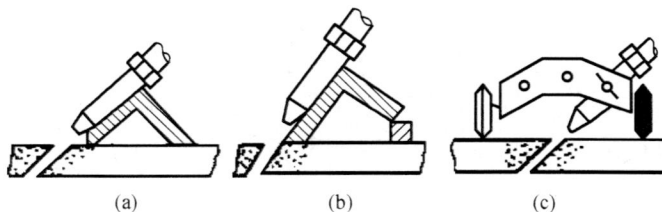

图 2 − 18 坡口切割示意图

图 2 – 19　利用角钢切割直边及斜边(坡口)的操作示意图

　　手工切割与机械切割的不同之处在于:手工切割时,不能同时用两把割炬进行切割,应先割好垂直缝,再按要求的宽度画好线,将割嘴偏斜一个角度,沿着画线向前或向后移动割炬,就能切割出单面坡口。

2.2.2　Y 形坡口的气割

　　Y 形坡口可采用单割炬二次切割和双割炬一次切割法完成。

　　单割炬二次切割,即先切割直边,再切割坡口斜边。单割炬切割 Y 形坡口的示意图,如图2 – 20所示。

　　双割炬切割可一次完成坡口制备。双割炬切割 Y 形(或倒 Y 形)坡口时的割嘴配置如图 2 – 21 所示。

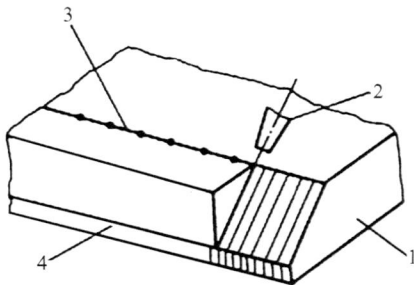

图 2 – 20　单割炬切割 Y 形坡口示意图
1—工件端面;2—割嘴;3—切口切割线;
4—钝边线

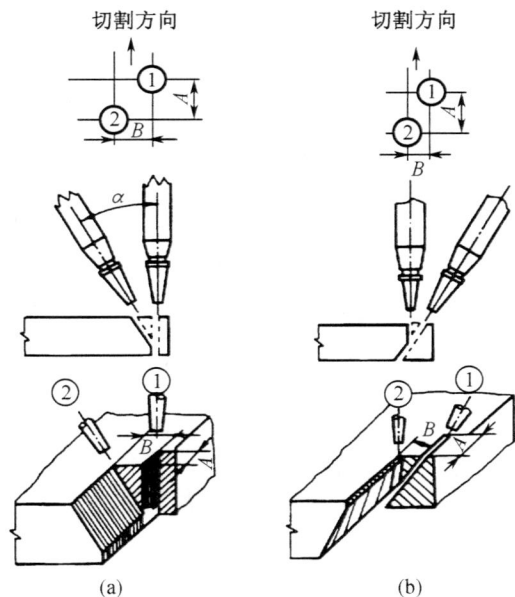

图 2 – 21　双割炬切割 Y 形(或倒 Y 形)
坡口时的割嘴配置

2.2.3 X形坡口的气割

X形坡口分为带钝边和不带钝边两种。不带钝边X形坡口可采用单割炬分两次切割，也可用双割炬一次割出。带钝边X形坡口可采用单割炬分次切割，也可用三割炬一次加工出来。X形坡口一次切割的割嘴配置如图2-22所示。普通割嘴一次切割X形坡口的工艺参数，见表2-4。扩散型快速割嘴一次切割X形坡口的工艺参数，见表2-5。

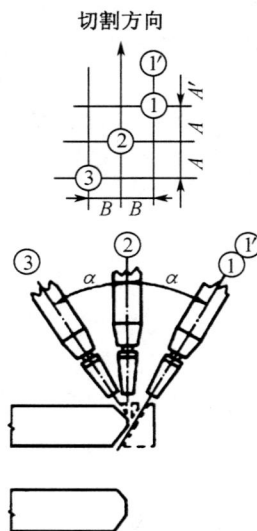

图 2-22 X形坡口一次切割的割嘴配置

快速割嘴的切割性能应符合表2-6规定。

表 2-4 普通割嘴一次切割 X 形坡口的工艺参数

板厚 /mm	割嘴号码				气体压力/kPa		切割速度 /(mm/min)
	割炬 1′	割炬 1	割炬 2	割炬 3	切割氧	乙炔	
20	2	1	0	0	294	30～50	280～320
25	3	2	0	1	294～343	30～50	250～300
30	4	3	1	2	294～343	30～50	220～270
35	5	3	1	2	294～343	30～50	200～250
40	5	4	2	3	343～392	30～50	180～220
50	6	5	2	3	343～392	30～50	160～200

表 2 - 5 扩散型快速割嘴一次切割 X 形坡口的工艺参数

板厚 /mm	割嘴号码				气体压力/kPa		切割速度 /(mm/min)
	割炬 1′	割炬 1	割炬 2	割炬 3	切割氧	乙炔	
20	2	1	0	0	686	30 ~ 50	390 ~ 430
25	3	2	0	1	686	30 ~ 50	350 ~ 390
30	4	3	1	2	686	30 ~ 50	310 ~ 350
35	5	3	1	2	686	30 ~ 50	280 ~ 320
40	5	4	2	3	686	30 ~ 50	230 ~ 290
50	6	5	2	3	686	30 ~ 50	200 ~ 250

注: ①割炬 1′用于预热, 不参数切割;
②割炬间的纵向间距 A 根据板厚和坡口角度取 10 ~ 20 mm, 以切割面上边缘不熔化、下边缘不黏熔渣为准;
③所列参数为坡口角 45°时的切割参数, 如坡口角为 30°时, 切割速度可加快 10% ~ 15%;
④切割氧的纯度≥99.7%。纯度较低时, 切割速度要适当减慢;
⑤钢板表面状态(如有氧化皮或车间底漆)不同, 切割速度也要做相应调整。

表 2 - 6 快速割嘴的切割性能

割嘴号	割嘴喉部 直径/mm	切割厚度 /mm	切割速度 /(mm/min)	气体压力/MPa			切口宽度 /mm
				氧气	乙炔	液化石油气	
1	0.6	5 ~ 10	750 ~ 600	0.7	0.025	0.03	≤1
2	0.8	10 ~ 20	600 ~ 450	0.7	0.025	0.03	≤1.5
3	1.0	20 ~ 40	450 ~ 380	0.7	0.025	0.03	≤2
4	1.25	40 ~ 60	380 ~ 320	0.7	0.03	0.035	≤2.3
5	1.50	60 ~ 100	320 ~ 250	0.7	0.03	0.035	≤3.4
6	1.75	100 ~ 150	250 ~ 160	0.7	0.035	0.04	≤4
7	2.0	150 ~ 180	160 ~ 130	0.7	0.035	0.04	≤4.5
1A	0.6	5 ~ 10	560 ~ 450	0.5	0.025	0.03	≤1
2A	0.8	10 ~ 20	450 ~ 340	0.5	0.025	0.03	≤1.5
3A	1.00	20 ~ 40	340 ~ 250	0.5	0.025	0.03	≤2
4A	1.25	40 ~ 60	250 ~ 210	0.5	0.03	0.035	≤2.3
5A	1.50	60 ~ 100	210 ~ 180	0.5	0.03	0.035	≤3.4

2.2.4 U 形坡口的气割

U 形坡口用气割工艺比机械加工方法效率高、周期短、设备投资少, 但有一定的难度, 对工人技术要求较高。U 形坡口的下部有圆弧段, 气割时的氧化反应不像一般气割时那样一直垂直向下, 当达到一定深度后应转向侧面方向。为此需采用多割炬同时加工, 使工件沿板厚方向形成温度梯度,同时通过调节切割氧压力割出圆弧段。气割 U 形坡口的割嘴配置如图 2-23 所示;气割 U 形坡口的工艺参数,见表 2-7。

U 形坡口的气割需要三把割炬,其中中间割炬配有两个割嘴。气割时,先由前割炬割出斜面,再由中间割炬(配有两个割嘴)的前割炬将板边割到一定深度,形成 Fe-O 反应向侧面进展的条件;通过控制中间割炬两个割嘴的切割氧压力,利用中间割炬中的后割嘴既割出坡口的斜边又割出所需的圆弧形割口,后割炬则用于割出根部的钝边。这样可获得精度较高的 U 形坡口,且耗氧量少。气割零件的尺寸偏差允许值,见表 2-8。

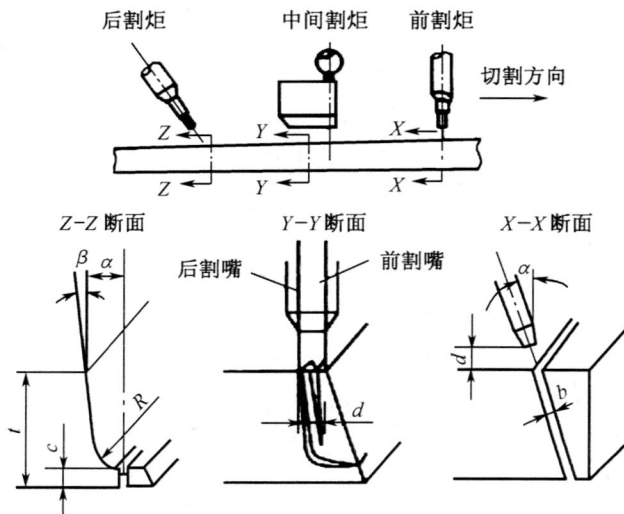

图 2-23   气割 U 形坡口的割嘴配置

表 2-7   气割 U 形坡口的工艺参数(板厚 $\delta=60$ mm)

割断	α /(°)	β /(°)	t /mm	b /mm	d /mm	α /mm	c /mm	R /mm	预热氧压力 /kPa	切割氧压力 /kPa	丙烷压力 /kPa	切割速度 /(mm/min)
前割炬	16	—	5	2.5	—	—	—	—	200	600		240
中间割炬	—	4	8	—	≈6	≈20	10	23	500	368	30	—
后割炬(垂直切割钝边)	—	—	5	1.5	—	—	—	—	200	200		—

注:符号意义见图 2-23。

表 2 - 8　气割零件的尺寸偏差允许值

精度等级	切割厚度/mm	基本尺寸范围/mm			
		35 ~ 315	315 ~ 1 000	1 000 ~ 2 000	2 000 ~ 4 000
A	3 ~ 50	±0.5	±1.0	±1.5	±2.0
	350 ~ 100	±1.0	±2.0	±2.5	±3.0
B	3 ~ 50	±1.5	±2.5	±3.0	±3.5
	350 ~ 100	±2.5	±3.5	±4.0	±4.5

注:上列尺寸偏差适用于:
　①图样上未标明公差尺寸的;
　②长宽比不大于 4∶1 的工件;
　③切割周长不大于 350 mm 的工件。

2.3　薄钢板的气割

　　气割厚度 4 mm 以下的钢板时,因钢板较薄,氧化铁渣不易吹掉,而且冷却后氧化铁渣黏在钢板背面更不易清除。薄板受热快而散热慢,当割嘴刚过去时,因割缝两边还处在熔融状态,这时如果切割速度稍慢及预热火焰控制不当,易使钢板变形过大,且钢板正面棱角也被熔化,造成割开后又熔合在一起的现象。

　　气割薄板时,为了得到较好的切割效果,应注意以下几点:
　　(1)预热火焰功率要小,加热点落在切割线上,并处于切割氧流的正前方;
　　(2)割嘴应向前倾斜,与钢板成 25° ~ 45° 角,割嘴与工件表面的距离为 10 ~ 15 mm;
　　(3)切割速度要尽可能快;
　　(4)选用 G01 - 30 割炬及小号割嘴。

　　厚度 3 ~ 6 mm 钢板使用 1 号割嘴可以进行正常气割,主要问题是工件因受热变形而发生翘曲。如切割板条时,出现平面侧弯;在切割板边、板内开孔和成形零件时,则产生上凸下凹变形,难以获得正确的零件形状和尺寸精度。为此,对于一般低碳钢板,为了尽可能减小切割变形,在减小预热火焰功率、提高火焰集中度的同时,可在切割过程中采用一边切割一边洒水的方式进行冷却,也可采取在板内穿孔进行周边切割的方式以减小变形。

　　图 2 - 24 所示为气割薄板时洒水管的配置示意图。洒水管与割嘴的垂直距离为 20 ~ 50 mm(以 50 mm 为最佳),洒水量以 2 L/min 为宜,水量过多并不能产生更好的效果。洒水管可使用一般橡胶管。使用最小号的割嘴,预热燃气应采用乙炔(因火焰的热扩散性小),而不可用丙烷和石油气。典型洒水冷却法气割薄板的工艺参数,见表 2 - 9。

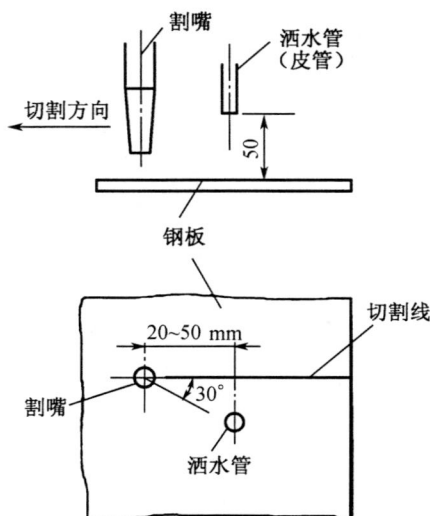

图 2 – 24   气割薄板时洒水管的配置

表 2 – 9   洒水冷却法气割薄板的工艺参数

板厚/mm	割嘴号码	切割速度/(mm/min)	切割氧压力/kPa	乙炔压力/kPa	割嘴高度/mm
3.2	0	650	196	19.6	8
4.5	0	600	196	19.6	8
6.0	0	550	196	19.6	8

　　厚度在 4 mm 以上的钢板,很容易进行气割,而且可以保证割缝质量。但气割厚度3 mm 以下薄板则有些困难,特别是切割技术不熟练时,一般切割的质量不理想。气割较薄的钢板时,薄板变形和翘曲更为严重,而且由于火焰的高温,会使切口边缘同时发生熔化并黏积在钢板切口的底面,很难清除。甚至会出现前面割出的切口随后又熔合在一起的现象,切割质量很差。

　　为了顺利切割这种极薄板,可使用 BG01 – 0.5 型手工割炬和阶梯形割嘴。也可将最小号射吸式割嘴用钢丝堵塞 2 ~ 3 个预热孔。薄钢板机械切割时应选用 1 号割嘴,手工切割时选用 G01 – 30 型割炬和小号割嘴。这样可使热影响区宽度减小,并能消除割缝边缘的过热现象。

　　预热火焰要小,割嘴后倾角加大到30° ~ 40°,割嘴与工件距离应加大到 10 ~ 15 mm,在切割不中断的情况下切割速度尽可能快些。还要注意在切割氧放出后应使火焰成笔直的单线针状。如果火焰形状不对,应该及时修整或更换切割氧割嘴。

　　另一种气割薄板的工艺方法是使用氧帘割嘴(在割嘴部分有详细的介绍),不但切割速度快,切口质量好,而且工件变形也很小。对于极薄的钢板切割加工也可采用叠板气割工艺,或者用微束等离子弧切割乃至激光切割。

2.4　槽钢的气割

2.4.1　垂直气割

所谓垂直气割就是沿着垂直于槽钢两条棱边的三条切割线进行切割。对于槽钢的垂直气割,按气割顺序可分为跳动气割和依次气割两种操作方法。

1. 跳动气割

跳动气割是槽钢气割最常采用的操作方法。将槽钢平扣在切割平台上,或者在地面铺有钢板的现场架起来。操作者可蹲在槽钢腹板面上,也可以蹲在地面上。首先,按立割的操作方法完成槽钢右侧翼板的气割,然后,跳过槽钢腹板完成槽钢左侧翼板的气割;最后,将割嘴跳到槽钢腹板水平位置气割线的右端头,自右向左完成其直线气割,如图2-25所示。

在槽钢的气割过程中,无论是槽钢左右两翼板上的垂直气割线,还是在槽钢腹板上的水平气割线,在气割过程中都要克服走弧的趋势。在气割水平位置气割线时,可以采用水平位置直线气割方法完成气割操作。

2. 依次气割

在槽钢气割操作时依次气割也是比较常采用的气割方法。将槽钢平扣在切割平台上,或者在地面铺有钢板的现场架起来。操作者可蹲在槽钢腹板面上,也可以蹲在地面上。首先,完成槽钢右侧翼板的气割;然后,依次将割嘴置于槽钢腹板水平位置气割线的右端头,自右向左完成其直线气割;最后,采用反手立割操作方法完成槽钢左侧翼板的气割,如图2-26所示。

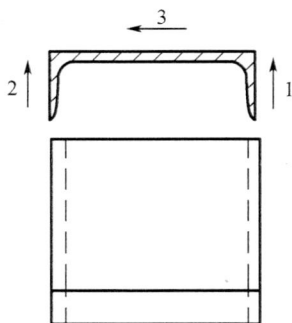

图 2-25　槽钢垂直跳动气割法示意图　　　　图 2-26　槽钢垂直依次气割法示意图

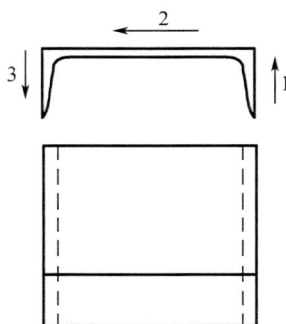

2.4.2　倾斜气割

所谓倾斜气割槽钢就是沿着槽钢腹板上倾斜于槽钢棱的切割线进行气割的操作,按照气割顺序同样也分为跳动气割和依次气割两种方法。

1. 倾斜跳动气割

将槽钢平扣在切割平台上,或者在地面铺有钢板的现场架起来。操作者蹲在地面上。首先将点燃后的预热火焰调整好,并开启切割氧流,使其水平处于槽钢腹板切割线的上方,调整切割氧流使其平行于切割线,调整好割嘴的倾斜角度以后,按此倾角将割嘴平移到槽钢翼板的下边缘,接着自下而上立割翼板;然后跳过槽钢腹板,按上述方法调整好切割氧流,使其平行于腹板切割线,采用反手沿着另一侧翼板的垂直切割线自下而上进行立割;最后将割嘴移到槽钢腹板水平位置切割线的右端,自右向左完成其直线气割,如图 2 - 27 所示。

2. 倾斜依次气割

将槽钢平扣在切割平台上,或者在地面铺有钢板的现场架起来。操作者可蹲在槽钢腹板面上,也可以蹲在地面上。首先调整好切割氧流的气割角度,使割嘴自下而上完成槽钢右侧翼板的气割;然后换一下位置依次将割嘴移到腹板气割线的右端,自右向左完成其直线的气割;最后将割嘴移到槽钢左侧翼板,自下而上或者自上而下完成左侧翼板的直线气割,如图 2 - 28 所示。

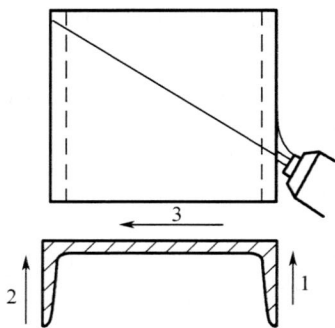

图 2 - 27　槽钢倾斜跳动气割示意图　　　　　图 2 - 28　槽钢倾斜依次气割示意图

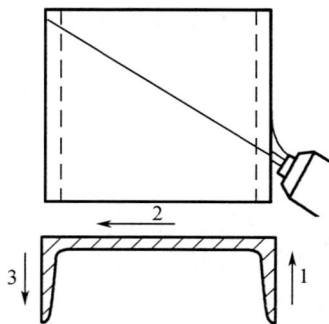

2.4.3　挖榫

在槽钢气割时时常会遇到挖榫操作,如图 2 - 29 所示。挖榫气割操作应尽可能将气割线置于最容易操作的位置,为了克服割嘴的走弧趋势,通常将气割线分成两份,有意识地模拟一个分运动,达到割嘴顺利沿气割线运动的目的。

挖榫气割首先将沿槽钢右侧翼板上的垂直气割线自下而上进行切割应割透棱约 10 mm 左右,然后顺势将割炬摆正,割开腹板右侧水平位置的短小气割线。接着采用自下而上的方法将槽钢左侧翼板上的垂直气割线割开,要割透棱边约 10 mm,再顺势将割炬摆正,将腹板左侧水平位置上的短小线段割开,倒角和齐头均按水平位置切割。在气割槽钢腹板上平行于棱边的气割线时,应使割嘴略向内倾斜,在气割线被割掉的同时,腹板一侧的内圆弧筋也被割掉,这样榫头有利于工件的组焊。

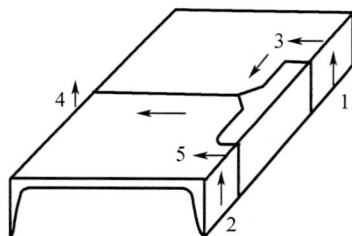

图 2 - 29　槽钢挖榫气割示意图

2.5　工字钢的气割

　　工字钢气割一般采用跳动气割法进行操作,首先将槽钢平扣在切割平台上,或者在地面铺有钢板的现场架起来。操作者先蹲在工字钢右侧翼板处,完成工字钢右侧翼板的切割后,再跳过工字钢腹板,蹲在工字钢左侧翼板处,完成左侧翼板的气割,最后将割嘴移到工字钢腹板水平位置气割线的右端头,自右向左完成其直线气割,如图 2-30 所示。

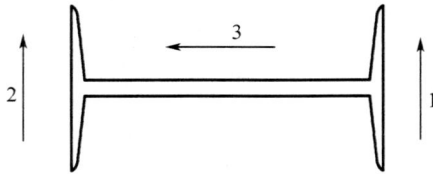

图 2-30　垂直气割工字钢示意图

　　在工字钢的气割过程中,无论是工字钢左右两翼板上的垂直气割线,还是工字钢腹板上的水平气割线,在气割过程中都要克服走弧的趋势。

　　在工字钢的气割下料时,也会时常遇到挖榫的操作。首先,应采用立割的操作方法自下而上地沿着工字钢两侧翼板上的气割线将翼板割除,并且要割透筋约 10 mm,然后顺势将割炬摆正割开腹板左右侧水平位置的小线段;最后通过变换位置割开腹板上水平位置的各条线段,如图 2-31 所示。

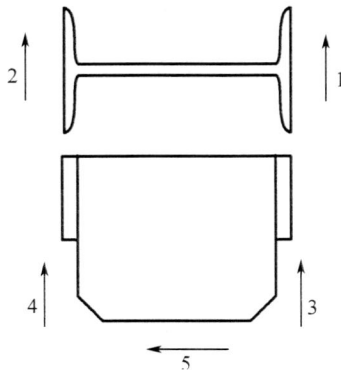

图 2-31　工字钢气割挖榫示意图

　　在挖榫气割过程中,同样要注意克服割嘴运动中的走弧趋势,并尽可能将这些线段置于最容易气割的操作位置上。

2.6　圆钢和钢管的气割

2.6.1　圆钢的气割

1. 直径在 60 ~ 120 mm 的圆钢气割

当气割直径在 60 ~ 120 mm 的圆钢时,不需要变换割炬方向,不需要转变工件位置,割炬可做月牙形横向摆动,如图 2 - 32 所示。这种方法最容易掌握,称为摆动气割法。

气割时应选用能率较大的割炬及较大号割嘴,以提高预热火焰能率,并要注意应保证氧气和乙炔的充足供应,不能中断。为了确保氧气的充足供应应优先采用管道供气,当无法采用管道供气时应采用气体汇流排方式供气。

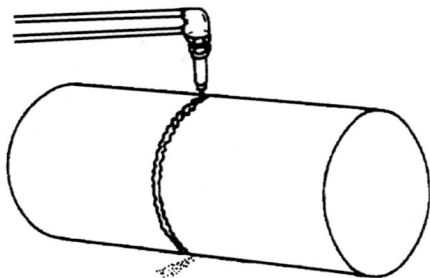

图 2 - 32　圆钢的摆动气割示意图

在做好气割前的准备以后,按正确的操作姿势操持割炬,要纵向蹲在圆钢气割线后面,起割前,应从圆钢的一侧开始预热,并使割嘴处于图 2 - 33(a)所示的位置。当预热处被加热到呈亮红色时,即可开始气割。这时应将割嘴迅速转动到与地面相垂直的位置,如图 2 - 33(b)所示。同时应由小到大均匀地开足切割氧流,当看到氧化铁水被切割氧流冲刷掉,同时听到"噗噗"的切割声时,就可以让割嘴做均匀地左右摆动。左右摆动割嘴的作用是增加切口宽度,提高排渣能力。摆动的幅度越大,切口宽度越大,排渣能力越强。操作者按"之"字弧形向前推进开始正常切割,如图 2 - 33(c)所示。要力求摆动幅度一致,摆动速度和推进速度要均匀、平稳,从而保证切割氧流顺利地冲刷氧化铁水使之从切口下端喷出。在切割过程中应将割嘴保持与水平面成45°的角度向前推进。应密切地注视着整个切口状态的变化,如果发现异常现象,应立即采取相应的对策进行处理。要有节奏地、均匀地左右摆动割炬向前方推进,使切割氧流以直线状地形式将氧化铁冲刷掉,从而顺利地从切口排出,直到切割完毕。

2. 直径在 120 ~ 220 mm 的大圆钢气割

直径在 120 ~ 220 mm 的大圆钢气割,一次无法割穿时,可采用如图 2 - 34 所示的分两瓣气割法气割。先用摆动气割法完成 I 区的气割,I 区切割掉的厚度约占圆钢直径的 1/3,然后中断气割,转动工件方向,使圆钢有切口的部位朝下,继续用摆动气割法完成 II 区的气割,如果工件不易转动,可以蹲在切口的对面,用同样的方法去完成 III 区的气割。

3. 直径在 220 mm 以上大圆钢的气割法

当气割直径在 220 mm 以上的大圆钢时,由于直径过大,两瓣气割法也无法割穿圆钢,

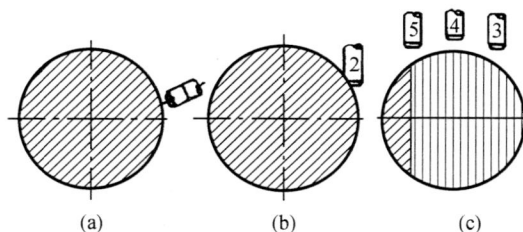

图 2-33 割嘴在切割圆钢时位置示意图
(a)预热;(b)起割;(c)正常气割

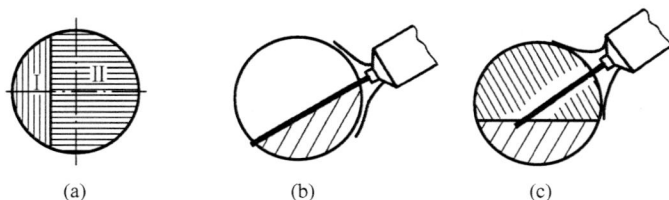

图 2-34 分两瓣切割圆钢示意图
(a)分瓣区域;(b)Ⅰ区的气割;(c)Ⅱ区的气割

应采用如图 2-35 所示的三瓣气割法进行气割。先用摆动气割法完成Ⅰ区的气割,Ⅰ区切割掉的厚度约占圆钢直径的 1/3,然后中断气割,转动工件方向,使圆钢有切口的部位朝下,继续用摆动气割法完成Ⅱ区的气割,最后再次中断气割并转动工件,使工件有切口的部分朝下,再次用摆动气割法完成Ⅲ区的气割。

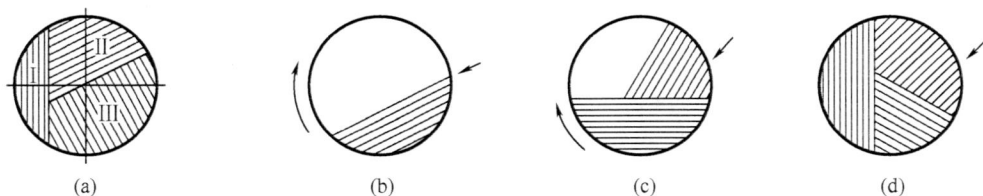

图 2-35 分三瓣切割圆钢示意图
(a)分掰区域;(b)Ⅰ区的气割;(c)Ⅱ区的气割;(d)Ⅲ区的气割

在气割圆钢时由于排渣量很大,气割现场必须要有足够的排渣空间;如果是水泥地面,应垫好钢板防止地面爆裂、飞溅。另外由于切口附近辐射热很高,要做一块上部开有竖长条缺口的挡火板搭在切口附近,这样可以大大减少辐射热,缺口大小以不影响割炬摆动为宜。

4. 圆钢的高效气割

当圆钢直径较小、数量较多时,可以把数根圆钢平行紧靠排列进行连续气割,这种方法称为圆钢的高效气割法,如图 2-36 所示。先将第 1 根圆钢预热到燃烧温度,利用适当后倾割炬的方法以一定的速度进行切割。当割炬行至 3～4 和 6～7 位置时,切口中的熔融氧化铁加热下一根圆钢表面并达到燃点,在切割氧流的作用下开始气割过程,于是可使数根圆钢得以连续地进行切割。连续切割的根数取决于圆钢的直径和切割机上割炬的有效行程。

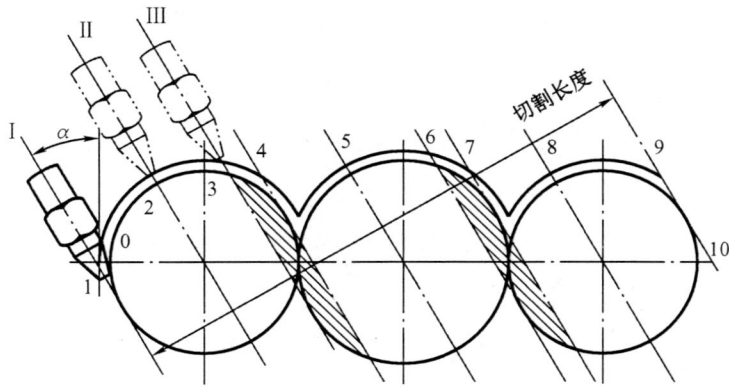

图2-36　圆钢的高效气割法

Ⅰ~Ⅲ—割炬位置;1~10—切割区段(其中3~4,6~7和9~10为重叠区段)

切割圆形截面半成品时,最好在开始切割处用扁铲做出割痕,因为切割开始处有毛刺,能迅速地加热到熔化状态,切割过程容易开始。在圆钢切割过程中,实际切割厚度经常处于变化中,切割速度也要随之变化。实践中,通常取一个相对合适的平均速度作为切割速度。此外,割炬高度从Ⅰ~Ⅲ位置需加以调节,以后只要保持Ⅲ的高度即可。割炬后倾角 α 取决于圆钢直径和平均切割速度,通常可通过试验确定。连续气割碳素钢圆钢的工艺参数见表2-10。

表2-10　连续气割碳素钢圆钢的工艺参数

圆钢直径 /mm	割炬倾角 /(°)	切割速度 /(mm/min)	氧气压力 /MPa	天然气压力 /kPa	割嘴孔径 /mm	气体消耗量/(m³/min)	
						氧气	天然气
45	35	375	0.39	59	1.2	0.055	0.004
60	35	320	0.49	59	1.5	0.095	0.008
80	32	255	0.49	59	1.5	0.147	0.012
100	32	225	0.49	59	1.5	0.215	0.015
120	32	190	0.54	69	1.7	0.275	0.019
140	30	175	0.59	69	2.0	0.310	0.025
160	30	160	0.64	79	2.0	0.380	0.029
180	30	150	0.64	79	2.5	0.570	0.035

圆钢连续气割的高效性在于单根圆钢气割时因起割处外表面是圆弧,预热时间占整个切割时间的40%~50%。连续气割时只需预热第1根圆钢,因此与单根气割相比,连续气割可使切割效率提高1.5倍。

2.6.2　钢管的气割

钢管的气割分为固定钢管和转动钢管的气割。不论哪一种管件的气割方式,预热时,火焰均应垂直于钢管的表面。待割透以后,将割嘴逐渐倾斜,直到接近于管子的切线方向后,再继续切割。

1. 水平固定钢管的气割

固定钢管(横吊管)的气割如图 2－37 所示,首先从管子的下部(仰脸位置)开始预热。切割时,割嘴沿接近管子的切线方向按图 2－37 中 1 所示的方向进行切割。当切割到管子的水平位置时,关闭切割氧,再将割炬移到管子的下部并沿图 2－37 中 2 所示的方向继续切割。

气割过程中应时刻注意切割氧流必须与钢管的轴线垂直,如图 2－38 所示,切不可偏离切割线,否则将影响切口的质量。

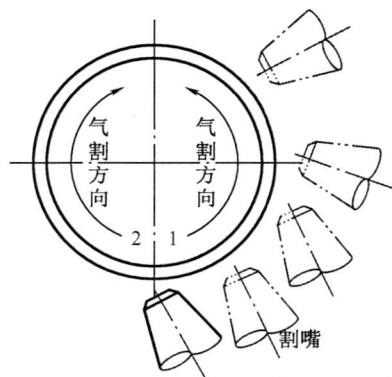

图 2－37　固定钢管气割示意图

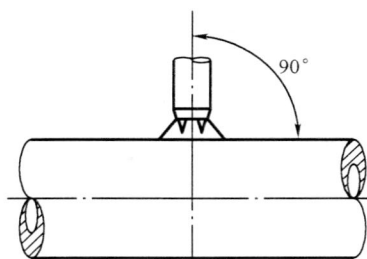

图 2－38　气割氧流位置示意图

这种由下至上的气割方法有以下优点:

(1)切缝看得清楚,割炬移动方便;

(2)当气割终了时,割炬正好在水平位置,不易被已切断的管子碰坏嘴头。

2. 转动钢管的气割

转动钢管的普通气割和快速气割有所不同,如图 2－39(a)所示。普通气割首先预热管侧部位,嘴头与管子表面接近垂直。割透后,割嘴向上倾斜并与管子成接近切线角度。气割过程中,割炬应不断改变位置,以保持这一切割角度。切割一段后暂时停止,将管子稍加转动后,再继续切割。较小直径的管子可分 2～3 次割完,较大直径的管子可多分几次,但分段越少对切割越好。

大直径钢管的快速气割如图 2－39(b)所示。把钢管置于回转胎具上按逆时针方向转动,将割炬设在偏离钢管顶面一定距离处。这种角度气割时,切割氧流相对切口前缘形成一个攻角,同时炽热的熔渣沿管壁内、外表面把切口前缘预热至很高温度,大大加速了铁－氧燃烧反应,使切割速度大为提高。

割炬偏离钢管顶面的距离按以下方法确定:从切割点作管子外圆的切线,使割炬轴线与此切线成 15°～25°角,管壁厚时角度取大一些。

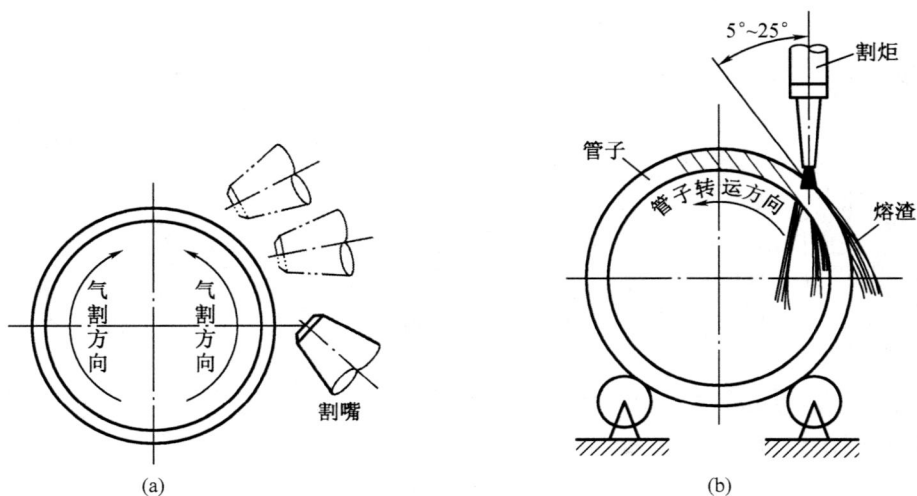

图 2 - 39　转动钢管气割示意图

(a)普通气割;(b)快速气割

当采用适当的扩散形割嘴气割时,可达到下列切割速度:

(1)钢管直径 300～1 020 mm,壁厚 12 mm,切割速度 1 500～2 500 mm/min;

(2)钢管直径 700～800 mm,壁厚 10 mm,切割速度 3 500～3 600 mm/min;

快速气割工艺在螺旋管生产线上用于管子定长切割。为了缩短预热时间,可采用起割处附加低碳钢粒或碎钢丝的办法来加速起割。

第3章 碳弧气刨及切割

3.1 碳弧气刨原理、特点及其应用范围

3.1.1 碳弧气刨原理

碳弧气刨是利用炭棒与工件间经通电后产生电弧,使工件局部熔化,同时用压缩空气将熔化金属吹掉,从而在工件表面刨削出沟槽的金属表面加工方法(沟槽沿工件厚度逐层刨削至工件厚度,则呈现为切割现象),如图3-1所示。

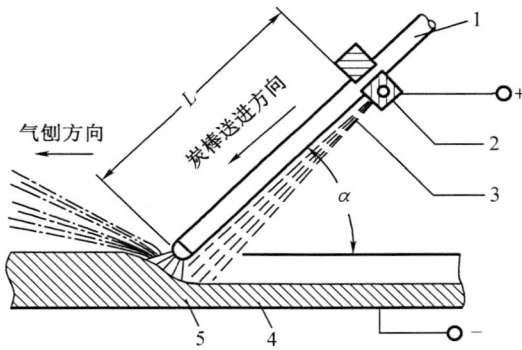

图3-1 碳弧气刨示意图
1—炭棒;2—气刨枪夹头;3—压缩空气;4—工件;5—电弧

碳弧气刨可以使用直流电,也可以使用交流电。交流电碳弧气刨工艺的刨削效率比直流电的低约50%,还存在沟槽内易残留炭的缺点。但交流电弧气刨工艺设备比较简单,刨成的沟槽底部扩展成U形,有利于后续的焊接操作。目前国内碳弧气刨加工主要以直流电为主。

3.1.2 碳弧气刨的分类及特点

1. 碳弧气刨分类

根据使用的装置不同,碳弧气刨可分为手工碳弧气刨、全自动碳弧气刨、半自动碳弧气刨和碳弧水气刨等,其中手工碳弧气刨及全自动碳弧气刨在工业生产中最常使用。

2. 碳弧气刨的特点

(1)优点

与其他切割方式相比,碳弧气刨具有如下优点:

①与风铲或砂轮加工沟槽相比,效率高、噪音低、空间位置的可操作性强以及劳动强度低;

②碳弧气刨与气割的原理完全不一样,因而不但适用于低合金钢的气刨与切割,而且还适用于高合金钢、有色金属及其合金的气刨与切割;

③在清除焊缝或铸件缺陷时,在电弧下可清楚地观察到缺陷的形状和深度,有利于缺

陷的根除,且刨削面光洁铮亮;

④采用自动碳弧气刨时,刨槽的精度高、稳定性好,刨槽平滑均匀,刨削速度可达手工刨削速度的五倍,而且炭棒消耗量也少;

⑤操作较为简单,工人稍加培训即能从事操作,易于推广应用;

⑥设备简单,使用成本低,操作安全;

⑦灵活性高,使用方便。气刨枪小,即使在狭窄部位,也能方便操作。

2. 缺点

任何事物都是两面性的,碳弧气刨本身也存在一些缺点:

(1)碳弧气刨时烟雾较大、噪音较大、粉尘污染和弧光辐射强,操作不当易引起沟槽增炭,焊后焊缝中容易产生气孔和裂纹;

(2)对于某些强度等级高、冷裂纹十分敏感的合金钢厚板,不易采用碳弧气刨。

3.1.3 碳弧气刨及切割的应用范围

碳弧气刨设备简单、效率高,适用于低碳钢、低合金钢、铸铁、不锈钢、铝及铝合金、铜及铜合金的切割、开坡口、清理焊道、清除焊缝缺陷和铸造缺陷以及铸件的飞边、毛刺等。具体主要用途如下:

(1)焊缝清根及背面开槽;

(2)清除焊缝或钢材中的缺陷;

(3)自动碳弧气刨用于较长的焊缝或环焊缝的坡口加工;手工碳弧气刨用于加工单件或不规则焊缝的坡口,特别是 U 形坡口;

(4)切割铸件的浇口、冒口、飞边和毛刺等;

(5)刨除焊缝表面的余高;

(6)去除铸件表面或内部的缺陷;

(7)特殊情况下用于高合金钢、铝、铜等材料,也可用于切割不锈钢中、薄工件;

(8)在板材上开孔。

图 3-2 为碳弧气刨及切割的应用示意图。由于碳弧气刨及切割有诸多优点,因而被广泛的应用在造船、机械制造、锅炉及压力容器等金属结构制造业中。

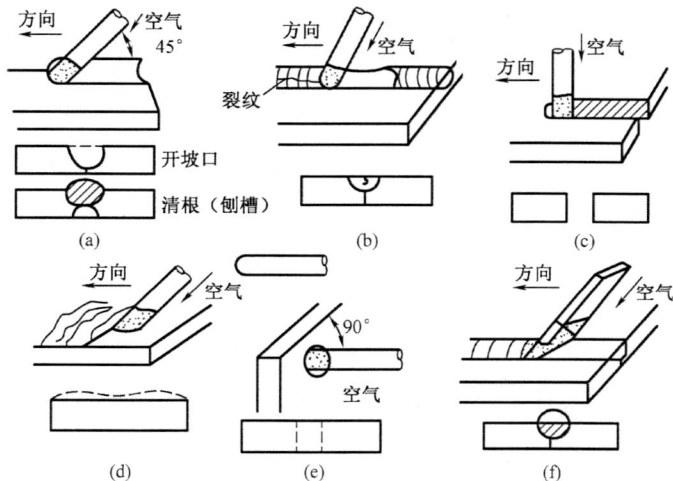

图 3-2 碳弧气刨及切割的应用示意图

(a)开坡口及清根(刨槽);(b)去除缺陷;(c)切割;(d)清理表面;(e)打孔;(f)刨除余高

3.2　碳弧气刨设备

碳弧气刨装置主要由电源、气刨枪、压缩空气气源、电缆和压缩空气管等组成。碳弧气刨装置如图 3-3 所示,对于自动碳弧气刨装置还配备有自动小车、导轨及控制装置。

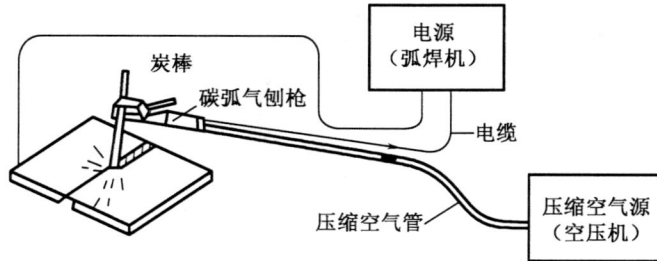

图 3-3　碳弧气刨装置示意图

3.2.1　电源

碳弧气刨一般采用具有陡降外特性且动特性较好的手工直流电弧焊机作为电源。由于碳弧气刨一般使用的电流较大,且连续工作时间较长,因此应选用功率较大的焊机。例如,当使用 $\phi 7$ mm 的炭棒时,碳弧气刨电流为 350 A,故宜选用额定电流为 500 A 的手工直流电弧焊机作为电源。若焊机容量较小,也可以采用两台并联使用,但必须保证两台并联焊机的性能相一致。当选用硅整流弧焊机时,应注意防止过载,以保证设备的使用安全。

使用工频交流焊接电源进行碳弧气刨时,由于电流过零时间较长会引起电弧不稳定,故在实际生产中一般并不使用。近年来研制成功的交流方波焊接电源,尤其是逆变式交流方波焊接电源的过零时间极短,且动态特性和控制性能优良,可应用于碳弧气刨。

3.2.2　气刨枪

碳弧气刨枪的电极夹头应导电性良好、夹持牢固,外壳绝缘及绝热性能良好,更换炭棒方便,压缩空气喷射集中而准确,质量轻并且使用方便。碳弧气刨枪就是在焊条电弧焊钳的基础上,增加了压缩空气的进气管和喷嘴而制成。碳弧气刨枪有侧面送气和圆周送气两种类型。

1. 侧面送气式气刨枪

侧面送气式气刨枪构造如图 3-4 所示,与手工电弧焊焊把类似,用钳口夹持炭棒。在钳口处装有枪嘴,压缩空气从枪嘴喷出并集中吹在炭棒电弧的后侧,具体结构如图 3-5 所示。

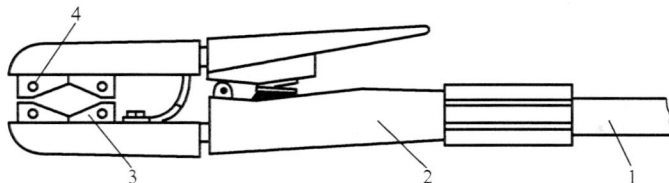

图 3-4　侧面送气式气刨枪结构示意图

1—电缆气管;2—枪体;3—喷嘴;4—喷气孔

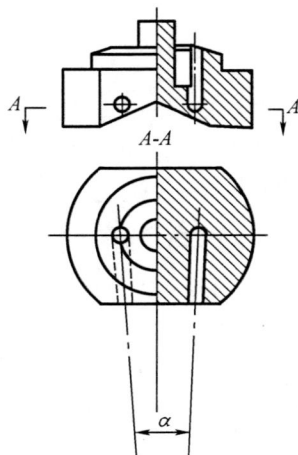

图 3-5　侧面送气气刨枪嘴结构示意图

　　该碳弧气刨枪结构简单，其特点是压缩空气沿炭棒喷出，当炭棒伸出长度变化时压缩空气始终吹到熔化的铁水上，而炭棒前后的金属不能被压缩空气冷却，此外炭棒伸出长度调节方便，圆形及扁形炭棒均能使用。其缺点是只能向左或向右单一方向进行气刨，操作不够灵活。

　　2. 圆周送气式碳弧气刨枪

　　圆周送气式碳弧气刨枪构造如图 3-6 所示，枪头设分瓣状弹性夹头，起加紧炭棒、导电和送气的作用。与侧面送气式气刨枪不同，压缩空气沿炭棒四周喷出，这样既均匀冷却炭棒，对电弧有一定的压缩作用，又能使熔渣沿刨槽的两侧排出，槽的前端不堆积熔渣，便于看清刨削位置。这种气刨枪目前应用最多。

　　这种气刨枪结构紧凑，质量轻，绝缘好并且送风量大，操作灵活，枪头可以任意转向，能满足各种空间位置操作的需要。另外其适用性广，配有各种规格的炭棒夹头，既可用于圆形炭棒，也可用于矩形炭棒。

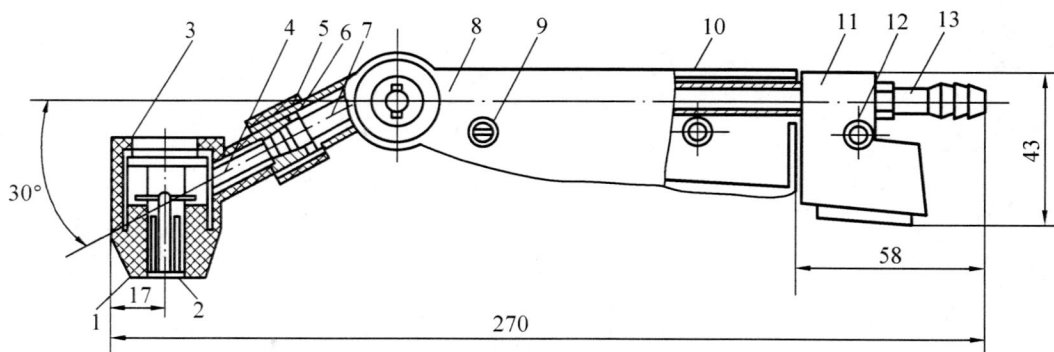

图 3-6　圆周送气式气刨枪结构图

1—绝缘喷嘴；2—炭棒弹性夹心；3—腔体；4—下枪体连接件；5—连接螺钉；6—玻璃纤维嵌铜芯螺母；
7—上枪体连接件；8—手柄；9—平头螺钉；10—进气管；11—电缆接头；12—固定螺钉；13—进气管接头

3.2.3　炭棒

炭棒作为碳弧气刨切割工艺中的一种必备的切割耗材,是由碳、石墨加上适当的黏合剂,通过挤压成形,经石墨化处理后镀一层 0.3 ~ 0.4 mm 厚的铜层而制成,耐高温,导电性良好,不易断裂。炭棒的质量及规格国家标准都有明确规定。通常将炭棒分成标准炭棒和特殊炭棒两大类。

1. 标准炭棒

标准炭棒主要有圆形炭棒和矩形炭棒两种。圆形炭棒主要用于焊缝的清根、背面开槽及清理焊接缺陷等;而矩形炭棒则用于刨除构件上残留的临时焊道和焊疤,削除焊缝的余高和焊瘤以及用于碳弧切割。表 3 - 1 为标准炭棒的型号和规格。

表 3 - 1　炭棒的型号和规格

型号	截面形状	规格尺寸/mm		
		直径	截面	长度
B505 ~ B514	圆形	5,6,7,8,9	—	305
		10,12,14	—	355
B5412 · B5620	矩形	—	4 × 12　5 × 10 5 × 12　5 × 15	305
		—	5 × 18　5 × 20 5 × 25　6 × 20	355

2. 特种炭棒

为了适用各种刨削作业的需要,除了常用的标准炭棒外,还开发了一些特种炭棒,其品种主要有:

①管状炭棒

这种炭棒主要用于使沟槽底部变宽,如图 3 - 7(a)所示。

②多角形炭棒

这种炭棒主要用于一次刨削欲获得较宽或较深的沟槽,如图 3 - 7(b)所示。

③自动碳弧气刨用炭棒

这种炭棒的前端呈锥形,而末端有一段为中空形,专用于自动碳弧气刨过程中炭棒的自动接续,图 3 - 7(c)所示。

④交流电碳弧气刨用炭棒

这种炭棒在其中心部分为稳弧剂,使电流交变时电弧有较好的稳定性。

3.2.4　送气软管

送气软管是压缩空气输向碳弧气刨区的通道。一般地,对直径 9 mm 以下的炭棒,送气软管的内径和接头宜选用 6.4 mm;对直径大于 9.5 mm 的炭棒,送气软管的内径和接头宜选用 9.5 mm。

一般碳弧气刨枪需接上电源导线和送气软管。但送气软管和电缆一般是分开的,需分

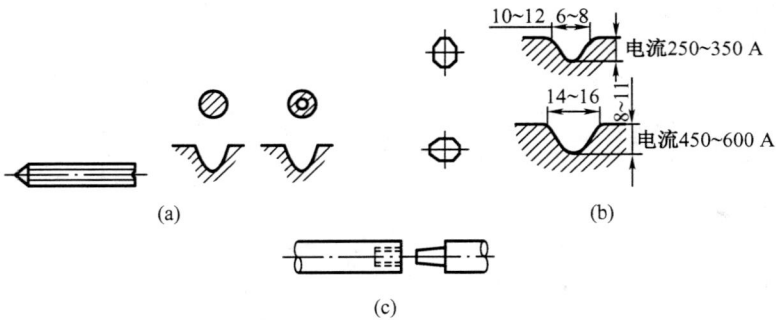

10~12　6~8　电流250~350 A

14~16　电流450~600 A

图 3 − 7　特种炭棒及刨削的沟槽形状

(a)管状炭棒;(b)多角形炭棒;(c)自动碳弧气刨用炭棒

别接插,操作不便。为了便于操作,同时防止电源导线过热,可采用电、气合一的软管,其结构如图 3 − 8 所示。这种软管,由于压缩空气通过时能够对导线起冷却作用,这样不但解决了大电流长时间使用导致导线发热的问题,而且也相应减小了导线的截面积。

这种电、气合一的碳弧气刨枪软管具有质量轻、使用方便灵活、节省材料等优点。

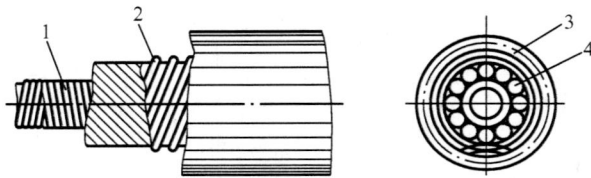

图 3 − 8　电、气合一的碳弧气刨枪软管

1—弹簧管;2—外附铜丝;3—胶管;4—多股导线

3.2.5　气路系统

气路系统包括压缩空气气源、管路、气开关和调节阀等,压缩空气压力应在 0.4 ~ 0.6 MPa,对压缩空气中所含的水、油等应加以限制,必要时应加过滤装置。

3.3　碳弧气刨工艺基础

3.3.1　电源极性

碳素钢和普通低合金钢碳弧气刨时,一般采用直流反接,即工件接负极,炭棒接正极。这样可以使电弧稳定。实验表明,普通低合金钢采用反极性碳弧气刨,其熔化金属的碳含量(碳的质量分数)为 1.44% ,这是由于碳的正离子被吸引到工件表面,被阴离子还原成碳原子,融入熔化的金属中,而正极性时碳含量(碳的质量分数)为 0.38% 。碳含量较高的熔化金属的流动性较好,凝固温度较低,因此反接时刨削过程稳定,电弧发出"刷刷"声,刨槽宽窄一致,光滑明亮。若极性接错,电弧不稳且发出断续的嘟嘟声。部分金属材料碳弧气刨时电源极性的选择要求见表 3 − 2。

表 3 - 2　部分金属材料碳弧气刨时电源极性的选择要求

材　料	电源极性	备　注	材　料	电源极性	备　注
碳素钢	反接	正接时电弧不稳定,刨槽表面不光滑	铜及铜合金	正接	—
合金钢	反接		铝及铝合金	正接或反接	—
铸铁	正接	反接亦可,但操作性比正接差	锡及锡合金	正接或反接	—

3.3.2　电流与炭棒直径

电流与炭棒直径成正比关系,一般可参照下面(表 3 - 3)的经验公式选择电流,即

$$I = (30 - 50)D$$

式中　I——电流,A;

　　　D——炭棒直径,mm。

对于一定直径的炭棒,如果电流较小,则电弧不稳,且易产生夹碳缺陷;适当增大电流,可提高刨削速度,刨槽表面光滑,宽度增大。在实际应用中,一般选用较大的电流,但电流过大时,炭棒烧损很快,甚至熔化,造成严重渗碳,炭棒直径的选择主要根据所需的刨槽宽度而定,炭棒直径越大,则刨槽越宽。一般炭棒直径应比所要求的刨槽宽度小 2 ~ 4 mm。

表 3 - 3　气刨电流与炭棒规格对照表

断面形状	规格/mm	适用电流/A
圆形炭棒	3 × 305	150 ~ 180
	4 × 305	150 ~ 200
	5 × 305	150 ~ 250
	6 × 305	180 ~ 300
	7 × 305	200 ~ 350
	8 × 305	250 ~ 400
	9 × 305	350 ~ 450
	10 × 355	350 ~ 500
扁形炭棒	3 × 12 × 355	200 ~ 300
	4 × 8 × 355	180 ~ 270
	4 × 12 × 305	200 ~ 400
	5 × 10 × 305	300 ~ 400
	5 × 12 × 305	350 ~ 450
	5 × 15 × 305	400 ~ 500
	5 × 18 × 355	450 ~ 550
	5 × 20 × 355	500 ~ 600

3.3.3 刨削速度

刨削速度对刨槽尺寸、表面质量和刨削过程的稳定性有一定的影响。刨削速度需与电流大小和刨槽深度(或炭棒与工件间的夹角)相匹配。刨削速度太快,易造成炭棒与金属短路、电弧熄灭,形成夹碳缺陷。一般刨削速度为 0.5~1.2 m/min 为宜。

3.3.4 压缩空气压力

压缩空气的压力会直接影响刨削速度和刨槽表面质量。压力高,可提高刨削速度和刨槽表面的光滑程度;压力低,则造成刨槽表面黏渣。一般要求压缩空气的压力为 0.4~0.6 MPa。压缩空气所含水分和油分可通过在压缩空气的管路中加过滤装置予以去除。

3.3.5 炭棒的外伸长

炭棒从导电嘴到炭棒端点的长度为外伸长。手工碳弧气刨时,外伸长大,压缩空气的喷嘴离电弧就远,造成风力不足,不能将熔渣顺利吹掉,而且炭棒也容易折断。一般外伸长为 80~100 mm 为宜,随着炭棒烧损,炭棒的外伸长不断减少,当外伸长减少至 20~30 mm 时,应将外伸长重新调至 80~100 mm。

3.3.6 炭棒与工件间的夹角

炭棒与工件角的夹角 α(图 3-1)大小,主要会影响刨槽深度和刨削速度。夹角增大,则刨削深度增加,刨削速度减小。一般手工碳弧气刨采用夹角 250°~450° 为宜。炭棒夹角与刨槽深度的关系见表 3-4。

表 3-4 炭棒夹角与刨槽深度的关系

炭棒夹角/(°)	25	35	40	45	50	85
刨槽深度/mm	2.5	3.0	4.0	5.0	6.0	7~8

3.3.7 电弧长度

碳弧气刨时,电弧长度过长会引起电弧不稳定,甚至造成熄弧。一般电弧长度保持在 1~2 mm 为宜,并尽量保持短弧。这样既可以提高生产效率,又能提高炭棒的利用率。但电弧太短容易引起夹炭缺陷。刨削过程中,弧长变化应尽量小,以保证得到均匀的刨槽尺寸。

3.4 碳弧气刨操作要领

3.4.1 设定规范参数

开始气刨前要检查电缆及气管是否完好,电源极性是否正确,并根据炭棒直径选择且调节好电流,调节炭棒伸出长至 80~100 mm,调节好出风口,使风口对准刨槽。

3.4.2　工作程序

引弧前,先缓慢打开气阀,随后引燃电弧,以免产生夹炭。气刨完毕后先断弧,待炭棒冷却后再关闭压缩空气。

3.4.3　控制炭棒夹角

刨削时炭棒与刨削夹角一般为 25°～45°。可通过调整夹角来得到不同的刨槽深度。炭棒中心线应与刨槽中心线重合,否则刨槽形状不对称,如图 3－9 所示。

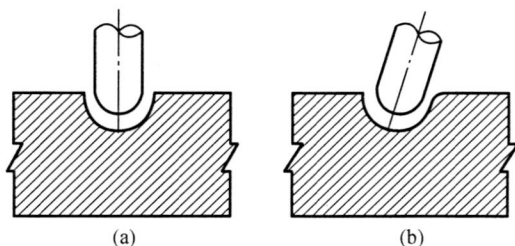

图 3－9　刨槽形状

3.4.4　刨削速度

开始刨削时钢板温度较低,不能很快熔化,当电弧引燃后,刨削速度不应太快,否则易产生夹炭。当钢板熔化且被压缩空气吹去时,可适当加快至工艺要求的刨削速度。刨削过程中,速度要均匀,同时保证电弧稳定,伴随清脆的"嘶嘶"声则表示电弧比较稳定,此时能得到光滑均匀的刨槽。刨削速度过快容易短路,过慢又容易断弧,且刨槽质量较差。当刨槽衔接时,应在弧坑上起弧,以免触伤刨槽或产生凹陷。

3.4.5　刨削手法

刨削过程中,炭棒不能横向摆动和前后往复移动,只能沿刨削方向做直线运动。刨削时,动作要稳,对好准线,炭棒中心线应与刨槽中心线重合。否则,易造成刨槽形状不对称。在垂直位置气刨时,应由上向下移动,以便焊渣流出。刨削结束时,应先切断电弧,过几秒后再关闭气阀,使炭棒冷却。

3.4.6　夹碳处理

在刨削过程中,如炭棒与刨口发生短路,该处会形成含碳量很高的硬脆层,必须将其除去,然后才能继续刨削。

3.4.7　焊缝裂纹控制

焊缝经探伤后,若发现有超标准的缺陷时,可用碳弧气刨进行剔除。根据检验人员在焊缝上做出的缺陷位置的标记来进行刨削,刨削过程中要注意一层一层地刨,每层不要太厚。当发现缺陷后,要轻轻地再往下刨一两层,直到将缺陷彻底刨掉为止。清除焊缝中的裂纹时,应先将裂纹两端刨去一部分,以免裂纹扩展。然后以较大的刨削量连续向下刨,直至裂纹完全被清除,如图 3 – 10 所示。

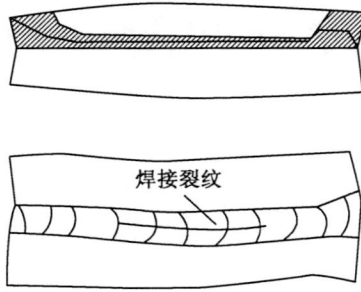

图 3 – 10　刨除焊缝后的槽形

3.4.8　刨槽清理

对于封底焊缝的开槽,刨削结束后应做仔细的检查。槽道的宽度和深度沿全长是否一致,焊根中的缺陷是否完全清除,尤其要注意有无积炭现象。为避免随后焊接时焊缝增碳,应彻底清除槽道中及其两侧的熔渣和毛刺以及炭灰和铜斑。

3.4.9　刨削厚度

刨削厚度 5 ~ 6 mm 以下工件的槽道时,应选用小直径炭棒和低的刨削电流,同时适当加快刨削速度。较厚钢板的深坡口刨削时,一般采用分段多层刨削法。

3.5　碳弧气刨常见的缺陷及预防措施

3.5.1　夹炭

刨削速度太快或炭棒送进过猛,使炭棒端部触及铁水或未熔化的金属上,电弧就会因短路而熄灭。由于温度很高,当炭棒再往前送或向上提起时,端部脱落并黏在未熔化金属上,产生夹炭缺陷。

发生夹炭后,在夹炭处电弧不能引燃,将阻碍碳弧气刨的继续进行。此外,夹炭处还形成一层硬脆且不易清除的碳化铁(含量达 6.7%)。这种缺陷必须进行防止和清除,否则焊后容易出现气孔和裂纹。清除的方法是在缺陷前引弧,将夹炭处一起刨掉,或用角形砂轮机磨掉。

3.5.2　黏渣

黏渣就是碳弧气刨吹出来的铁水渣,它的表面是一层氧化铁,内部是含碳量很高的金属。如果渣黏在刨槽的两侧,即所谓"黏渣"。黏渣主要是由于压缩空气压力不足而引起的,当刨削速度与电流配合不当,刨削速度太慢时亦容易引起黏渣,这在大电流时更为明显。其次,在倾角过小时也容易产生黏渣。黏渣通常使用风铲清除。

3.5.3　刨槽不正和深浅不匀

炭棒歪向槽的一侧就会引起刨槽不正。炭棒运动时上下波动就会引起刨槽的深度不均。炭棒角度变化同样能使刨槽深度发生变化,操作时注意炭棒与工件的相对位置及角度,增加操作熟练程度即可。

3.5.4　刨偏

刨削时往往由于炭棒偏离预定目标造成刨偏,因此刨削时注意力要集中在目标线上。碳弧气刨速度大约比电弧焊快 2~4 倍,技术不熟练就容易刨偏。刨偏和所用气刨枪结构也有一定关系。例如,采用带长方槽的圆周送风式刨枪,不易将渣吹到正前方而妨碍视线,从而减少了产生刨偏缺陷发生的概率。

3.5.5　铜斑

采用表面镀铜炭棒时,有时因镀铜质量不好、炭棒工作电流太大致使铜皮成块脱落,剥落的铜皮呈熔化状态在刨槽表面形成铜斑。如果清理不彻底,沟槽中铜融入焊缝金属的量达到一定数值时会引起热裂纹。为此,碳弧气刨应选用质量好的镀铜炭棒,使用推荐的工作电流。焊前应用钢丝刷、砂轮或重新气刨来清除铜斑。

第4章 等离子弧切割

4.1 等离子弧基础知识

等离子弧是将自由电弧压缩,形成高温、高电离度及高能量密度的电弧,其实质就是一种压缩电弧。由于现代物理学把电离度大于0.1%的气体列为物质的第四态,即等离子体,而压缩电弧的弧柱比较充分地处于等离子体状态,所以称此种压缩电弧为等离子弧。等离子弧能量集中、温度高,且焰流速度大(可达300 m/s以上),这些特性使其广泛应用于焊接、喷涂及金属和非金属的切割。正是因为其具有高能量密度的压缩电弧,所以其可以切割氧 - 乙炔焰不能切割的难熔金属和非金属。

4.1.1 等离子弧的形成

等离子弧产生的原理与焊接用电弧基本相同。一般焊接电弧都是在未受到外界约束的情况进行的,弧柱的直径随电弧电流及电压的变化而变化,故称为自由电弧。自由电弧中的气体电离是不充分的,能量不能高度集中,温度限制在5 730 ~ 7 730 ℃。如果对自由电弧的弧柱进行强迫压缩(压缩效应),就能将导电截面收缩得比较小,从而使能量更加集中,弧柱中的气体几乎达到全部电离状态,这样的电弧成为等离子弧如图4 - 1所示。

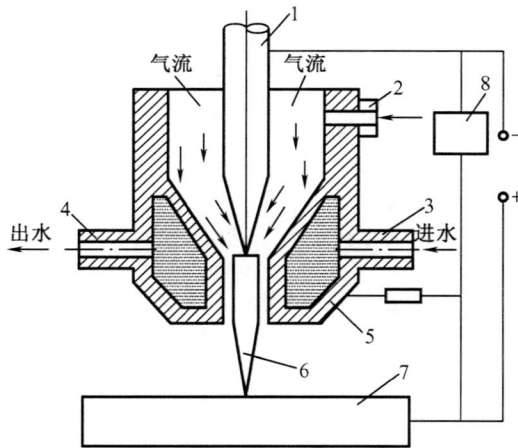

图4 - 1 等离子弧产生装置原理示意图
1—钨极;2—进气管;3—进水管;4—出水管;
5—喷嘴;6—等离子弧;7—焊件;8—高频振荡器

等离子体是除固体、液体、气体之外物质的第四种存在形态,由气态物质电离而成,是由带正电的离子、带负电的电子和部分未电离的中性原子等粒子组成的,具有良好导电性的类似气体的物质。等离子弧是一种压缩的电弧,弧柱横切面减少,电流密度加大,电离程度提高。等离子弧比一般自由电弧能量更集中,弧柱温度更高,选取适当规范可以使等离子弧焰流具有很高的流速,产生很大的机械冲刷力,因此成为适用于焊接、切割等加工的一种更理想的能源。

对自由电弧的弧柱进行强迫压缩作用通称压缩效应。压缩效应有如下三种形式:

1. 机械压缩效应

如图 4－2(a)所示,在钨极(负极)和焊件(正极)之间加上一个高电压,使气体电离形成电弧,当弧柱通过特殊孔形的喷嘴的同时,又施以一定压力的工作气体,强迫弧柱通过细孔,由于弧柱受到机械压缩使横截面积缩小,故称为机械压缩效应。

2. 热收缩效应

当电弧通过喷嘴时,在电弧的外围不断送入高速冷却气流(氮气或氢气等)使弧柱外围受到强烈冷却,电离度急剧下降,迫使电弧电流只能从弧柱中心通过,导致导电截面进一步缩小,这时电弧的电流密度进一步增加,弧柱的这种收缩称为热收缩效应,如图 4－2(b)所示。

3. 磁收缩效应

由于电流方向相同,在电流自身产生的电磁力作用下,彼此互相吸引,将产生一个从弧柱四周向中心压缩的力,使弧柱直径进一步缩小。这种因导体自身磁场作用产生的压缩作用叫磁收缩效应,如图 4－2(c)所示。电弧电流越大,磁收缩效应越强。

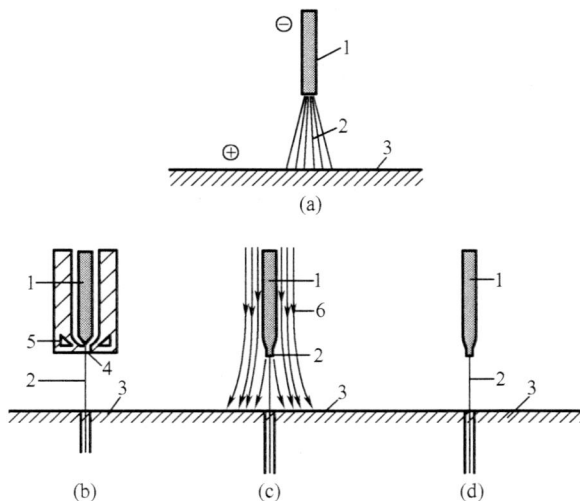

图 4－2 等离子弧的压缩效应

1—钨极;2—电弧;3—工件;4—细孔;5—冷却水;6—冷却气流
(a)压缩效应;(b)机械压缩效应;(c)热收缩效应;(d)电磁收缩效应

在以上三种效应的作用下,弧柱被压缩到很细的程度,弧柱内气体也得到了高度的电离,温度高达 16 000 ~ 33 000 ℃,能量密度剧增,而且电弧挺度好,具有很强的机械冲刷力,形成高能束的等离子弧。

4.1.2　等离子弧的特点

1. 温度高、能量高度集中

由于等离子弧柱被压缩,使气体达到高度的电离,因而产生很高的温度(弧柱中心温度 18 000 ~ 24 000 K),而且能量集中于较小的柱体,其能量密度可达 10^5 ~ 10^6 W/cm²。因此可以用它作为各种用途的高温热源。若用于切割,可以切割任何金属,如导热性好的铜、铝,熔点高的钨、铂以及各种合金钢、不锈钢、低碳钢或铸铁等金属。若用于焊接,则具有焊接速度快、生产率高,热影响区小、质量好等特性。

2. 有高的导电和导热性能

由于等离子弧弧柱内的带电粒子处于加速的电场中,具有高导电及导热性能,因此较小的断面能通过较大的电流,传导较大的热量,所以与一般电弧相比等离子弧焊的焊缝狭窄,熔深较大。

3. 具有较大的冲击力

等离子弧通过喷孔,在机械、热、磁收缩效应的作用下,断面缩小,温度升高,内部具有很大的膨胀力,迫使带电粒子从喷孔高速射出,焰流速度可达300 m/s以上,产生很大的冲击力。用于焊接可以增加熔深,用于切割可以吹掉熔渣,用于喷涂可以喷出粉末。

4. 比一般电弧稳定

由于等离子弧电离度高,电弧长,挺度好,弧柱发散角度小(自由电弧的扩散角度约为45°,而等离子弧的扩散角仅为5°),因而等离子弧比一般电弧有更好的稳定性,具有弧长变化敏感性小,焊接工艺稳定可靠,操作技术比较容易掌握等优点。

5. 各项有关参数的调整范围广

等离子弧的温度、冲击力、电流、弧长和弧柱直径的数值可以根据需要调节,如切割时可调节为"刚性弧",以产生较大的冲击力。焊接时可减少电流,改为"柔性弧"以减少冲击力。

4.1.3　等离子弧的类型

根据电极连接方式,等离子弧分为非转移型、转移型和联合型三种类型。表 4 - 1 为这三种等离子弧的电极连接方式。

表 4 - 1　等离子弧电极的连接

连接方式	非转移型	转移型	联合型
钨极	负极	负极	负极
喷嘴	正极	不接	正极
工件	不接	正极	正极

1. 非转移型等离子弧（间接弧）

钨极接电源负极，压缩喷嘴接正极，等离子弧在钨极与压缩喷嘴之间产生。在离子气流挤压下，从喷嘴喷出等离子焰流来加热、熔化工件，如图 4-3(a)所示。这种等离子弧切割时，在电极与喷嘴之间建立的等离子弧即为非转移型等离子弧，简称非转移弧，也称为等离子焰。

2. 转移型等离子弧（直接弧）

钨极接电源负极，工件接正极，等离子弧在电极与工件之间产生，如图 4-3(b)所示。由于转移弧较难直接形成，必须先引燃非转移弧，再过渡到转移弧。其特点是温度高于非转移型等离子弧，能量也集中。因此金属的焊接、切割大多采用转移型等离子弧。

3. 联合型等离子弧

转移弧和非转移弧相结合，工作时并存，成为联合型等离子弧，如图 4-3(c)所示。这种等离子弧主要用于微束等离子弧焊和粉末堆焊等。

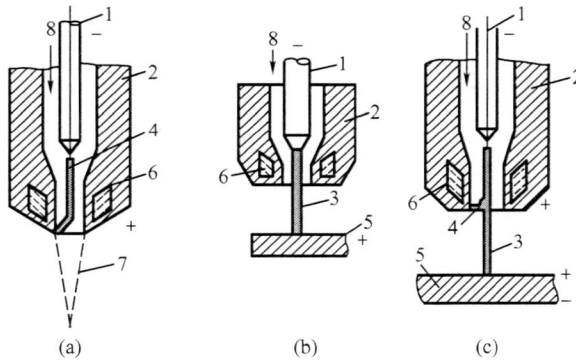

图 4-3 等离子弧类型

1—钨极；2—压缩喷嘴；3—转移弧；4—非转移弧；

5—工件；6—冷却水；7—等离子弧焰；8—离子气

(a)非转移型；(b)转移型；(c)联合型

切割用等离子弧主要是非转移型等离子弧和转移型等离子弧两种类型。

4.2 等离子弧切割方法的分类及简介

4.2.1 等离子弧切割方法的分类

图 4-4 示出了等离子弧切割方法的分类。

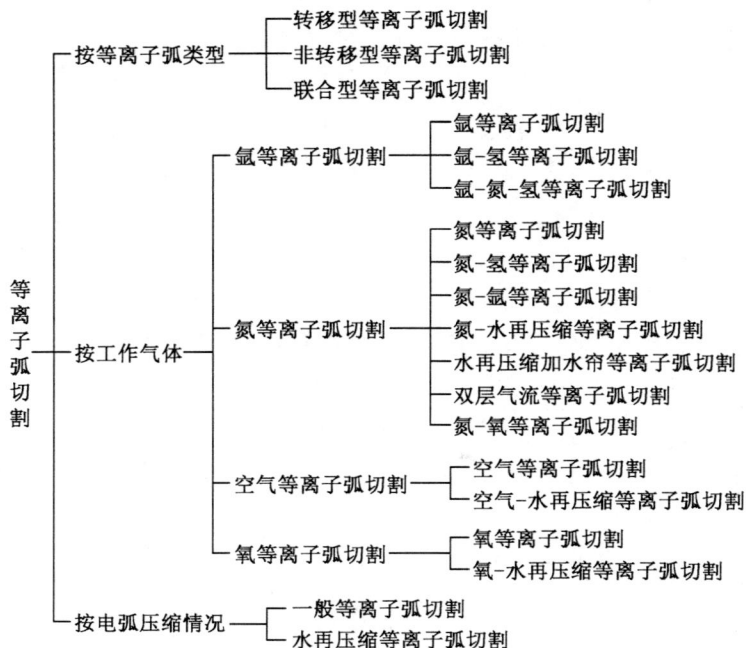

图 4 - 4 等离子弧切割方法分类示意图

4.2.2 等离子弧切割方法简介

1. 氩 – 氢等离子弧切割法

这种方法采用的工作气体通常是氩气(体积分数为 65% ~ 75%)和氢气(体积分数为 35% ~ 25%)混合气体。产生的等离子弧稳定、能量高、弧柱长和切割能力强。能够获得切口宽度和切割面倾斜度较小、光洁的切口,是等离子弧切割中切割质量较优的一种方法。比较适合于切割各种厚度的不锈钢、铝及其合金、铜及其合金等有色金属。使用大电流切割不锈钢最大厚度可达 200 mm。由于氩气的价格比较高,这种方法主要用于切割较厚的工件。

2. 氩 – 氮 – 氢等离子弧气割法

这种方法采用的工作气体通常是氩气(体积分数为 60% ~ 70%)、氮气(体积分数为 20% ~ 15%)和氢气(体积分数为 20% ~ 15%)混合气体。它的切割性能同氩 – 氢等离子切割法的相近,适用于各种厚度的不锈钢及各种有色金属。由于三种气体气瓶的管理及气体流量调节比较烦琐,所以这种方法应用不多。

3. 氮等离子弧切割法

这种方法采用的工作气体是氮气。其切割能力较好,但切割面质量不如氩 – 氢等离子弧切割法,且黏有氧化膜,尤其切割铝时,切割面会因氮化而变色。这种方法适用于切割 120 mm 以下的不锈钢、铸铁和铜及铜合金等,一般不用于切割碳素钢。由于氮气价格较低,切割成本较低。

4. 氮 – 氢等离子弧切割法

这种方法的工作气体通常是氮气(体积分数为 50% ~ 80%)和氢气(体积分数为 50%

~20%)的混合气体。其切割能力比氮等离子弧强,切口较窄,气割面质量尚好,但工作气体中氢气含量较多,易于在切口下缘黏渣,并且它要求有较高的空载电压(300 ~ 500 V)。它比较适合于切割厚度在 200 mm 以下的不锈钢、铝及铝合金等有色金属,特别是厚度较大的金属,与氮等离子弧切割法一样,一般不用于切割碳素钢。

5. 氮 – 氩等离子弧切割法

这种方法的工作气体通常是氮气(体积分数为 60% ~ 80%)和氩气(体积分数为 40%~20%)的混合气体。其切割能力比氮 – 氢等离子弧弱,但相对于氮 – 氢等离子弧,它的空载电压可以低一些,电极的寿命也相对长一些。它比较适合于切割厚度 150 mm 以下的不锈钢、铝及铝合金等有色金属,但氩气价格比较贵,这种方法一般不常有。

6. 空气等离子弧切割法

这种方法采用的工作气体是干燥的压缩气体。其切割性能介于氮等离子弧和氧等离子弧之间。采用这种方法,切割速度快、切割面比较光洁,切口下缘基本上不黏渣,切割面倾斜角也小。它可以用来切割不锈钢、铝合金、碳素钢和低合金钢等材料,是切割碳素钢和低合金钢最常用的切割方法。但空气等离子气割获得的切割面附有氮化物,焊接时易于产生气孔,因此若用于焊接的切割面,需要用砂轮打磨或用氧燃气火焰加热将表面上的氮化层去除。

7. 氧等离子弧切割法

这种方法采用的工作气体是氧气,主要是为切割碳素钢而开发的。相对于空气等离子弧切割法,在切割碳素钢时,切割速度更快、表面更光洁、切口下缘不黏渣、切割变形小、精度高。但其氧化性强,电极损耗块,使用寿命仅为 1 ~ 2 h,切割面倾斜角大。这种切割法除了切割碳素钢外,还可以切割高强度低合金钢、不锈钢及铝合金等。但应注意加工低合金钢时,为获得优质切割面,切割速度要比碳素钢减慢 10%。加工不锈钢和铝合金时,切割面比较粗糙,但切割速度较切割碳素钢可提高 20% ~ 40%,切割铝合金时可采用与碳素钢相同的切割速度。

8. 水再压缩等离子弧切割法

水再压缩等离子弧切割与上述几种切割方法有一定的区别。其工作原理如图 4 – 5 所示。在铜喷嘴与绝缘材料制件(如陶瓷、叶腊石)之间的小孔中喷出经过处理的高压水,对等离子弧再次加以压缩,因而其电弧能量密度大大提高,并形成温度极高、挺度好且流速大的等离子弧。其工作气体主要是氧、氮和空气。相对于其他等离子弧,它具有切割速度快、切割质量好、热影响区小、热变形小、尺寸精度高、喷嘴寿命长、烟尘量和噪声低、弧光辐射少等优点。

由于水再压缩等离子切割具有很好的切割性能,它既可以切割不锈钢、铝及铝合金,也可以切割碳素钢。

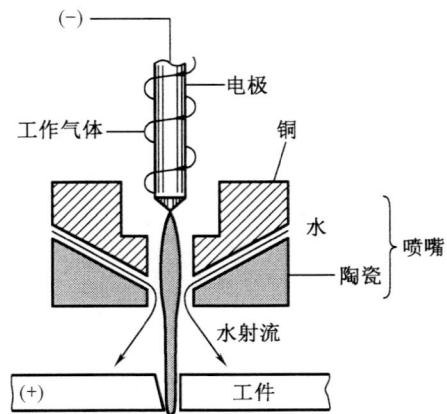

图 4 – 5 水再压缩等离子弧切割原理

水再压缩等离子弧切割法又分为氧 – 水再压缩等离子弧切割法、氮 – 水再压缩等离子弧切割法和空气 – 水再压缩等离子弧切割法。

　　氧－水再压缩等离子弧切割法以氧气作为工作气体。主要用于切割碳素钢和低合金钢，可加快切割速度、提高切割效率以及减小电功率的消耗。利用 400 A 型切割装置在额定负载持续率为 100% 的工况下，最大切割厚度为 25.4 mm，相应的切割速度为 1 270 mm/min。

　　氮－水再压缩等离子弧切割法以氮作为工作气体，主要用于不锈钢和铝合金的切割，也可以切割碳素钢，但切割碳素钢效率较低。

　　空气－水再压缩等离子弧切割法是以压缩空气作为工作气体，具有比一般空气等离子弧切割更好的切割性能。采用国内生产的 260 A 型切割装置可以切割厚 3 ~ 60 mm 的碳素钢和不锈钢，而适宜的切割厚度为 50 mm 以下，切口宽度 4 ~ 6 mm。可以切割的铝和铜厚度为 3 ~ 50 mm。

　　表 4 - 2 列出了几种等离子弧切割法的切割特性比较。表 4 - 3 列出了常用等离子弧切割法的适用材料及适用的切割厚度范围。

表 4 - 2　几种等离子弧切割法的切割特性比较

切割法	材料	
	碳素钢及低合金钢	不锈钢、铝及铝合金[注]
氩－氢等离子弧	切割性能差：黏渣多、切割速度慢。气体成本高，一般不采用	切割性能优良：切口面表面光洁，呈金属光泽、切口较窄。烟尘少，很适合切割较厚的工件 缺点：易产生黏渣、特别是切割厚度 10 mm 以下的薄板时；切割速度比氮等离子弧慢 20% ~ 30%；气体成本高
氮等离子弧	切割性能差：黏渣多，切割面有氮化物层、气体成本稍高。一般不采用	切割性能尚好：切割速度较快、不易黏渣。切割工艺参数易设定，气体成本低 缺点：切割面有氮化物层（切割面不能直接用于焊接，否则容易产生气孔，焊前需清理氮化物层）；烟尘量多；有害气体多；电极损耗较氩－氢等离子弧快
空气等离子弧	切割性能良好：切割速度快、切割面质量与气割相近，能获得无黏渣的切口。热变形小，气体成本低 缺点：烟尘多；切割面有氮化物层（切割面不能直接用于焊接，否则容易产生气孔，焊前需要清理氮化物层）；有时切割面会产生缺口；电极和喷嘴损耗快	切割性能尚可：切割速度较快、易获得无黏渣的切割面。气体成本低 缺点：切割面粗糙且黏有氮化物层；可切割的厚度有限；烟尘量多；电极和喷嘴损耗快

表 4-2（续）

切割法	材料	
	碳素钢及低合金钢	不锈钢、铝及铝合金[注]
氧等离子弧	切割性能优良：切割速度很快、切割面质量相当好，无黏渣、无氮化层、切口宽度较窄。热变形小 缺点：烟尘多、切割面倾斜角较大、电极和喷嘴损耗块	切割性能尚可；切割速度很快、易获得无黏渣的切割面、切口较窄，热变形小 缺点：切割面较粗糙；可切割的厚度有限；烟尘量多；电极和喷嘴损耗快
水再压缩等离子弧[注]	切割性能优良：切割速度很快、切割面质量很好，上缘呈锐角，下缘无黏渣、切割面倾角小。热影响区很小、热变形极小。能抑制弧光、有害气体和烟尘等 缺点：割后堆放零件会生锈；看不到切割状况；需配备带水槽的切割平台；电功率消耗较大	切割性能优良：切割速度比一般氮等离子弧切割快约 30%、切割面光洁，呈金属光泽，上缘呈锐角，下缘无黏渣、切割面倾角小。热影响区很小、热变形极小。能抑制弧光、有害气体和烟尘等 缺点：看不到切割状况；需配备带水槽的切割平台；电功率消耗较大

注：切割碳素钢和低合金钢场合为氧-水再压缩等离子弧切割法；对不锈钢和铝合金为氮-水再压缩等离子弧切割法。

表 4-3 常用等离子弧切割法的适用材料及切割厚度

切割方法	适用性			切割厚度/mm
	不锈钢	铝及铝合金	碳素及低合金钢	
氩-氢等离子弧	A	A	C	不锈钢：4~150 铝及其合金：5~85
氮等离子弧	A	B	C	0.5~100
氮-水再压缩等离子弧	A	A	B	不锈钢、铝合金：1~100 碳素钢：6~50
氧-水再压缩等离子弧	B	C	A	6~25.4
空气等离子弧	B	B	A	铝、铜：0.1~50 低碳钢、低合金钢：0.1~30
氧等离子弧	B	B	A	不锈钢、铝合金：0.5~50 低碳钢、低合金钢：0.5~32

注：①A—适用性好；B—适用性一般；C—适用性差，一般不宜选用。
②切割低碳钢以氧等离子弧气割法和氧-水再压缩等离子弧切割法最为适宜。

4.3 等离子弧切割设备

4.3.5 等离子弧切割设备的组成

等离子弧切割设备主要包括电源、控制电路、割枪、电极、供气和供水系统等组成,如图4-6所示。其中空气等离子弧切割机由于其组成简单(主要由电源及控制系统、空气压缩机和气路系统组成),因而应用最广泛,如图4-7所示。

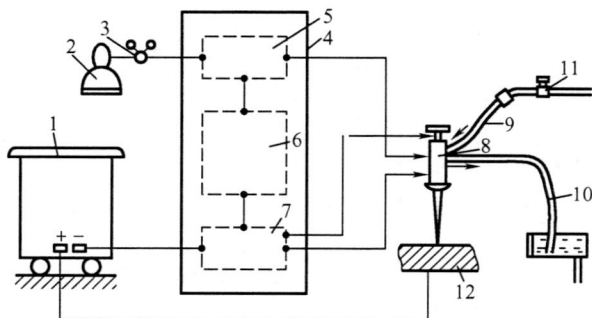

图4-6 等离子弧切割设备示意图
1—电源;2—气源;3—调压表;4—控制箱;5—气路控制;6—程序控制;
7—高频发生器;8—割枪;9—进水管;10—出水管;11—水源;12—工件

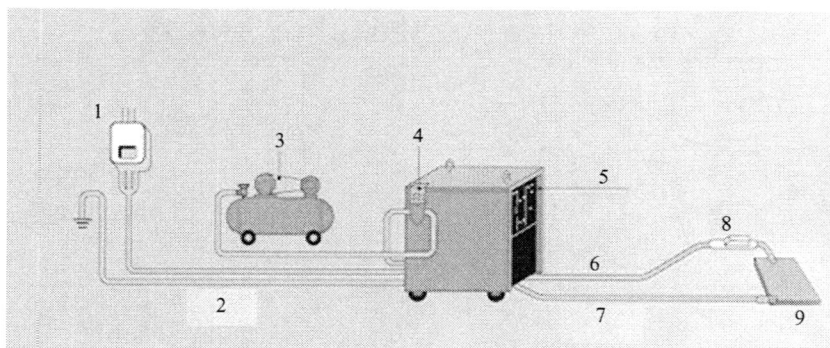

图4-7 空气等离子弧切割机示意图
1—三相电源;2—接地;3—空压机;4—空气压器;5—切割主机;6—切割线;7—地线;8—割炬;9—工件

1. 切割电源

等离子弧切割采用具有陡降或恒流外特性的直流电源。电源空载电压一般为切割时电弧电压的两倍,常用切割电源空载电压为150~400 V,且电源都是直流电源。国产切割电源空载电压都在200 V以上,水压缩等离子弧切割电源的空载电压为400 V。空气等离子弧切割一般要配用大于1.5 kW的空气压缩机。

2. 控制电路

等离子弧切割程序如图4-8所示。根据切割程序要求,控制电路要执行提前送气、转移弧、通水、接通切割电流及送切割气等动作,自动切割时还包括对小车拖动的控制,对于厚板进行预热后,即可进入正常切割程序。切割结束后,控制电路能保证切割小车停止,滞后送气、停止全部程序。此外当电源短路、电流过大、工作中途断水等故障发生时,控制电路可自动停止切割工作,保证安全。

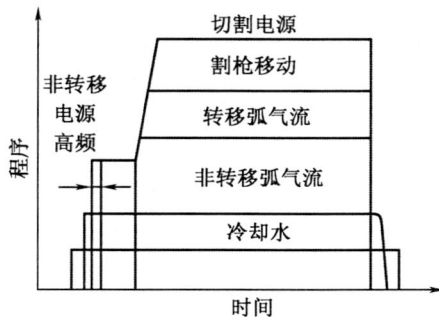

图 4 – 8　等离子弧切割程序

3. 割枪

割枪是产生等离子弧并且进行切割的装置。割枪结构对于等离子弧的稳定和切割质量都有直接影响。

（1）割枪结构

等离子割枪(又称割炬)主要由上枪体、下枪体和喷嘴三部分组成。上枪体主要包括上体水套、钨极夹持结构、升降杆、调节螺钉和冷却水等;下枪体除下体水套外,主要是由进气管和冷却水管(兼导电)组成,喷嘴是单独的一部分。上下枪体之间要求绝缘可靠,气密性好,有较高的同轴度。绝缘套可用胶木或其他绝缘性能良好的材料制成。下枪体与喷嘴之间,上下枪体之间,凡要求对气水密封的地方,一般均可采用橡胶材料加以密封。上下枪体都通水冷却,采用黄铜制成,加工精度要保证上下枪体和喷嘴的同轴度。在保证工作可靠的前提下,结构应尽量小些,以减小质量,操作灵便。

等离子弧割枪的示意图及喷嘴几何尺寸术语如图 4 – 9 所示。

（2）压缩喷嘴

压缩喷嘴是等离子割枪的核心部分,它的结构形式和几何尺寸对等离子弧的压缩和稳定有重要影响,直接关系到切割能力、切口质量和喷嘴寿命。喷嘴一般采用具有良好导热性的紫铜制成。对于大功率喷嘴必须采用直接水冷方式。为提高冷却效果,喷嘴壁厚一般为 1 ~ 1.5 mm。

压缩喷嘴有两个主要尺寸,即喷嘴直径 d 和孔道长度 l。图 4 – 10 所示为几种常用喷嘴的结构形式。

喷嘴通道入口锥面的角度,称为压缩角 α。它对等离子弧影响不大,但考虑与电极锥角配合,一般应取 $30° \sim 45°$ 为宜。喷嘴孔径 d 的大小,决定等离子弧的能量密度,应根据电流和离子气流量来决定,表 4 – 4 列出了等离子弧电流与喷嘴孔径之间的关系。对于一定的电流值和离子气流量,孔径越大,其压缩作用越小。如果孔径过大,失去压缩作用;孔径过小,则会引起双弧现象,破坏等离子弧的稳定性。

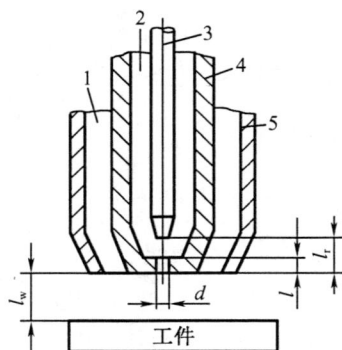

图4-9　等离子弧割枪及喷嘴几何尺寸术语

1—保护气通量;2—离子气通道;3—电极;4—喷嘴;5—保护套

d—喷嘴孔径;l—喷嘴孔道长度;l_r—钨极内缩量;l_w—喷嘴与工件距离

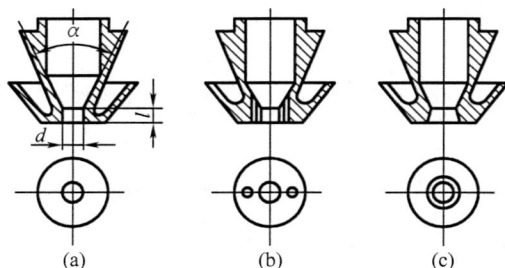

图4-10　几种常用喷嘴结构形式

(a)通用形;(b)带压缩孔形;(c)收敛扩散形

α—压缩角;d—喷嘴孔径;l—喷嘴孔道长度

表4-4　等离子弧电流与喷嘴孔径间的关系

喷嘴孔径 d/mm	0.8	1.6	2.1	2.5	3.2	4.8
等离子弧电流 /A	1~25	20~75	40~100	100~200	150~300	200~500
离子气(Ar)流量/(L/min)	0.24	0.47	0.94	1.89	2.36	2.83

　　孔径确定后,孔道长度 l 增加,电弧压缩就会增大。常用 l/d 表示压缩特征,称为孔道比,孔道比超过一定值时,也易产生双弧。

　　等离子弧切割用喷嘴的主要形状参数见表4-5。切割材料厚度与喷嘴孔径的关系如图4-11所示。

表4-5　等离子弧切割用喷嘴主要形状参数

喷嘴孔径 d/mm	孔道比 l/d	压缩角 a/(°)
0.8~2.0	2.0~2.5	30~45
2.5~5.0	1.5~1.8	30~45

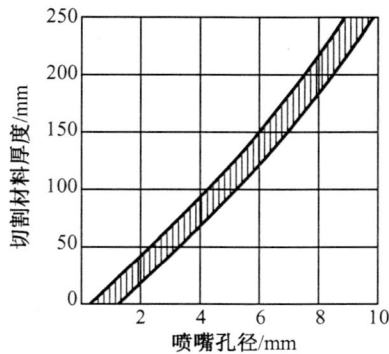

图 4 – 11　切割材料厚度与喷嘴孔径的关系

4. 电极

（1）电极材料

等离子弧割枪的电极材料以铈钨为好。进行空气等离子弧切割时，宜采用镶嵌式锆或铪电极。此外，纯钨、钍钨也可作为割枪中的电极。常用电极材料及适用气体见表 4 – 6。钍钨极直径与许用电流范围见表 4 – 7。

表 4 – 6　常用电极材料及适用气体

电极材料	适用气体	适用情况
纯钨	Ar，$Ar + H_2$	损耗快，一般不用
钍钨		损耗量较小，但有放射性，目前很少使用
铈钨	Ar，$Ar + N_2$，$Ar + H_2$，$N_2 + H_2$，N_2	损耗较钍钨小，放射性小，目前应用较广
钇钨		损耗较铈钨小，正在发展推广
纯锆	N_2，压缩空气	嵌于铜棒内，损耗快
纯铪	O_2，压缩空气	
PE – A注	压缩空气	使用寿命分别为铪和锆的 2 倍和 3 倍

注：PE – A 是铼（Re）、氧化钇（Y_2O_3）的合金。

表 4 – 7　钍钨极直径与许用电流的范围

电极直径 /mm	0.25	0.50	1.0	1.6	2.4	3.2	4.0	5.0 ~ 9.0
电流范围 /A	≤15	5 ~ 20	15 ~ 80	70 ~ 150	150 ~ 250	250 ~ 400	400 ~ 500	500 ~ 1 000

（2）电极端部形状

常用的电极端部形状如图 4 – 12 所示。为了便于引弧及保证等离子弧的稳定性，电极端部一般磨成 30° ~ 60° 的尖锥角，或者顶端稍微磨平。当钨极直径大、电流大时，电极端部也可磨成其他形状，以减慢烧损。

（3）电极内缩长度 l_r

图 4 - 13 示出了电极内缩长度（即内缩量）。电极的内缩长度对于等离子弧的压缩与稳定性、切割效率和电极的烧损都有很大的影响。一般选取 $l_r = (l \pm 0.2)$ mm。l_r 增大，则压缩程度提高；l_r 过大，则易产生双弧现象。

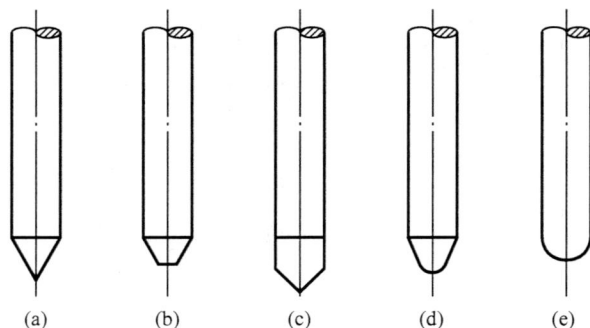

图 4 - 12　电极的端部形状

（a）尖锥形；（b）圆台形；（c）圆台尖锥形；（d）锥球形；（e）球形

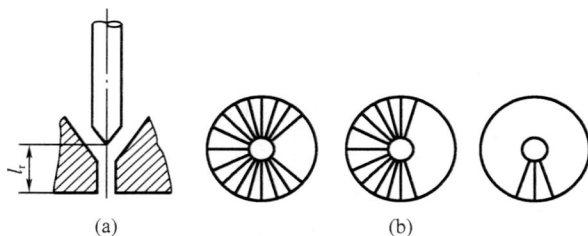

图 4 - 13　电极的内缩长度和同轴度

（a）电极的内缩长度；（b）电极同轴度与高频火花的分布

（4）割枪中电极要与喷嘴同轴

同轴度对于等离子弧的稳定性及切割质量有重要的影响。电极的偏心会造成等离子弧偏斜以及容易形成双弧。电极的同轴度可根据电极与喷嘴之间的高频火花分布情况进行检测，如图 4 - 13(b) 所示。切割时一般要求高频火花布满圆周的 75% ~ 80% 以上。

（5）气路系统

等离子弧切割中气体的主要作用是作为等离子弧的介质压缩电弧、防止电极氧化、保护喷嘴不被烧损以及排除切口中的熔融金属等。为了保证稳定地进行等离子弧切割，供气系统应保证稳定、连续地向割炬供给工作气体。根据工作气体的类型不同，供气系统也分为单一气体气路和混合气体气路两种类型，如图 4 - 14 所示。

气路系统中储气筒的主要作用是在切割开始前减小气流的冲击作用，以利于引弧，在切割结束时能滞后断气，以保护钨极不受氧化。电磁气阀的作用是控制气路的通或断。在混合气体气路系统中还设有混合筒，它的作用是使两种气体混合均匀，如果采用三种气体作为工作气体，则应先将两种气体混合均匀后，再同第三种气体混合。

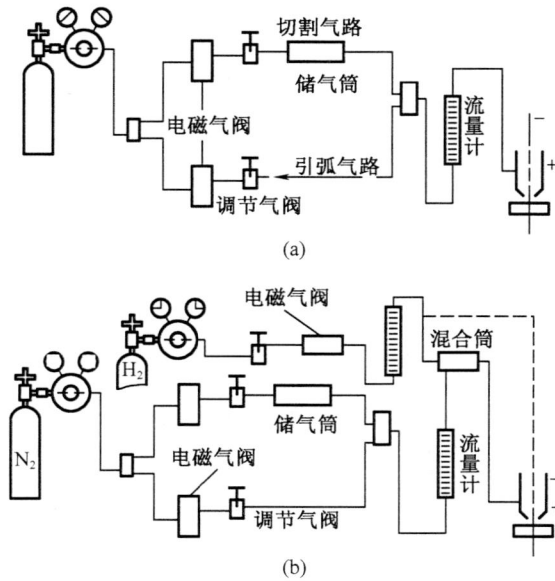

图 4-14　气路系统示意图

(a)单一气体气路系统图;(b)混合气体气路系统图

　　流量计应安装在各气阀的最后面,流量计的选择应根据切割厚度及常用流量确定。使用的流量通常不应超过流量计量程的一半,以免电磁气阀接通瞬间冲击损害流量计。

　　当工作气体中含有氢气时,应严防管道漏气。由于氢气与空气混合后,当氢气的体积分数达到 4% ~73% 范围内时,遇到火花能引起爆炸,因此氢气管最好不要经过控制箱,以免控制箱内氢气管漏气而引起爆炸。

　　(6)水路系统

　　水路系统是向割炬和电源供给冷却水,冷却电极、喷嘴和电源等,以保证切割稳定持续地进行。冷却水通常可使用自来水,当需水量大或需要采用内循环冷却时,需配备水泵。对于水再压缩等离子弧切割装置,还需要供给喷射水,需配置高压泵。若冷却水和喷射水的水质要求较高,可加装冷却水软化装置。对于小电流空气等离子弧和氧等离子弧割炬可不设冷却水系统,只采用空冷,由供气系统供给。

　　根据冷却电极的方式不同,可分为间接水冷电极水路系统和直接水冷电极水路系统。

　　在间接水冷电极水路系统中,冷却水从喷嘴下部进入,冷却喷嘴以后通过上腔体再对电极进行间接冷却,如图 4-15 所示。水流量应控制在 3 L/min 以上,水压为 0.15 ~0.2 MPa。一般工厂的自来水可以满足要求,但应防止使用不洁净水,以免不洁净水中的杂质积聚在水路和割炬中影响冷却效果,并腐蚀电缆和管路的接口处。

　　在直接水冷电极水路系统中,冷却水同时对喷嘴和电极分别进行冷却,如图 4-16 所示。这种系统对电极的冷却效果较间接水冷电极水路系统好,它主要用于需要强烈冷却的大功率等离子弧,水流量应在 10 L/min 以上,此时需要水泵进行循环冷却。

　　在水路系统中水流开关是一个必需的元件,其主要作用是在无水或水流过小的情况下自动切断电源,以保护喷嘴和电极不被烧损或毁坏。系统中水冷电阻的主要作用是限制非转移弧电流,以防止烧坏喷嘴。对于大电流的切割电缆也需要通水冷却。

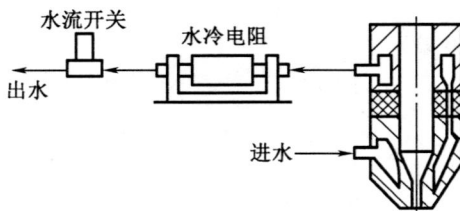

图 4 – 15　间接水冷电极水路系统示意图

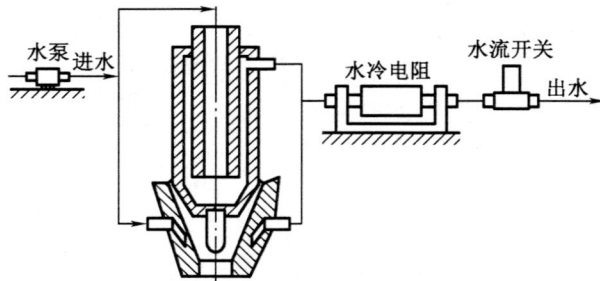

图 4 – 16　直接水冷电极水路系统示意图

4.3.2　等离子弧切割机

等离子弧切割机是将电弧进行径向压缩而获得比自由电弧温度更高、能量更集中的等离子弧作为热源进行切割的设备。等离子弧切割机主要用于碳钢、低合金钢、不锈钢、铜、铝合金、钨和钼等耐高温、易氧化和导热性好的金属材料及一些非金属材料的切割。

1. 等离子弧切割机的型号编制原则

国家标准《电焊机型号编制方法》GB/T 10249—2010 规定了电焊机及其控制器等型号的编制原则:产品型号由汉语拼音字母及阿拉伯数字组成,具体如图 4 – 17 所示,表 4 – 8 列出了等离子弧焊机、切割机型号代表字母及序号。

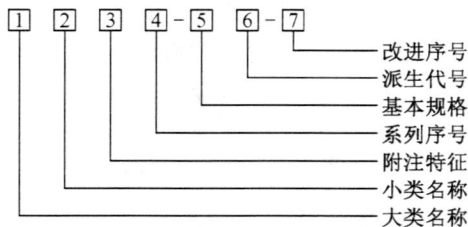

①型号中1,2,3,6各项用汉语拼音字母表示

图 4 – 17　等离子弧切割机型号说明

表 4 - 8　等离子弧焊机和切割机型号代表字母及序号

第一字位		第二字位		第三字位		第四字位		第五字位	
代表字母	大类名称	代表字母	小类名称	代表字母	附注特征	数字序号	序列序号	单位	基本规格
L	等离子弧焊接和切割机	G	切割	省略	直流等离子	省略	焊车式	A	额定电流
				R	熔化极等离子	1	全位置焊车式		
				M	脉冲等离子	2	横臂式		
		H	焊接	J	交流等离子	3	机床式		
				S	水下等离子	4	旋转焊头式		
		U	堆焊	F	粉末等离子	5	台式		
				E	热丝等离子	8	手工等离子		
		D	多用	K	空气等离子		电流		

2. 等离子弧切割机的类型

其类型如表 4 - 9 所示。

表 4 - 9　等离子弧切割机的类型

类别	主要区别				用途
	离子气	冷却方式	喷嘴与压缩角	电极	
普通等离子切割机	氮气或氩气	水冷	小(约 30°)	钍钨或铈钨顶端为锥形	用于中厚板(10～120 mm)的不锈钢、铜、钛、铝及铝合金的切割
空气等离子切割机	压缩空气	空冷	大(约 130°)	纯锆或纯铪端部为圆台形	用于薄板和较薄板(0.1～25 mm)的不锈钢、碳钢、铝、铜、绝缘涂层钢板的切割

3. 等离子弧切割机的技术数据

国内等离子弧切割机有多种型号,按额定电流分为 100 A,250 A,300 A,400 A,500 A,1 000 A等,所用电源形式各不相同。表 4 - 10 和表 4 - 11 分别列出了几款国产普通等离子弧切割机和空气等离子切割机的技术数据。

表 4 - 10　国产普通等离子弧切割机的型号及主要技术参数

型号	LG - 400 - 1	LG3 - 400	LG3 - 400 - 1	LG - 500	LG - 250
工作电压 /V	100～150	60～150	75～150	—	150
空载电压 /V	330	120～300	125～300	100～250	250

表 4 – 10（续）

型号	LG – 400 – 1	LG3 – 400	LG3 – 400 – 1	LG – 500	LG – 250
额定切割电流 /A	400	400	400	500	320
工作电流范围 /A	100 ~ 500	125 ~ 600	140 ~ 400	100 ~ 500	80 ~ 320
引弧电流 /A	30 ~ 50	40	—	50 ~ 70	—
额定负载持续率	60%	60%	60%	60%	60%
钍钨极直径 /mm	5.5	5.5	5.5	6	5
切割厚度 /mm 碳钢	80	—	—	150	10 ~ 40
切割厚度 /mm 不锈钢	80	40	60	150	10 ~ 40
切割厚度 /mm 铝	80	60	—	150	—
切割厚度 /mm 紫铜	50	40	—	100	—
气体消耗量 /(m³/h) 主电弧(切割)	3	1 ~ 3.5	4	4	—
气体消耗量 /(m³/h) 引弧	0.4	0.7 ~ 1	—	0.5	—
氮气纯度	99.9%	—	99.99%	99.7%	—
冷却水消耗量/(L/min)	>3	1.5	4	3	—
自动切割速度/(m/h)	3 ~ 150	—	—	—	—

表 4 – 11   几款国产空气等离子切割机的主要技术数据

型号	初级电压 /V	空载电压 /V	额定电流 /A	负载持续率	空气压力 /MPa	切割厚度 /mm
KGL – 260 – 1	380	320	250	60%	0.4 ~ 0.6	60
LG – 120K	380	300	120	60%	0.4 ~ 0.6	40
LG – 80K	380	300	80	60%	0.2 ~ 0.3	20
LG – 50K	380	300	50	60%	0.3 ~ 0.4	12
LGK8 – 40	380	210	40	60%	0.45	12
LGK8 – 25	380	210	265	60%	0.4 ~ 0.5	6
G60 – D	380	210	60	60%	0.3 ~ 0.4	32

4.4   等离子弧的切割工艺

    等离子弧切割工艺参数较多,主要有离子气种类和流量、喷嘴孔径、空载电压、切割电流和切割电压、切割速度和喷嘴高度等。各种参数对切割过程的稳定性和切割质量均有不同程度的影响,切割时必须依据切割材料种类、工件厚度和具体要求来选择。

4.4.1   气体选择

    等离子弧切割工作气体既要作为等离子弧的导电介质,同时还要排除切口中的熔融金属,因此对等离子弧的切割特性以及切割质量和速度有明显的影响。等离子弧切割在生产中通常使用的离子气体有 N_2,Ar,$N_2 + H_2$,$N_2 + Ar$,也有用压缩空气、氧气、水蒸气或水作为产生等离子弧的介质。离子气的种类决定切割时的弧压,弧压越高切割功率越大,切割速度及切割厚度都相应提高。但弧压越高,要求切割电源的空载电压也越高,否则难以引弧或电弧在切割过程中容易熄灭。

各种工作气体在等离子弧切割中的适用性见表 4 – 12,等离子弧切割常用气体的选择见表 4 – 13。

表 4 – 12　各种工作气体在等离子弧切割中的适用性

气体	主 要 用 途	备 注
Ar,$Ar + H_2$ $Ar + N_2$ $Ar + N_2 + H_2$	切割不锈钢、有色金属及其合金	Ar 仅用于切割薄金属
N_2 $N_2 + H_2$	切割不锈钢、有色金属及其合金	N_2 作为水再压缩等离子弧的工作气体也可用于切割碳素钢
O_2(或粗氧)空气	切割碳素钢和低合金钢,也用于切割不锈钢和铝	重要的铝合金结构件一般不用

表 4 – 13　等离子弧切割常用气体的选择

工件厚度/mm	气体种类及含量	空载电压 /V	切割电压 /V
≤120	N_2	250 ~ 350	150 ~ 200
≤150	$N_2 + Ar(\varphi(N_2)60\% \sim 80\%)$	200 ~ 350	120 ~ 200
≤200	$N_2 + H_2(\varphi(N_2)50\% \sim 80\%)$	300 ~ 500	180 ~ 300
≤200	$Ar + H_2(\varphi(H_2)35\%)$	250 ~ 500	150 ~ 300

N_2 是一种广泛采用的切割离子气,氮气的热压缩效应比较强,携带性好,动能大,价廉易得,是一种被广泛应用的切割气体。但氮气用作离子气时,由于引弧性和稳弧性较差,需要有较高的空载电压,一般在 165 V 以上。

氢气的携热性、导热性都很好,所需分子分解热较大,故要求更高的空载电压(350 V 以上)才能产生稳定的等离子弧。由于氢气等离子弧的喷嘴很易烧损,因此氢常作为一种辅助气体而被加入,特别是大厚度工件切割时加入一定量的氢对提高切割能力和改善切口质量有显著成效。

用工业纯氩作为切割气体,只需要用较低的空载电压(70 ~ 90 V),但切割厚度仅在 30 mm 以下,且由于氩气费用较高,不经济,所以一般不常使用。N_2,H_2,Ar 任意两种气体混合使用,比任何一种单一气体使用时效果好,因它们可以相互取长补短,各自发挥其特长。其中尤以 $Ar + H_2$ 及 $N_2 + H_2$ 混合气体切口质量和切割效果最好。切割较大厚度时,用 $N_2 + H_2$ 混合气体。

我国实际生产上由于氮气价格低廉,所以大多用氮气作为切割气体。压缩空气作离子气时热熔值高,电弧电压 100 V 以上,电源电压 200 V 以上,在切割 30 mm 以下厚度的材料时,有取代氧 – 乙炔火焰切割的趋势。

4.4.2　切割电流

电流和电压决定了等离子弧的功率。随等离子弧功率的提高,切割速度和切割厚度均可相应增加。一般依据板厚及切割速度选择切割电流。提供切割设备的厂家都向用户说明某一电流等级的切割设备能够切割板材的最大厚度。

对于确定厚度的板材,切割电流越大,切割速度越快。但切割电流过大,易烧损电极和喷嘴,且易产生双弧,因此对一定的电极和喷嘴有一定合适的电流。切割电流也影响切割速度和割口宽度,切割电流增大会使弧柱变粗,致使切口变宽,易形成 V 形割口。表 4 – 14 列出等离子弧切割电流与割口宽度的关系。

表 4 – 14　等离子弧切割电流与割口宽度的关系

切割电流/A	20	60	120	250	500
割口宽度/mm	1.0	2.0	3.0	4.5	9.0

4.4.3　切割电压

虽然可以通过提高电流增加切割厚度及切割速度,但单纯增加电流使弧柱变粗,切口加宽,所以切割大厚度工件时,提高切割电压的效果更好。空载电压高,易于引弧。可以通过增加气体流量和改变气体成分来提高切割电压,但一般切割电压超过空载电压的 2/3 后,电弧就不稳定,容易熄弧。因此为了提高切割电压,必须选用空载电压较高的电源,所以等离子弧切割电源的空载电压不得低于 150 V,是一般切割电压的 2 倍。

切割大厚度板材和采用双原子气体时,空载电压相应要高。空载电压还与割枪结构、喷嘴至工件距离、气体流量等有关。

4.4.4　切割速度

切割速度是切割过程中割炬与工件间的相对移动速度,是切割生产率高低的主要指标。切割速度对切割质量有较大影响,合适的切割速度是切口表面平直的重要条件。在切割功率不变的情况下,提高切割速度使切口表面粗糙不平直,使切口底部熔瘤增多,清理较困难,同时热影响区及切口宽度增加。

切割速度决定于材质板厚、切割电流、气体种类及流量、喷嘴结构和合适的后拖量等。在同样的功率下,增加切割速度将导致切口变斜。切割时割炬应垂直工件表面,但有时为了有利于排除熔渣,也可稍带一定的后倾角。一般情况下倾斜角不大于 3° 是允许的,所以为提高生产率,应在保证切透的前提下尽可能选用大的切割速度。

4.4.5　气体流量

气体流量要与喷嘴孔径相适应。气体流量大,利于压缩电弧,使等离子弧的能量更为集中,提高了工作电压,有利于提高切割速度和及时吹除熔化金属。但当气体流量过大时,会因冷却气流从电弧中带走过多的热量,反而使切割能力下降,电弧燃烧不稳定,甚至使切割过程无法正常进行。

适当地增大气体流量,可加强电弧的热压缩效应,使等离子弧更加集中,同时由于气体流量的增加,切割电压也会随之增加,这对提高切割能力和切割质量是有利的。

4.4.6　喷嘴距工件高度

喷嘴到工件表面间的距离增加时,电弧电压升高,即电弧的有效功率提高,等离子弧柱显露在空间的长度将增加,弧柱散失在空间的能量增加。结果导致有效热量减少,对熔融金属的吹力减弱引起切口下部熔瘤增多,切割质量明显变坏,同时还增加了出现双弧的可能性。

当距离过小时,喷嘴与工件间易短路而烧坏喷嘴,破坏切割过程的正常进行。在电极内缩量一定(通常为 2 ~ 4 mm)时,喷嘴距离工件的高度一般在 6 ~ 8 mm,当切割厚度更大的工件时,喷嘴距离工件的高度可调整到 10 ~ 15 mm。空气等离子切割所需的距离较小,正常切割时一般为 2 ~ 5 mm。除了正常切割外,空气等离子弧切割时还可以将喷嘴与工件接触,即喷嘴贴着工件表面滑动,这种切割方式称为接触切割或笔式切割,切割厚度约为正常切割时的一半。

4.5　等离子弧切割操作技术

非转移型等离子弧切割的技术要求和火焰切割的基本相似,但为了能调节更多的参数,需要更多地训练。

采用转移型等离子弧切割时,由于工件接正极,是等离子弧存在不可缺少的一极,在操作过程中割炬与工件距离不能过大,否则就会发生断弧现象,导致切割中断。因此操作起来不像气体火焰切割那样自由。另外等离子弧割炬体积较大,导致切割时的可见性差,也增加了等离子切割操作的难度。

4.5.1　手工等离子弧切割操作技术

在进行手工等离子弧切割操作时,必须正确掌握好以下几个方面:

1. 起切方法

气割前,应把切割工件表面的起切点清理干净,使其导电良好。切割时,先从工件边缘开始,待工件边缘切穿后再移动割炬。如果切割内圆或内部轮廓,应该在工件上先钻出直径为 8 ~ 16 mm 的孔(根据工件厚度确定孔的直径),由钻孔处开始切割。如果割件厚度不大,也可以不预先钻孔,而将割炬在切口平面内后倾一定的角度,以利于排开熔渣,待割透后再恢复正常的切割姿势。

2. 切割速度

掌握好切割速度是十分重要的,切割速度过大或过小都不能获得满意的切口质量。通常在保证割透的前提下,切割速度尽量大一些。另外起割时由于工件是温度低,割炬应停留一段时间,使工件充分预热,待割透后方可开始移动割炬。但应注意不能停留时间过长,否则容易使切口过宽,甚至使电弧拉得过长而熄弧,导致切割中断。

3. 喷嘴与工件的距离

在切割的全过程中,喷嘴与工件的距离都应保持不变,否则将获得不平整的切口。

4. 割炬的倾角

在整个切割过程中,割炬应与将要切出的切口平面保持一致,否则获得的切口平面倾斜且不光洁,地面易形成熔瘤。为了提高切割质量和生产率,可将割炬后倾 0°~45°,如图4-18所示。切割薄板时,后倾角可大些,切割厚板时后倾角不可太大。

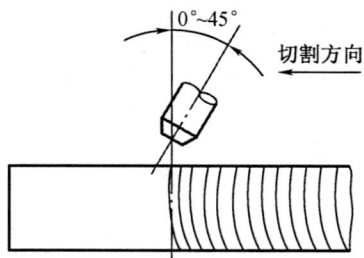

图 4-18　切割时割炬的后倾角

4.5.2　数控等离子弧切割操作技术

数控等离子切割与火焰切割不同,在操作过程中需要特别注意以下事项。

1. "双弧"

"双弧"问题是等离子弧切割操作中经常遇到的情况。除引燃电弧的短时间外,在正常切割情况下,等离子弧在电极与工件间燃烧,喷嘴不导电,而在实际操作中,由于某些原因,会在主电弧旁边形成一个由电极至喷嘴再到工件的电弧,这种现象称为"双弧"。"双弧"的形成不但使主电弧的电流密度大大降低并影响其稳定性,更主要的是喷嘴会因此被烧损,导致切割无法正常进行。

产生"双弧"的原因是多方面的,如割炬的设计不合理、制造精度差、操作工艺不当等。通常,在其他条件正常的情况下,使用过大的切割电流是产生"双弧"的一个主要原因。在喷嘴孔径一定时,引起"双弧"的最大电流值称为临界电流。当切割电流小于临界电流时,一般不会产生"双弧"现象。

除了切割电流大小要与喷嘴孔径相适应外,防止产生"双弧"还应注意以下几点:

(1)电极与喷嘴尽可能同轴,以保证电弧得到良好的压缩;在更换易损件时必须仔细操作,以保证电极与喷嘴同轴;

(2)加强对喷嘴及电极的冷却;

(3)在大电流切割时,喷嘴高度不能太小;

(4)保持喷嘴表面光洁,随时去除飞溅和油污。

2. 起割及打孔操作要点

与火焰切割不同,等离子切割时不需要进行预热,只要形成主电弧就可以进行切割。起割方式有从工件边缘割入和在工件中打孔后再开始气割两种。

(1)从工件边缘割入方式

从工件边缘割入按起割点的位置不同又可分为两种方式。一种是将割炬置于板边,并使其轴线对准端面,一旦等离子弧建立,立即移动割炬向内进行切割,如图4-19所示。另外一种方法是先把割炬置于离板边 20~30 mm 处,点燃小弧并移动割炬,当割炬移动到板的端面时立即引燃等离子弧开始切割。这种方法在引燃主电弧时冲击电流比较大,容易损伤电极,有的切割机规定不允许使用这种起割方式。

(2)工件中打孔割入方式

在切割成形零件和法兰等时,须从板内部打孔后切割。打孔的主要问题是熔融金属会溅出来附着在喷嘴上或堵住喷嘴孔,因此操作时割炬应通过上下和左右移动来避开瞬时喷溅。等离子割炬的打孔厚度通常为切割最大厚度的一半,当设备不允许用于打孔或者金属厚度超过规定的打孔厚度时,只能采用其他方法预先打孔。由于频繁的起割或打孔对喷嘴和电极的使用寿命有很大的影响,因此在切割之前应预先考虑好合理的切割路径,尽可能把几个零件的切割线连在一起进行连续切割,以减少喷嘴和电极的损耗,提高切割效率。

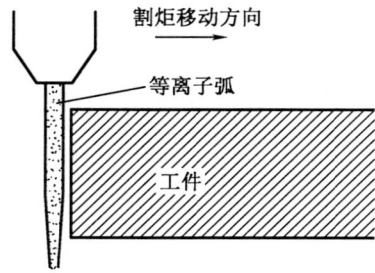

图 4 - 19　等离子弧边缘割入方式

（3）坡口切割

等离子弧切割时,切口通常为顶部较宽、底部较窄的断面形状,如图 4 - 20 所示。等离子弧割出的坡口面其粗糙度一般优于垂直切割面。由于等离子切口形状的原因,实际割出的坡口角度通常大于割炬的倾角,因此坡口切割时必须对割炬倾角进行修正,修正角度应通过试验来确定。切割坡口的工艺参数可按坡口面实际厚度同等的板厚进行选取,如图 4 - 21 中按照 L 所示的厚度来选取工艺参数。

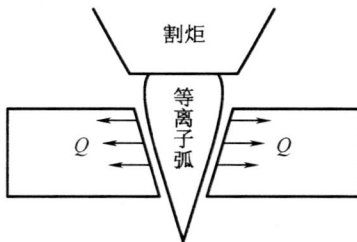

图 4 - 20　等离子弧切割断面
形成示意图

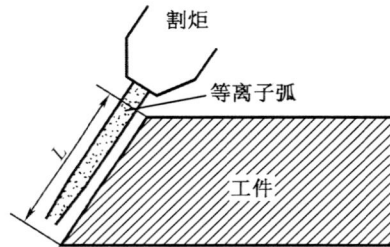

图 4 - 21　坡口切割厚度

（4）转角点自动连续切割

等离子弧是圆柱形流,因此切口前缘呈圆弧形,加上切割速度快,在数控切割和光电跟踪自动连续切割带有直角或锐角的零件时,通常在这些转角处割不出所要求的尖角形状,而带有一定的圆弧。在内侧直角转角处也呈圆角,同时在切割面下部会产生凹心现象,从而影响零件的质量。

为了消除上述现象,常用的方法是:适当降低切割电流或者采取绕弯切割工艺,即在割炬即将到达转角处时,向左(或向右)偏离切割线一小段距离,拐角后再沿切割线行进,如图 4 - 22 所示。

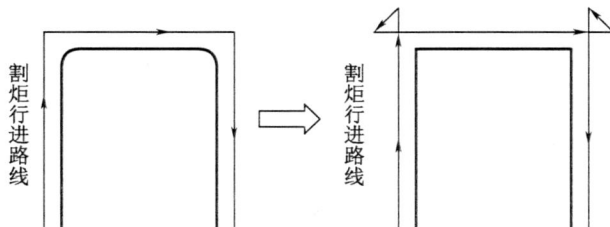

图 4 - 22　直线切割路线示意图

第5章 船舶金属材料知识

5.1 常用金属材料的性能

金属材料的性能通常包括物理性能、化学性能、力学性能和工艺性能等。

5.1.1 金属材料的物理化学性能

1. 密度

物质单位体积所具有的质量称为密度,用符号 ρ 表示。利用密度的概念可以帮助我们解决一系列实际问题,如计算毛坯的质量,鉴别金属材料等。常用金属材料的密度如下:铸钢为 7.8 g/cm³,灰铸铁为 7.2 g/cm³,碳钢及低合金钢为 7.85 g/cm³,不锈钢为 8.9 g/cm³,黄铜为 8.63 g/cm³,铝为 2.7 g/cm³。

2. 导电性

金属传导电流的能力叫作导电性。各种金属的导电性各不相同,通常银的导电性最好,其次是铜和铝。

3. 导热性

金属传导热量的性能称为导热性。一般说导电性好的材料,其导热性也好。若某些零件在使用中需要大量吸热或散热时,则要用导热性好的材料。如凝汽器中的冷却水管常用导热性好的铜合金制造,以提高冷却效果。

4. 热膨胀性

金属受热时体积发生胀大的现象称为金属的热膨胀。例如,被焊的工件由于受热不均匀而产生不均匀的热膨胀,就会导致焊件的变形和焊接应力。衡量热膨胀性的指标称为热膨胀系数。

5. 抗氧化性

金属材料在高温时抵抗氧化性气氛腐蚀作用的能力称为抗氧化性。热力设备中的高温部件,如锅炉的过热器、水冷壁管、汽轮机的气缸和叶片等,易产生氧化腐蚀。一般用作过热器管等材料的抗氧化腐蚀速度指标控制在 ≤0.1 mm/a。

6. 耐腐蚀性

金属材料抵抗各种介质(大气、酸、碱、盐等)侵蚀的能力称为耐腐蚀性。化工、热力设备中许多部件是在腐蚀条件下长期工作的,所以选材时必须考虑钢材的耐腐蚀性。

5.1.2 金属材料的力学性能

1. 强度

钢材的强度通常是以每单位面积能承受的力来表征的,其单位为 Pa(帕)或 MPa(兆帕)。由于钢材的强度一般采用拉伸试验测定,因而钢材的强度也称为抗拉强度。

钢材的力学性能有两个指标:一个是屈服强度,另一个是抗拉强度,亦称强度极限。这两个强度指标可在图 5 - 1 所示的拉伸试验时测得。

图 5 - 2 示出一种常用船舶及海洋工程用钢的典型拉伸曲线,亦称应力 - 应变曲线。在该曲线上我们可以看到两个拐点:

第一个拐点表明,试样在拉伸过程中达到某一极限应力时,出现了较明显的塑性变形,此时,应力增加不大,而拉伸应变量明显增大,即所谓材料开始"屈服",对应于该点的应力以 R_{eH} 表示(对于像高碳钢一样的钢材,由于其无明显的屈服现象,通常以它发生微量的塑性变形(0.2%)时的应力作为该钢材的屈服强度,以 $R_{p0.2}$ 表示)。

第二个拐点表明,试样中部开始出现缩颈,即将断裂。试验拉伸到此拐点时在横截面上受到的最大应力以 R_m 表示,称其为钢材的抗拉强度。

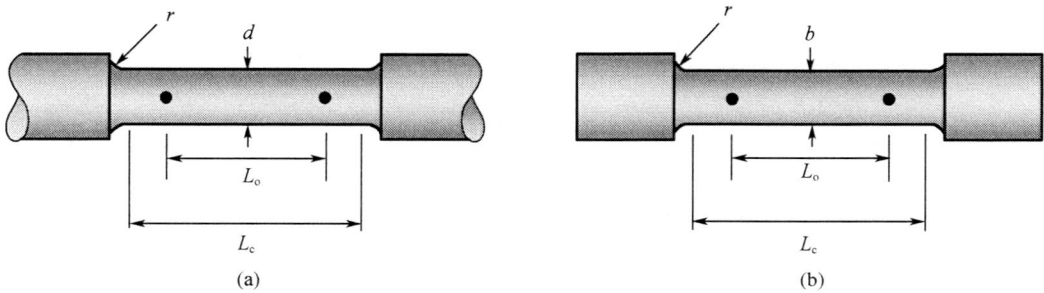

图 5 - 1　拉伸试样的外形形状

(a)圆棒试样;(b)板状试样

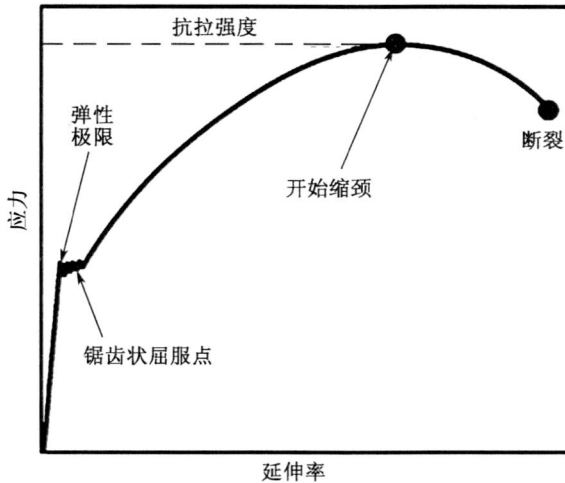

图 5 - 2　典型的应力 - 应变曲线

2. 塑性

钢板的塑性是衡量材料变形能力的一种特性,通常利用试样的拉伸试验进行测定,并以断后伸长率 A 和断面收缩率 Z 来表征。

塑性较好的钢板,在拉伸试验时,会出现如图 5-3 所示的各个阶段的伸长率,它们包括试样达到屈服应力后的伸长率 A_e,最大应力下的非比例伸长率 A_g,最大应力下的总伸长率 A_{gt} 和试样断裂后的伸长率 A。A_e,A_g 和 A_{gt} 属于均匀延伸变形,分别描述试样拉伸过程中不同阶段的塑性形变能力。

在工程中通常采用试样断裂后的伸长率 A,即试样断裂后的长度与试样原始长度之百分比,即

$$A = \frac{L_u - L_0}{L_0} \times 100\%$$

式中　A——试样断裂后伸长率,%;

　　　L_0——试样原始标距长度,mm;

　　　L_u——试样拉断后的标距长度,mm。

试样拉断后伸长率包括试样的均匀延伸变形 A_{gt} 和缩颈延伸变形两部分。

因后者是非均匀延伸变形,所以 A 值受测量标距长短的影响。通常可以采用两种不同尺寸的拉伸试样,即标距 L_0 为 10 倍试样直径的长试样,以及标距 L_0 为 5 倍试样直径的短试样。显然,在短试样上测得的 A 值大于长试样。因此伸长率 A 值只有在采用相同尺寸的试样测定时才有比较的意义。由于短试样可节省材料,一般均采用短试样,其断后伸长率以 A_5 表示。

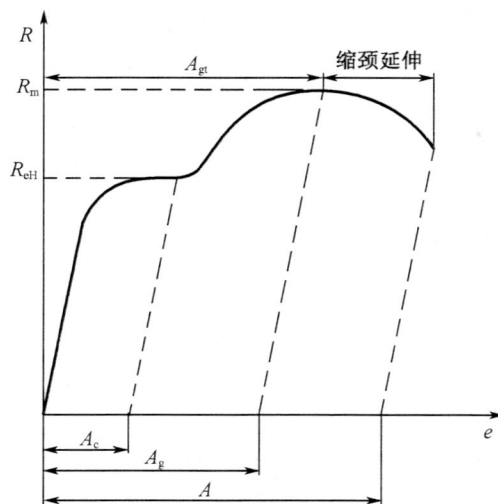

图 5-3　塑性钢材的拉伸试样伸长率示意图

断面收缩率 Z 是试样断裂后断口面积的减少值与试样原始截面积的百分比。对于同一材料,伸长率 A 值越大,断面收缩率 Z 值亦越大,几乎成正比关系。

根据现行的船级社规范的规定,普通强度热轧钢板断裂后伸长率 A_5 不低于22%,对于高强钢板和超高强钢板根据不同的强度级别及板厚范围,规范进行了具体规定。

3. 冲击韧性

冲击韧性也称缺口韧性(notch toughness),是评定带有缺口的钢材在冲击荷载作用下抵抗脆性破坏能力的指标,通常用带有夏比 V 形缺口(Charpy V-notch)的标准试件在专用的摆锤式冲击试验机上测定钢材的冲击韧性,如图5-4所示。以击断试件所消耗的冲击功大小来衡量钢材抵抗脆性破坏的能力。试样受冲击弯曲折断时所消耗的功称为冲击吸收功,单位是 J(焦耳)。试样单位截面积所消耗的功称为冲击韧性,单位为 J/cm^2。

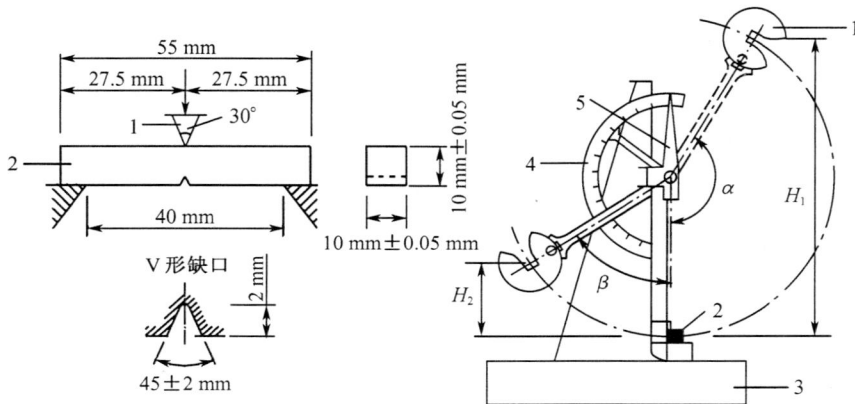

图 5-4　夏比 V 形缺口冲击试验和标准试件
1—摆锤;2—试件;3—试验机台座;4—刻度盘;5—指针

4. 硬度

硬度是衡量金属材料软硬程度的一项重要的性能指标,它既可理解为是材料抵抗弹性变形、塑性变形或破坏的能力,也可表述为材料抵抗残余变形和反破坏的能力。硬度不是一个简单的物理概念,而是材料弹性、塑性、强度和韧性等力学性能的综合指标。一般硬度越高,耐磨性越好。

常用的硬度指标有布氏硬度 HB、洛氏硬度 HR 和维氏硬度 HV。

5.1.3　金属材料的工艺性能

金属材料的工艺性能是指金属材料承受各种冷热加工的能力,主要包括切削性能、铸造性能、锻造性能和焊接性能等。

1. 切削性能

切削性能是指金属材料承受切削加工的难易程度。切削时,若切削刀具不易磨损,切削力较小且被切削工件的表面质量高,则称此材料的切削性能好。一般灰口铸铁具有良好的切削性能。通常材料的硬度低时切削性能较好,但是对于碳钢来讲,硬度如果太低容易出现"黏刀"现象,光洁度也较差。一般情况下金属硬度在 HB170~230 范围内时具有较好的切削性能。

2. 铸造性能

金属材料的生产，多数是通过冶炼、铸造而得到的，如各种机械设备的底座，汽轮机、发电机的机壳、阀门、磨煤机的耐磨件等。金属的铸造性能也就是液体金属浇铸成形的能力，主要是指金属在液态时的流动性以及液态金属在凝固过程中的收缩和偏析程度，它包括流动性、收缩率和偏析倾向等，是保证铸件质量的重要性能。

3. 锻造性能

重要零部件的毛坯往往要经过锻造工序，如汽轮机、发电机的主轴、轮毂、叶片，大型水泵和磨煤机的主轴、齿轮等。金属的锻造性能可用金属的塑性和变形抗力（强度）来衡量。材料承受锻压成型的能力称为可锻性，通常金属承受锻压时变形程度大而不产生裂纹，则表明其锻造性能好，锻造性能取决于材料的成分、组织及加工条件。

通常低碳钢具有较好的可锻性，低碳钢的可锻性最好。随着含碳量的增加，钢的可锻性降低。合金钢的可锻性略逊于碳钢。一般情况下，合金钢中合金元素含量越多，其可锻性越差。铸铁则不能承受锻造加工。

4. 焊接性能

焊接性是指材料在限定的施工条件下焊接成按规定设计要求的构件，并满足预定服役要求的能力。焊接性受材料、焊接方法、构件类型及使用要求四个因素的影响。

焊接性评定方法有很多，其中广泛使用的方法是碳当量法。这种方法是基于合金元素对钢的焊接性不同程度的影响，而把钢中合金元素（包括碳）的含量按其作用换算成碳的相当含量。可作为评定钢材焊接性的一种参考指标。碳当量法用于对碳钢和低合金钢淬硬及冷裂倾向的估算。

常用碳当量的计算公式为

$$C_E = w(C) + \frac{w(Mn)}{6} + \frac{w(Cr) + w(Mo) + w(V)}{5} + \frac{w(Ni) + w(Cu)}{15}$$

式中，$w(*)$ 表示各元素在钢中的质量分数，若其为一范围时，取上限。

经验证明：当 $C_E < 0.4\%$ 时，钢材的淬硬倾向不明显，焊接性优良，焊接时不必预热；当 $C_E = 0.4\% \sim 0.6\%$ 时，钢材的淬硬倾向逐渐明显，需采取适当预热和控制线能量等工艺措施；当 $C_E > 0.6\%$ 时，钢材的淬硬倾向强，属于较难焊的材料，需采取较高的预热温度和严格的工艺措施。

5.2 钢材的分类及船体结构钢

5.2.1 钢材的分类

钢和铁是黑色金属的两大类，都是以铁和碳为主要元素的合金。含碳量（碳的质量分数）在 2.11% 以下的铁碳合金称为钢，含碳量为 2.11% ~ 6.67% 的铁碳合金称为铸铁。

钢中除了铁、碳以外还含有少量其他元素，如锰、硅、硫、磷等。锰、硅是炼钢时作为脱氧剂而加入的，称为常存元素；硫、磷是由炼钢原料带入的，称为杂质元素。

由于钢的原料丰富，可以廉价地大规模工业化生产，并且性能优异，还可以通过各种加工处理来改变其形状、尺寸和性能，更好地满足国民经济发展和人们的多种需求，是目前生产量和消费量最大，也是最重要的一种工程材料。钢的分类方法很多，最常见和最常用的有以下四种。

1. 按冶炼方法分类

按照冶炼方法和设备的不同,工业上用钢可分为平炉钢、转炉钢和电炉钢三大类。每一大类还可按其炉衬材料的不同,分为酸性和碱性两类。

（1）平炉钢

一般属碱性钢,只有在特殊情况下才在酸性平炉里炼制。

（2）转炉钢

除可分为酸性和碱性转炉钢外,还可分为底吹、侧吹、顶吹转炉钢。

（3）电炉钢

分为电弧炉钢、感应电炉钢、真空感应电炉和钢电渣电炉钢等。工业上大量生产的,主要是碱性电弧炉钢。

按脱氧程度和浇注制度的不同,可分为沸腾钢、镇静钢和半镇静钢三类。

2. 按化学成分分类

按化学成分可以把钢分为碳素钢和合金钢两大类。

（1）碳素钢

根据含碳量不同,大致可分为:

低碳钢——含碳量（碳的质量分数）小于 0.25% 的钢。

中碳钢——含碳量（碳的质量分数）在 $0.25\% \sim 0.60\%$ 之间的钢。

高碳钢——含碳量（碳的质量分数）大于 0.60% 的钢。

此外,含碳量（碳的质量分数）小于 0.04% 的钢又称工业纯铁。

（2）合金钢

根据钢中合金元素的总含量不同,大致可分为如下三种合金钢:

低合金钢——合金元素总含量（总合金元素的质量分数）小于 5% 的钢。

中合金钢——合金元素总含量（总合金元素的质量分数）在 $5\% \sim 10\%$ 之间的钢。

高合金钢——合金元素总含量（总合金元素的质量分数）大于 10% 的钢。

根据钢中所含合金元素的种类,又可分为二元合金钢、三元合金钢以及多元合金钢等钢种,如锰钢、铬钢、硅锰钢、铬锰钢、铬钼钢和钒钢等多类。

（3）按品质分类

根据钢中所含有害杂质的多少,工业上用钢通常分为普通钢、优质钢和高级优质钢三大类。

①普通钢

一般含硫量（硫的质量分数）不超过 0.050% ,但对酸性转炉钢的含硫允许适当放宽,属于这类的普通碳素钢,普通碳素钢按技术条件又可分为:

甲类钢——只保证机械性能的钢。

乙类钢——只保证化学成分,但不必保证机械性能的钢。

特类钢——保证化学成分,又保证机械性能的钢。

②优质钢

在结构钢中,含硫量（硫的质量分数）不超过 0.045% ,含碳量（碳的质量分数）不超过 0.040% ,在工具钢中含硫量（硫的质量分数）不超过 0.030% ,含碳量（碳的质量分数）不超过 0.035% 的钢为优质钢。对其他杂质,如铬、镍、铜等的含量都有一定的限制。

③高级优质钢

属于这一类的一般都是合金钢。钢中含硫量(硫的质量分数)不超过 0.020%，含碳量(碳的质量分数)不超过 0.030%，对其他杂质的含量要求更加严格。

除以上三种外，对于具有特殊要求的钢，还可列为特级优质钢，从而形成四大类。

(4)按用途分类

根据用途的不同，工业用钢可分为以下三大类。

①结构钢

按照其不同用途又可分为：

建造用钢——如用来建造钢结构、船舶、厂房结构及其他建筑用的各种型钢以及普通用钢。

机械制造用钢——主要用于制造机器或其他机械零件用钢。这类钢中，对含碳量(碳的质量分数)0.1%~0.3%的并需经表面渗碳处理后可使用的钢，称渗碳钢。对于含碳量(碳的质量分数)在 0.3%~0.6%的并需经淬火及回火处理后使用的钢称为调质钢。

弹簧钢和轴承钢——主要是制造机械设备零件用钢，所以大家都习惯地将它们列为机械制造用的结构钢一类。不过这两种钢各有专门的用途，含碳量都比较高，因而常常单独地把它们列为一类。

②工具钢

工具钢是用以制造各种工具用的高碳钢与中碳优质钢，包括碳素工具钢。合金工具钢和高速工具用钢等。工具钢还可以按其具体的用途分为：刀具用钢、量具用钢、模具用钢等。

③特殊性能的钢

特殊性能的钢是具有特殊物理和化学性能钢的总称。包括不锈耐酸钢、耐热不起皮钢、电热合金和磁性材料等。

上述四种分类方法，只是最常见和常用的几种，另外还有其他的分类方法，应该说明的是各种分类方法并不存在优与劣的问题，主要是由于不同需要或不同场合而采用不同的分类方法而已。在有些情况下会出现将几种分类方法混合使用。

5.2.2　船舶及海洋工程用钢

自从 1819 年在苏格兰用熟铁建成了第一艘铁壳船——"火山"号以来，至今已有近 200 年用钢造船的历史。随着世界冶金工业的迅猛发展，船体结构钢也同时进行了不断改进和提高，正是由于钢材的持续改进从而在一定程度上保证了船舶及海洋工程的安全运行。现在已经形成了很完善的船舶及海洋工程用钢系列。

由于船舶及海洋工程结构物所处的特殊工况，对构成结构物的钢材提出了特殊的要求，各国船检部门对船舶及海洋工程用钢都十分重视，在其所颁布的有关船舶、海洋工程入级及建造规范中都设有专门的材料篇，对船舶及海洋工程用钢的冶炼方法、力学性能、化学成分、供货状态、检查验收及等级划分等内容都做了详细规定。从 20 世纪开始，随着国际验船师协会的成立，协会对入会的各船级社船体及海洋工程用钢进行了明确和统一。船体及海洋工程用钢种类很多，按用途可分结构用钢、低温用钢、耐大气及海水腐蚀用钢和船用压力容器用钢，等等。而应用最多的是结构用钢，将结构钢按强度划分为普通强度钢、高强度钢、高强调质钢(部分船级社也称为超高强钢)三个等级。

　　船体结构钢每个强度等级按韧性又进行了细分。一般强度钢分为 A,B,D,E 四个等级;高强度钢及高强调质钢分为 A,D,E,F 四个等级,具体见表 5 - 1。

表 5 - 1 　船体结构钢分类

船体结构钢类别	屈服强度/MPa	等级	备注
普通强度钢	235	A,B,D,E	
高强度钢	315	A32,D32,E32,F32	本表按照 IACS W11,W16 对船体结构钢进行了分类及等级划分。
	355	A36,D36,E36,F36	
	390	A40,D40,E40,F40	
高强调质钢	420	A420,D420,E420,F420	
	460	A460,D460,E460,F460	
	500	A500,D500,E500,F500	
	550	A550,D550,E550,F550	
	620	A620,D620,E620,F620	
	690	A690,D690,E690,F690	

　　下面按照 IACS W11 及 W16 对船体结构钢进行简单的介绍。

1. 普通强度钢

(1)普通强度钢的化学成分应符合表 5 - 2 的规定。供货状态应符合表 5 - 3 的规定。

表 5 - 2 　普通强度钢的化学成分和脱氧方法

级别	A	B	D	E
脱氧方法	对 $t \leqslant 50$ mm 除沸腾钢外,可用任何方法;$t > 50$ mm,全镇静法	对 $t \leqslant 50$ mm 除沸腾钢外,可用任何方法;$t > 50$ mm,全镇静法	对 $t \leqslant 25$ mm 全镇静法;$t > 25$ mm,全镇静法和细化晶粒处理	全镇静法和细化晶粒处理
化学成分	含量(质量分数)/%			
碳	0.21	0.21	0.21	0.18
锰	$2.5 \times C$	0.80	0.60	0.70
硅	0.50	0.35	0.35	0.35
磷	0.035	0.035	0.035	0.035
硫	0.035	0.035	0.035	0.035
铝(酸溶性)	—	—	0.015	0.015

表 5-3 普通强度钢的供货状态

级别	厚度 t/mm	供货状态
A	$t \leqslant 50$	任何
	$50 < t \leqslant 100$	正火,控制轧制或温度-形变控制轧制
B	$t \leqslant 50$	任何
	$50 < t \leqslant 100$	正火,控制轧制或温度-形变控制轧制
D	$t \leqslant 50$	任何
	$50 < t \leqslant 100$	正火,控制轧制或温度-形变控制轧制
E	$t \leqslant 100$	正火或温度-形变控制轧制

(2)普通强度钢的机械性能见表 5-4。

表 5-4 普通强度钢的机械性能

等级	屈服强度 /MPa	抗拉强度 /MPa	延伸率 $5.65\sqrt{S_0}$ A_5	冲击试验					
				试验温度	最小平均冲击功/J				
					$t \leqslant 50$ mm		50 mm $< t \leqslant 70$ mm		70 mm $< t \leqslant 100$ mm
					纵向	横向	纵向	横向	纵向	横向
A	$\geqslant 235$	$400 \sim 520$	22%	$+20$	—	—	34	24	41	27
B				0	27	20	34	24	41	27
D				-20	27	20	34	24	41	27
E				-40	27	20	34	24	41	27

从表 5-4 中可以看出,就力学性能而言,船舶用普通强度钢四个级别的强度、伸长率、抗弯能力差别不大,其主要区别在于抗冲击载荷和抗脆性破坏的能力,即低温下摆锤 V 形缺口冲击试验温度和能量,这对于船舶用钢来说是非常重要的性能指标。在 1948 年以前,国际上常用一种软钢作为船体结构钢,它只有极限抗拉强度、伸长率等性能指标,而对于化学性能、抗脆性破坏能力没有限制。在第二次世界大战期间,大量的焊接舰船发生结构破坏现象,有些舰船在发生结构破坏时所承受的应力远远低于材料的极限抗拉强度。这促使人们对钢在多向应力下抗脆性破坏能力进行研究,从而认识到,对于同一种材料,有两个主要因素会影响材料的抗脆性破坏能力:一是温度,二是材料的板厚。钢材在温度较高时,它的缺口延性较好。但当温度下降到一定值时其缺口延性急剧恶化,这时的温度称为脆性转变温度。材料的脆性转变温度越低,其缺口延性越好。板厚的因素也很重要,厚板可能出现脆性,即在同样条件下薄板具有相当大的缺口延性。

2. 高强度钢

高强度钢也称为低合金高强度钢,其合金元素的总含量(总合全元素的质量分数)不超过 5%,一般在 3% 以下。它的强度显著高于相同含碳量的碳素钢,并具有良好的塑性、韧性、冷热弯曲加工性和焊接性能等综合综合性能。

　　早期的船舶用钢全部为碳素钢,提高钢的强度是通过提高碳含量来达到的。后来为了在获得高强度的同时还要有较高的塑性,从 1898 年起人们开始尝试用低合金高强钢造船。采用高强钢代替普通强度钢造船的最直接效果是减少构件的截面尺寸,减轻船体自重,从而增加船舶的载货量、提高航速,改善船舶的总体性能,提高经济效益。

　　(1)高强度钢的化学成分和脱氧方法应符合表 5 - 5 的规定,同时要求碳当量 C_{eq} 不应超过表 5 - 6 中的规定值。由于化学成分、力学性能等方面的特点,高强钢的各个级别所使用的细化晶粒的元素及供货状态也不尽相同,表 5 - 7 列出了各个等级高强度钢所使用的细化晶粒的元素及供货状态。

表 5 - 5　高强钢的化学成分和脱氧方法

级别	A32 A36 A40	D32 D36 D40	E32 E36 E40	F32 F36 F40
脱氧方法	全镇静和细化晶粒处理			
化学成分	含量(质量分数)/%			
碳	≤0.18			≤0.18
锰	0.90 ~ 1.60			0.90 ~ 1.60
硅	≤0.50			≤0.50
磷	≤0.035			≤0.025
硫	≤0.035			≤0.025
铝(酸溶性)	≥0.015			≥0.015
铌	0.02 ~ 0.05			0.02 ~ 0.05
钒	0.05 ~ 0.10			0.05 ~ 0.10
钛	≤0.02			≤0.02
铜	≤0.35			≤0.35
铬	≤0.20			≤0.20
镍	≤0.40			≤0.80
氮	—			≤0.009 (若有铝可为 0.012)

注:铌、钒、钛三种微量元素总和不能超过 0.12。

表 5 - 6　100 mm 及以下温度 - 机械轧制供货状态高强钢碳当量规定

等级	碳当量 C_{eq}/%	
	t≤50 mm	50 mm < t≤100 mm
A32,D32,E32,F32	0.36	0.38
A36,D36,E36,F36	0.38	0.40
A40,D40,E40,F40	0.40	0.42

表5-7 高强钢的供货状态

级别	使用的晶粒细化元素	厚度 t/mm	供货状态
A32 A36	铌和(或)钒	$t \leqslant 12.5$	任何状态
		$12.5 < t \leqslant 100$	正火、控制轧制或温度-形变控制轧制
	只用铝或铝与钛合用	$t \leqslant 20$	任何状态
		$20 < t \leqslant 35$	任何状态,轧制状态需经船级社特别认可
		$35 < t \leqslant 100$	正火、控制轧制或温度-形变控制轧制
A40	任何元素	$t \leqslant 12.5$	任何状态
		$12.5 < t \leqslant 50$	正火、控制轧制或温度-机械轧制
		$5 < t \leqslant 100$	正火、温度-形变控制轧制、调质
D32 D36	铌和(或)钒	$t \leqslant 12.5$	任何状态
		$12.5 < t \leqslant 100$	正火、控制轧制或温度-形变控制轧制
	只用铝或铝与钛合用	$\leqslant 20$	任何状态
		$20 < t \leqslant 25$	任何状态,轧制状态需经船级社特别认可
		$25 < t \leqslant 100$	正火、控制轧制或温度-形变控制轧制
D40	任何元素	$t \leqslant 50$	正火、控制轧制或温度-形变控制轧制
		$50 < t \leqslant 100$	正火、温度-形变控制轧制、调质
E32 E36	任何元素	$t \leqslant 50$	正火、温度-形变控制轧制
		$50 < t \leqslant 100$	正火、温度-形变控制轧制
E40	任何元素	$t \leqslant 50$	正火、温度-形变控制轧制、调质
		$50 < t \leqslant 100$	正火、温度-形变控制轧制、调质
F32 F36 F40	任何元素	$t \leqslant 50$	正火、温度-形变控制轧制、调质
		$50 < t \leqslant 100$	正火、温度-形变控制轧制、调质

(2)高强钢的机械性能如表5-8所示。

表 5 - 8　高强钢的机械性能

等级	屈服强度/MPa	抗拉强度/MPa	延伸率 5.65 $\sqrt{S_0}$ A_5	试验温度	冲击试验 最小平均冲击功/J					
					$t \leqslant 50$ mm		50 mm $< t \leqslant$ 70 mm		70 mm $< t \leqslant$ 100 mm	
					纵向	横向	纵向	横向	纵向	横向
A32	≥315	400~570	22%	0	31	22	38	26	46	31
D32				−20	31	22	38	26	46	31
E32				−40	31	22	38	26	46	31
F32				−60	31	22	38	26	46	31
A36	≥355	490~630	21%	0	34	24	41	27	50	34
D36				−20	34	24	41	27	50	34
E36				−40	34	24	41	27	50	34
F36				−60	34	24	41	27	50	34
A40	≥390	510~660	20%	0	39	26	46	31	55	37
D40				−20	39	26	46	31	55	37
E40				−40	39	26	46	31	55	37
F40				−60	39	26	46	31	55	37

5.3　不　锈　钢

5.3.1　定义

不锈钢是指在大气、水、酸、碱和盐等溶液,或其他腐蚀介质中具有一定化学稳定性钢的总称。一般而言,耐大气、蒸汽和水等弱介质腐蚀的钢称为不锈钢,而将其中在酸、碱和盐等强腐蚀介质中能抵抗腐蚀的钢称为耐蚀钢或耐酸钢。不锈钢具有不锈性,但不一定耐蚀,而耐蚀钢则一般都具有较好的不锈性。

不锈钢具有良好的耐腐蚀性能是由于在铁碳合金中加进铬所致。尽管其他元素,如铜、铝,以及硅、镍、钼等也能促进钢的耐腐蚀性能,但没有铬的存在这些元素的作用就受到了限制。因此铬是不锈钢中最重要的元素,具有良好耐腐蚀性能的不锈钢所需的最低铬含量取决于腐蚀介质。美国钢铁协会(AISI)以 4% 的含铬量作为划分不锈钢与其他钢的界限。日本产业标准 JIS G 0203 中规定,所谓不锈钢即是以提高耐腐蚀性能为目的而含有铬或铬镍的合金钢,一般铬含量(铬的质量分数)约大于 11%。德国 DIN 标准和欧洲标准 EN10020 规定不锈钢的铬含量(铬的质量分数)不小于 10.5%,碳含量(碳的质量分数)不大于 1.2%。我国一般将不锈钢的铬含量(铬的质量分数)定为不小于 12%。

不锈钢的耐腐蚀性能,一般以为是由于在腐蚀介质的作用下其表面形成"钝化膜"的结果,而耐腐蚀的能力则取决于"钝化膜"的稳定性。这除了与不锈钢的化学成分有关外,还与腐蚀介质的种类、浓度、温度、压力、活动速度,以及其他因素有关。

5.3.2　不锈钢的分类

不锈钢的分类方法有几种:按主要化学成分可分为铬不锈钢、铬镍不锈钢和铬锰氮不锈钢等,也可以以性能特点分成耐酸不锈钢和耐热不锈钢等。通常以金相组织进行分类,按金相组织可分为:奥氏体(A)型不锈钢、铁素体(F)型不锈钢、马氏体(M)型不锈钢、奥氏体 – 铁素体(A – F)型双相不锈钢和析出硬化(PH)型不锈钢。

1. 奥氏体(A)型不锈钢

1913 年奥氏体不锈钢在德国问世,在不锈钢中一直扮演着最重要的角色,其生产量和使用量约占不锈钢总产量及用量的 70%。奥氏体不锈钢是在高铬不锈钢中添加适当的镍(镍的质量分数为 8% ~25%)而形成的,其常温下具有奥氏体组织的不锈钢。奥氏体不锈钢以 18 – 8 型不锈钢为基础,在此基础上随着不同的用途,发展成如图 5 – 5 所示的铬镍奥氏体不锈钢系列。

奥氏体不锈钢不能利用热处理使晶粒细化,也不能经过淬火来提高其硬度。这类钢的冷加工硬化程度高,通常没有磁性,经过冷作可在钢内析出少量铁素体或马氏体组织,从而导致出现少量磁性。

奥氏体不锈钢一般属于耐蚀钢,是应用最广泛的一类钢,其中以 18 – 8 型不锈钢最有代表性,具有较好的力学性能,便于进行机械加工、冲压和焊接。在氧化性环境中具有优良的耐腐蚀性能和良好的耐热性能,但对溶液中含有氯离子(Cl^-)的介质特别敏感,易发生应力腐蚀。如果在 18 – 8 型不锈钢中,适当减少镍和铬的含量,可得到常温下不稳定的奥氏体组织,若再经冷加工则容易产生马氏体组织,使这种钢变得强度高、硬度大且脆;反之,适当增加一些镍和铬含量,就能获得稳定的奥氏体组织,同时也可改善冷加工性能。在这类钢中添加钛和铌时,能提高其抗晶间腐蚀能力;添加钼、铜和钛,则能提高其在还原酸(如稀硫酸)中的耐腐蚀性能,同时也提高其抗晶间腐蚀的能力;为了改善奥氏体型不锈钢的切削性能,往往还要添加一些磷、硫及硒等元素。奥氏体不锈钢按其化学成分中碳含量的不同又分为三个等级:一般含碳量($w(C) \leqslant 0.15\%$)、低碳级($w(C) \leqslant 0.08\%$)和超低碳级($w(C) \leqslant 0.03\%$)。

部分奥氏体不锈钢可作为耐热钢使用,这是由于奥氏体的再结晶温度高,铁和其他元素的原子在其中的扩散系数小,所以其强化稳定性比铁素体高。用于工作温度高于 650 ℃的热强钢多为奥氏体材料,主要是以奥氏体型不锈钢为基础添加一些提高热强性的合金元素而成,这样既可作为耐蚀钢使用,也可作为耐热钢使用。

2. 铁素体(F)型不锈钢

铁素体型不锈钢是指铬含量(铬的质量分数)为 11% ~30%,具有体心立方晶体结构,在高温和室温下均为铁素体的不锈钢,也是一类通过热处理不能使之强化的不锈钢。铁素体不锈钢是 20 世纪初与马氏体、奥氏体不锈钢几乎同时问世的三大类不锈钢之一。铁素体不锈钢的产量仅次于铬镍奥氏体不锈钢,在世界不锈钢总产量中,铁素体不锈钢的产量一般占 30%。铁素体不锈钢是产量大、应用范围广,在薄截面条件下,综合性能优良的一类不锈钢,由于此类不锈钢不含镍或含少量镍,成本、价格相对较低,是不锈钢中最主要的节镍不锈钢。铁素体不锈钢以 430 型不锈钢为基础,在此基础上为满足不同的用途而发展成如图 5 – 6 所示的铁素体不锈钢系列。

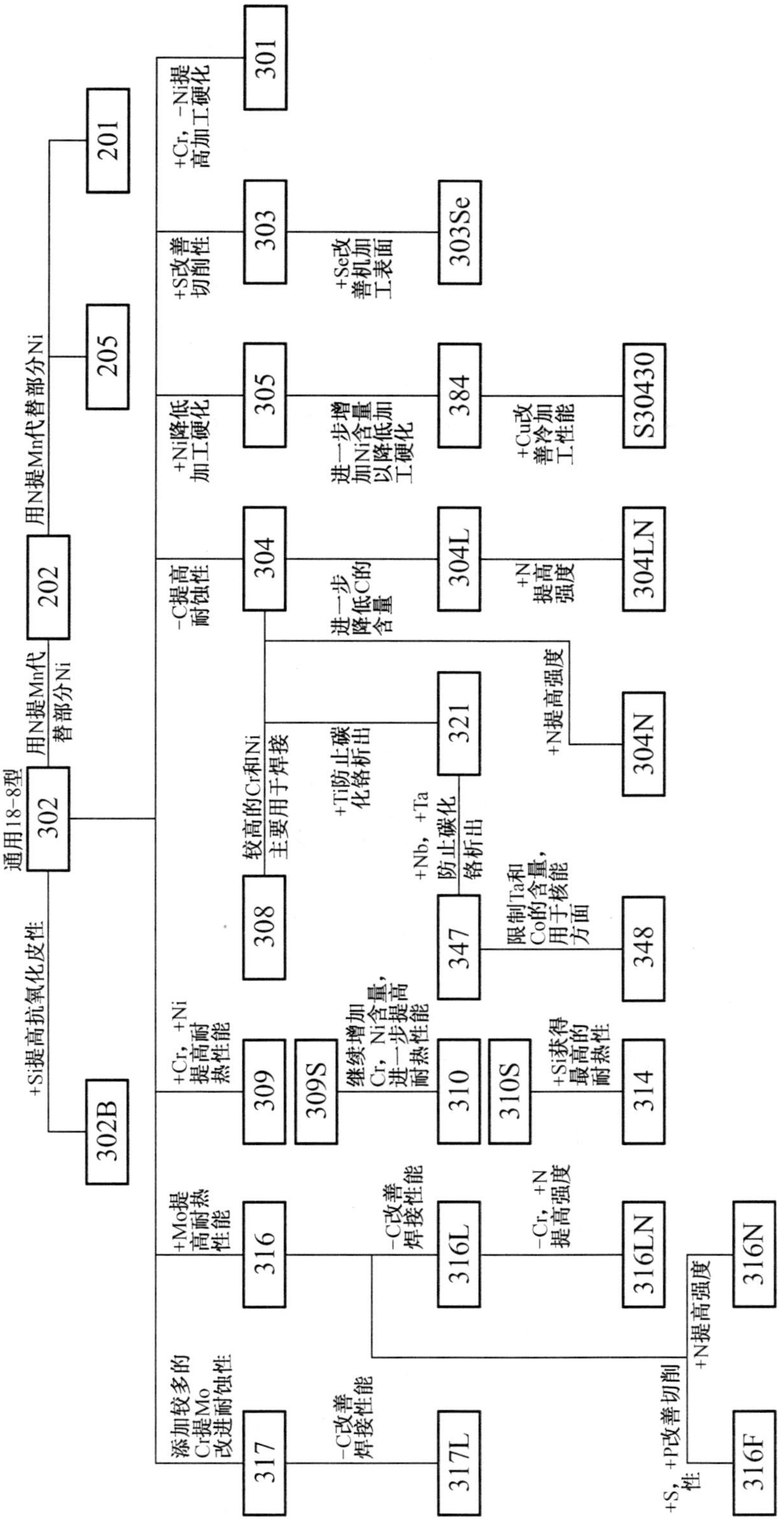

图5-5　铬镍奥氏体不锈钢系列

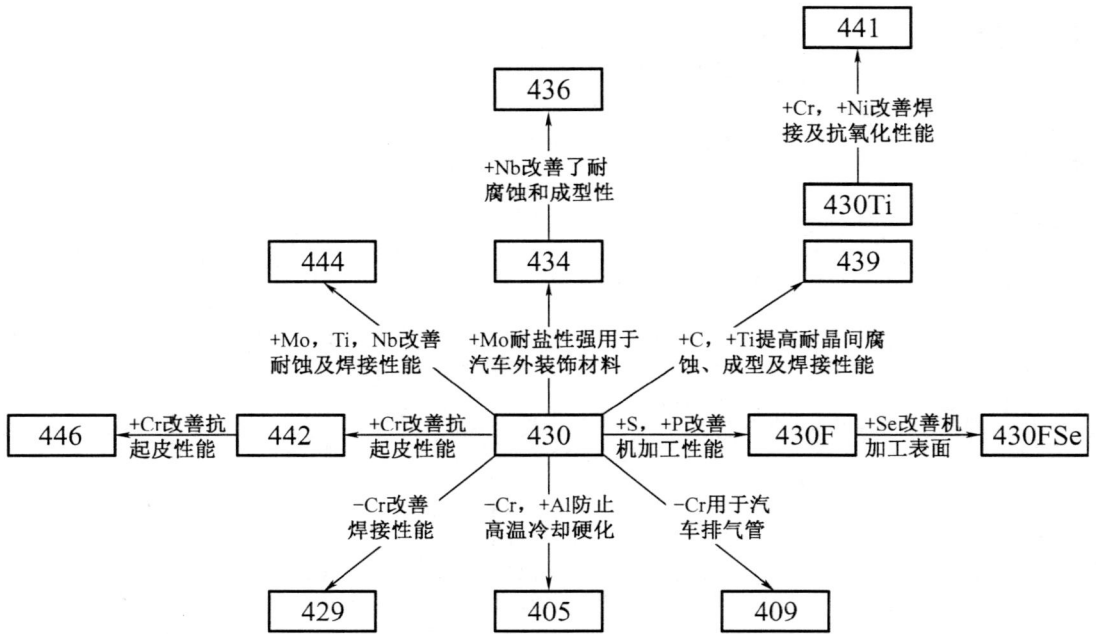

图 5 – 6 铁素体不锈钢系列

铁素体不锈钢耐蚀性方面的主要特点是耐氯化物应力腐蚀、点蚀、缝蚀等局部腐蚀。铁素体不锈钢的强度高,而冷加工硬化倾向较低,导热系数为奥氏体不锈钢的 30% ~50% ,线膨胀系数仅为铬镍奥氏体不锈钢的 60% ~70% ,但铁素体不锈钢(特别是铬含量(铬的质量分数)大于 16% 的铁素体不锈钢)存在一些缺点和不足,突出的表现在它们的室温、低温韧性差,缺口敏感性高,对晶间腐蚀比较敏感,而且这些缺点随铁素体不锈钢截面尺寸的增加和焊接热循环的作用而更加强烈地显示出来。

为了获得铁素体组织,必须尽量减少奥氏体形成元素,增加铁素体形成元素。在平衡相图中,高温时不能有奥氏体区。所以一般铁素体不锈钢碳含量较低,铬含量较高。

铬能提高铁素体不锈钢在氧化介质中的耐腐蚀性能,但在还原性介质中耐蚀性下降。铬能提高铁素体不锈钢的耐点蚀、缝蚀、晶间腐蚀的性能。铬对铁素体不锈钢耐应力腐蚀开裂性能,随着钢中化学成分和应力的不同,以及试验条件的差异,结果也不尽相同。铬含量提高加速脆性相的析出,导致钢的韧性下降。

钼的加入主要是提高钢的耐蚀性,特别是耐点蚀、缝蚀性能。另外钼能促进 Fe – Cr 的钝化,使铁素体不锈钢在还原性介质中的耐蚀性提高。钼对铁素体不锈钢耐应力腐蚀开裂性能,随着钢中化学成分和应力的不同,以及试验条件的差异,结果也不尽相同。钼能提高铁素体不锈钢的强度,但钼含量的提高会导致钢的韧性下降。

镍的加入时为了改善铁素体不锈钢的室温力学性能,特别是能显著提高钢的强度和韧性并使钢的脆性转变温度下降。铁素体不锈钢镍的加入量一般为 2% ~4% (质量分数)。

碳和氮是对铁素体不锈钢非常有害的元素,但又无法完全避免。由于碳、氮在铁素体中的溶解度很低,因而在高温加热后的冷却过程中,出现碳、氮化合物的析出,因而碳、氮含量的增加,使钢的韧性降低,脆性转变温度提高,各种耐蚀性能也随之下降。为了限制碳和氮的有害作用,常常加入少量的钛和铌,钛、铌与铁素体不锈钢中的碳、氮结合,形成钛、铌的碳化物和氮化物,抑制了铬的碳化物和氮化物的形成,提高耐腐蚀性能。同时钛、铌的碳化物和氮化物还可以起到细化铁素体不锈钢晶粒的作用,但钛、铌的加入使钢的脆性转变温度上升。

3. 马氏体(M)型不锈钢

马氏体不锈钢是一类可以通过热处理(淬火、回火)对其性能进行调整的不锈钢,通俗地讲,是一类可硬化的不锈钢。这种特性决定了这类钢必须具备两个基本条件:一是在平衡相图中必须有奥氏体相区存在,在该区域温度范围内进行长时间加热,使碳化物固溶到钢中之后,进行淬火形成马氏体,也就是化学成分必须控制在 γ 或 $\gamma + \alpha$ 相区;二是要使合金形成耐腐蚀和氧化的钝化膜,铬含量(铬的质量分数)必须在 10.5% 以上。按合金元素的差别,可分为马氏体铬不锈钢和马氏体铬镍不锈钢。

马氏体不锈钢具备高强度和耐蚀性,可以用来制造机器零件如蒸汽涡轮的叶片、蒸汽装备的轴和拉杆,以及在腐蚀介质中工作的零件如活门、螺栓等。碳含量较高的马氏体不锈钢则主要适用于制造医疗器械、餐刀、测量用具和弹簧等。

马氏体不锈钢与调制钢一样,可以使用淬火、回火及退火处理。其力学性质与调制钢也相似:当硬度升高时,抗拉强度及屈服强度升高,而伸长率、截面收缩率及冲击功则随着降低。

标准的马氏体不锈钢是:403,410,414,416,416(Se),420,431,440A,440B 和 440C,如图 5 - 7 所示。

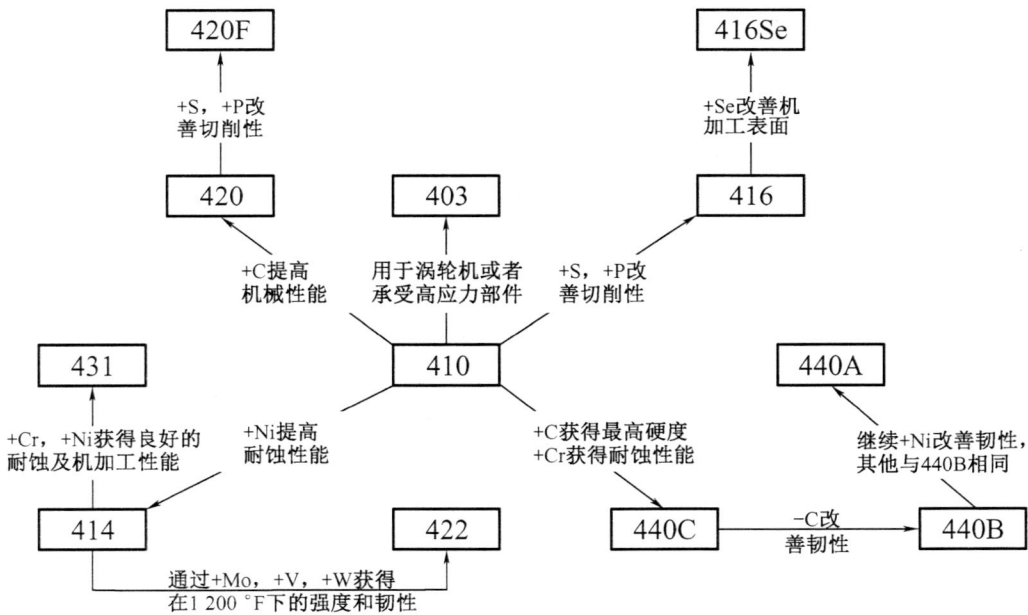

图 5 - 7　马氏体不锈钢族谱示意图

4. 奥氏体－铁素体（A－F）型双相不锈钢

双相不锈钢是指在它的固溶组织中铁素体相与奥氏体相约各占一半，一般较少相的含量最少也需要达到30%。根据两相组织的特点，通过正确控制化学成分和热处理工艺，将奥氏体不锈钢所具有的优良韧性和焊接性与铁素体不锈钢所具有的较高强度和耐氯化物应力腐蚀性能结合在一起，使双相不锈钢兼有铁素体不锈钢和奥氏体不锈钢的优点。正是这些优越的性能使双相不锈钢作为可焊接的结构材料发展十分迅速，20世纪80年代以来已成为和马氏体型、奥氏体型和铁素体型不锈钢并列的一个钢类。

双相不锈钢由于具有奥氏体和铁素体双相组织，且两个相组织的含量基本相当，故兼有奥氏体不锈钢和铁素体不锈钢的特点。屈服强度可达400～550 MPa，是普通奥氏体不锈钢的2倍。与铁素体不锈钢相比，双相不锈钢的韧性高，脆性转变温度低，耐晶间腐蚀性能和焊接性能均显著提高；同时又保留了铁素体不锈钢的一些特点，如475 ℃脆性、热导率高、线膨胀系数小，具有超塑性及磁性等。与奥氏体不锈钢相比，双相不锈钢的强度高，特别是屈服强度显著提高，且耐点蚀性、耐应力腐蚀、耐腐蚀疲劳等性能也有明显的改善。

双相不锈钢按其化学成分分类，可分为Cr18型、Cr23（不含Mo）型、Cr22型和Cr25型四类。对于Cr25型双相不锈钢又可分为普通型和超级双相不锈钢，其中应用较多的是Cr22型和Cr25型。按合金量分类，可分为低合金型、中合金型、高合金型、超级双相不锈钢型四类。低合金型，代表牌号UNS S32304（23Cr－4Ni－0.1N），钢中不含钼，PREN值为24－25，在耐应力腐蚀方面可代替AISI304或316使用；中合金型，代表牌号是UNS S31803（22Cr－5Ni－3Mo－0.15N），PREN值为32－33，其耐蚀性能介于AISI 316L和6% Mo＋N奥氏体不锈钢之间；高合金型，一般含25%的Cr，还含有钼和氮，有的还含有铜和钨，标准牌号UNS S32550（25Cr－6Ni－3Mo－2Cu－0.2N），PREN值为38－39，这类钢的耐蚀性能高于22% Cr的双相不锈钢；超级双相不锈钢型，含高钼和氮，标准牌号UNS S32750（25Cr－7Ni－3.7Mo－0.3N），有的也含钨和铜，PREN值大于40，可适用于苛刻的介质条件，具有良好的耐蚀与力学综合性能，可与超级奥氏体不锈钢相媲美。

5. 析出硬化（PH）型不锈钢

析出硬化不锈钢是铁－铬－镍合金，为了发展高强度和高韧性，通过加入Al，Ti，Nb，V，N，在时效热处理过程中形成析出相，由此而得名析出硬化（PH）型不锈钢，经常用后缀PH来标识。析出硬化型不锈钢的基体组织可以是马氏体或者是奥氏体，取决于成分和处理过程。时效硬化马氏体不锈钢兼有良好的抗腐蚀性能和热处理简单的特点。使用最广泛的时效硬化马氏体不锈钢是17－4PH（0Cr17Ni4Cu4Nb）。时效硬化马氏体不锈钢对氯化物应力腐蚀开裂敏感。敏感性在某种程度上取决于钢的牌号和时效温度。

析出硬化型不锈钢按其组织形态可分为三类：析出硬化半奥氏体型、析出硬化奥氏体型和析出硬化马氏体型。析出硬化型不锈钢可以达到很高的抗拉强度，某些级别钢可以超过1 520 MPa，在进行了合适的热处理后，这些钢在得到高强度的同时还能具有好的塑性和韧性。尽管奥氏体型PH钢可用于高达650 ℃或更高的温度，但典型的连续工作温度的上限大约是315 ℃。大多数析出硬化型不锈钢的耐腐蚀性能可以达到奥氏体不锈钢304的水平，当要求耐腐蚀性时须小心控制热处理条件，因为它影响它的耐蚀性能。马氏体型PH钢普遍用于制造阀、齿轮、花键和轴等。半奥氏体型 PH 钢用于压力容器、飞机机架和外科手术器械等。奥氏体型 PH 钢则用于制造喷气发动机骨架、导弹部件和汽轮机叶片等,例如,空间飞船的发动机使用大量的奥氏体 PH 钢 A－286,也叫 660 钢。

尽管析出硬化型不锈钢具有高强度、高耐蚀性,但其使用还是不如其他类型的不锈钢普遍。很多马氏体型和半奥氏体型析出硬化不锈钢主要用于空间工业和国防工业。例如,在自导式火箭上用于驱动机翼、机舵和其他导向系统的高压气瓶(工作瓶)就是由析出硬化型不锈钢制造。核潜艇上的导弹发射管也是由 PH 钢(常用 17－4PH)制造。

5.3.3　不锈钢的物理性能、力学性能

1. 物理性能

典型不锈钢的物理性能见表 5－9。

电阻按铁素体不锈钢、马氏体不锈钢、奥氏体不锈钢和双相不锈钢的顺序逐渐增大,在奥氏体不锈钢中电阻可达低碳钢的 6~7 倍、铜的 40 倍。

铁素体不锈钢、马氏体不锈钢的线膨胀系数接近低碳钢的数值,而奥氏体不锈钢的线膨胀系数比铁素体不锈钢、马氏体不锈钢高 50%。同时铁素体不锈钢、马氏体不锈钢的导热率约为低碳钢的 1/2 左右,奥氏体类不锈钢的导热率最小,仅为低碳钢的 1/3 左右。由于奥氏体型不锈钢具有这些特殊的物理性能,在焊接过程中会引起较大的焊接变形。特别是在异种金属(指与碳钢、低合金钢、铁素体型不锈钢)焊接时,由于这两种材料的热导率和线膨胀系数有很大差异,会产生很大的焊接残余应力,从而成为导致焊接接头产生裂纹的主要原因之一。

马氏体型不锈钢及铁素体不锈钢具有强烈的磁性,奥氏体型不锈钢通常是非磁性的,但在大气压下量加工或进行低温加工时会发生马氏体相变,从而产生磁性且磁导率也会提高。

2. 力学性能

不锈钢力学性能指不锈钢在不同环境(温度、介质、湿度)下,承受各种外加载荷(拉伸、压缩、弯曲、扭转、冲击和交变应力等)时所表现出的力学特征。不锈钢种类繁多,其力学性能也各不相同,典型的力学性能见表 5－10。

(1)强度(抗拉强度、屈服强度)

不锈钢的强度是由各种因素不确定,但最重要的和最基本的因素是其中添加的不同化学元素,不同类型的不锈钢由于其化学成分的差异,导致出现不同的强度特性。

①马氏体型不锈钢

马氏体型不锈钢与普通合金钢一样具有通过淬火实现硬化的特性,因此根据它们的成分及热处理规范的选择,能够获得很宽范围的强度性能。

马氏体型不锈钢从大的方面来区分,属于铁－铬－碳系不锈钢。进而可分为马氏体铬系不锈钢和马氏体铬镍系不锈钢。在马氏体铬系不锈钢中添加铬、碳和钼等元素时强度的变化趋势和在马氏体铬系不锈钢中添加镍的强度特性如下所述。

马氏体铬系不锈钢在淬火－回火条件下,增加铬的含量可使铁素体含量增加,因而会

降低硬度和抗拉强度。低碳马氏体铬不锈钢在退火条件下,当铬含量增加时硬度有所提高,而延伸率略有下降。在铬含量一定的条件下,碳含量的增加使钢在淬火后的硬度也随之增加,而塑性降低。添加钼的主要目的是提高钢的强度、硬度及二次硬化效果。在进行低温淬火后,钼的添加效果十分明显,含量通常少于1%。

在马氏体铬镍系不锈钢中,含一定量的镍可降低钢中的δ铁素体含量,使钢得到最大硬度值。

马氏体型不锈钢的化学成分特征是,在$w(C)0.1\% \sim 1.0\%$,$w(Cr)12\% \sim 27\%$的不同成分组合基础上添加钼、钨、钒和铌等元素。由于组织结构为体心立方结构,因而在高温下强度急剧下降。而在600℃以下,高温强度在各类不锈钢中最高,蠕变强度也最高。

②铁素体型不锈钢

据研究结果,当铬含量(铬的质量分数)小于25%时铁素体组织会抑制马氏体组织的形成,因而随铬含量的增加其强度下降;当铬含量(铬的质量分数)高于25%时由于合金的固溶强化作用,强度略有提高。钼含量的增加可使其更易获得铁素体组织,可促进α相、σ相和χ相的析出,并经固溶强化后其强度提高。但同时也提高了缺口敏感性,从而使韧性降低。钼提高铁素体型不锈钢强度的作用大于铬的作用。

铁素体型不锈钢的化学成分的特征是$w(Cr)11\% \sim 30\%$,其中添加铌和钛。其高温强度在各类不锈钢中是最低的,但其抗热疲劳能力最强。

③奥氏体型不锈钢

奥氏体型不锈钢中增加碳的含量后,由于其固溶强化作用使强度得到提高。

奥氏体型不锈钢的化学成分特性是以铬、镍为基础添加钼、钨、铌和钛等元素。由于其组织为面心立方结构,因而在高温下有高的强度和蠕变强度。还由于线膨胀系数大,因此比铁素体型不锈钢热疲劳强度差。

④双相不锈钢

对铬含量(铬的质量分数)约为25%的双相不锈钢的力学性能研究表明,在α+γ双相区内镍含量增加时γ相也增加。当钢中的铬含量(铬的质量分数)为5%时,钢的屈服强度达到最高值;当镍含量(镍的质量分数)为10%时,钢的强度达到最大值。

(2)蠕变强度

由于外力的作用随时间的增加而发生变形的现象称之为蠕变。在一定温度下特别是在高温下,载荷越大则发生蠕变的速度越快;在一定载荷下,温度越高和时间越长则发生蠕变的可能性越大。与此相反,温度越低蠕变速度越慢,在低至一定温度时蠕变就不成问题了。这个最低温度依钢种而异,一般来说纯铁在330℃左右,而不锈钢则因已采取各种措施进行了强化,所以该温度是550℃以上。

和其他钢一样,熔炼方式、脱氧方法、凝固方法、热处理和加工等对不锈钢的蠕变特性有很大的影响。据介绍,在美国对18-8不锈钢进行的蠕变强度试验表明,取自同一钢锭同一部位的试料的蠕变断裂时间的标准偏差约是平均值的11%,而取自不同钢锭的上、中、下不同部位的试料的标准偏差与平均值相差则达到两倍之多。又据在德国进行的试验结果表明,在10^5 h下347不锈钢的强度为小于49 MPa至118 MPa,散差很大。

（3）疲劳强度

高温疲劳是指材料在高温下由于周期反复变化着的应力的作用而发生损伤至断裂的过程。对其进行的研究结果表明，在某一高温下，10^8 次高温疲劳强度是该温度下高温抗拉强度的 1/2。

热疲劳是指在进行加热（膨胀）和冷却（收缩）的过程中，当温度发生变化和受到来自外部的约束力时，在材料的内部相应于其本身的膨胀和收缩变形产生应力，并使材料发生损伤。当快速地反复加热和冷却时其应力就具冲击性，所产生的应力与通常情况相比更大，此时有的材料呈脆性破坏。这种现象被称之为热冲击。热疲劳和热冲击是有着相似之处的现象，但前者主要伴随大的塑性应变，而后者的破坏主要是脆性破坏。

不锈钢的成分和热处理条件对高温疲劳强度有影响。特别是当碳的含量增加时高温疲劳强度明显提高，固溶热处理温度也有显著的影响。一般来说铁素体型不锈钢具有良好的热疲劳性能。在奥氏体不锈钢中，高硅且在高温下具有良好的延伸性的牌号有着良好的热疲劳性能。

热膨胀系数越小，在同一热周期作用下应变量越小，变形抗力越小和断裂强度越高，寿命就越长。可以说马氏体型不锈钢 431 的疲劳寿命最长，而 304，309 和 310 等奥氏体型不锈钢的疲劳寿命最短。另外铸件较锻件更易发生由于热疲劳引起的破坏。在室温下，10^7 次疲劳强度是抗拉强度的 1/2。与高温下的疲劳强度相比可知，从室温到高温的温度范围内疲劳强度没有太大的差异。

（4）冲击韧性

材料在冲击载荷作用下，载荷变形曲线所包括的面积称为冲击韧性。对于铸造马氏体时效不锈钢，当镍含量为 5% 时其冲击韧性较低。随着镍含量的增加，钢的强度和韧性可得到改善，但镍含量大于 8% 时，强度和韧性值又一次下降。在马氏体铬镍系不锈钢中添加钼后，可提高钢的强度且可保持韧性不变。

在铁素体型不锈钢中增加钼的含量虽可提高强度，但缺口敏感性也被提高而使韧性下降。

在奥氏体型不锈钢中具有稳定奥氏体组织和铬镍系奥氏体不锈钢的韧性（室温下韧性和低温下韧性）非常优良，因而适用于在室温下和低温下的各种环境中使用。对于有稳定奥氏体组织和铬锰系奥氏体不锈钢，添加镍可进一步改善其韧性。

双相不锈钢的冲击韧性随镍含量的增加而提高。一般而言，在 α + γ 两相区内其冲击韧性稳定在 160 ~ 200 J 的范围内。

表 5－9　典型的不锈钢的物理性能

种类	牌号	密度/(g/cm³)	比电阻/(μΩ·cm)	磁性	比热容(0~100℃)/[10³J/(kg·K)]	平均线膨胀系数(10⁻⁶/℃)					导热率/[W/(m·K)]		纵弹性系数/(10³MPa)
						0~100	0~316	0~538	0~649	0~816	100 ℃	500 ℃	
低碳钢		7.86	15	有	0.45	11.4	11.5	—	—	—	46.89	—	205.9
马氏体型不锈钢	410	7.75	57	有	0.46	9.9	10.1	11.5	11.7	—	24.91	28.72	200.1
	403	7.75	57			9.9	10.1	11.5	11.7	—	24.91	28.72	200.1
	420	7.75	55	有	0.46	—	—	—	—	—	24.91	—	200.1
	431	7.75	72			11.7	12.1	—	—	—	20.26	—	200.1
铁素体型不锈钢	405	7.75	60	有	0.46	—	—	—	11.9	12.4	27	—	200.1
	430	7.70	60			10.4	11.0	11.3	11.9	12.4	26.13	26.29	200.1
奥氏体型不锈钢	301	7.93	72	无	0.5	16.9	17.1	18.2	18.7	—	16.29	21.48	193.2
	302	7.93	72			17.3	17.8	18.4	18.7	—	16.29	21.48	193.2
	304	7.93	72			17.3	17.8	18.4	18.7	—	16.29	21.48	193.2
	321	7.93	72			16.7	17.1	18.5	19.3	20.2	15.95	22.15	193.2
	347	7.98	73			16.7	17.1	18.5	19.1	20.0	15.95	22.15	193.2
	316	7.98	74			16.0	16.2	17.5	18.5	20.0	16.29	21.48	193.2
	309S	7.98	78			14.9	16.7	17.3	18.0	—	14.19	18.67	200.1
	310S	7.98	78			14.4	16.2	16.9	17.5	—	14.19	18.67	200.1
奥氏体-铁素体型双相不锈钢	31803	7.8	87	有	0.46	12.7	13.3	13.8	—	—	17	22	200
	32205	7.8	87		0.46	12.7	13.3	13.8	—	—	17	22	200
	32550	7.81	84		0.49	12.1	12.57	12.92	—	—	15.1	22.5	210
	32760	7.84	90		0.46	13.5	13.8	14	—	—	18	22.5	190
	32520	7.85	85		0.45	12.5	13.0	—	—	—	18	—	205
	32750	7.79	83		0.45	13.4	13.8	14	—	—	17	22	205

图 5 – 10　典型的不锈钢的力学性能

种类	牌号	抗拉强度 /MPa	屈服强度 /MPa	伸长率 /%	硬度		备注
					布氏	洛氏	
奥氏体型不锈钢	301	515	205	40	217	95	①各种不锈钢由于热处理方法不同,导致其力学性能千差万别,相同牌号相同供货状态的不锈钢由于参照的标准不同,性能也可能略微存在一定差异,为此具体不锈钢性能,应根据供货状态参照相应的标准执行,本表所列的力学性能仅作参考; ②各种不锈钢由于其用途不同,高温强度、疲劳强度、冲击韧性等性能也完全不同,该表将不再单独列出
	302	515	205	40	201	92	
	304	515	205	40	201	92	
	309S	515	205	40	217	95	
	310S	515	205	40	217	95	
	316	515	205	40	217	95	
	317	515	205	40	217	95	
	321	515	205	40	217	95	
	347	515	205	40	201	92	
铁素体型不锈钢	405	415	170	20	179	88	
	409	415	205	22	150	80	
	429	450	205	22	183	89	
	430	450	205	22	183	89	
	439	415	205	20	183	89	
	434	450	240	22	—	89	
	436	450	240	22	—	89	
马氏体型不锈钢	403	485	205	25	—	88	
	410	450	205	22	217	96	
	420	540	225	18	217	96	
奥氏体-铁素体型双相不锈钢	31803	620	450	25	293	31	
	S32205	655	450	25	293	31	
	32550	760	550	15	302	32	
	32760	750	550	25	270	—	
	32520	770	550	25	310	—	
	32750	795	550	15	310	32	

5.3.4　不锈钢的耐蚀性能

一种不锈钢可在许多介质中具有良好的耐蚀性,但在另外某种介质中,却可能因为化学稳定性低而发生腐蚀。所以说,一种不锈钢不可能抵抗所有介质的腐蚀。

金属的腐蚀,按机理可分为物理腐蚀、化学腐蚀、电化学腐蚀三种。金属的物理溶解属于物理腐蚀。化学腐蚀是指在介质中直接发生的化学作用,即金属同介质中离子直接交换电荷。早先认为金属遭受高温而引起氧化属于纯化学腐蚀,其实多数的高温氧化属于电化学腐蚀。钝化防护薄膜之所以能阻止金属再受腐蚀,其重要的一个方面就是阻碍了其离子交换和电荷交换的速度。电化学腐蚀是金属在电解质中,由于电极反应而发生的腐蚀。在许多电化学腐蚀过程中,有一种金属与另一种金属共同参与,或者金属内部各不同相的组分共同参与,即形成所谓的原电池腐蚀。在此种情况下,一种金属构成阳极,受腐蚀而发生溶解,另一种金属构成阴极而发生还原反应,这是电化学腐蚀的特点。在实际生活、工程中发生的绝大多数金属腐蚀都属于电化学腐蚀。

不锈钢的主要腐蚀形式有均匀腐蚀(表面腐蚀)、点腐蚀、缝隙腐蚀、晶间腐蚀和应力腐蚀等。

1. 均匀腐蚀

均匀腐蚀是指接触腐蚀介质的金属表面全部产生腐蚀的现象。均匀腐蚀使金属截面不断减少,对于被腐蚀的受力零件而言,会使其承受的真实应力逐渐增加,最终达到材料的断裂强度而发生断裂。

评定均匀腐蚀的方法是在试验条件下,测出单位面积上经一定的时间腐蚀后所损失的质量($g/m^2 \cdot a$)即为腐蚀速率,若以被腐蚀的深度(mm/a)计,则更便于计算设备的耐蚀寿命。根据腐蚀速率不同,可将金属材料的耐蚀性分为10级,见表5-11。根据不同的使用情况对耐蚀性提出不同的指标要求,一般可分为两大类:

(1)不锈钢

不锈钢指在大气及弱腐蚀介质中耐蚀的钢。腐蚀速率小于0.01 mm/a 的,认为是"完全耐蚀",腐蚀速率小于0.1 mm/a 的,认为是"耐蚀"的。

(2)耐蚀钢

耐蚀钢指在各种强烈腐蚀介质中能耐蚀的钢。凡腐蚀速率小于0.1 mm/a 的,认为是"完全耐蚀",而腐蚀速率小于1 mm/a 的,认为是"耐蚀"的。

表5-11　耐蚀性的分级

分类	腐蚀速率/(mm/a)	级别
耐蚀性极强	<0.001	1
耐蚀性很强	0.001~0.005	2
	0.005~0.010	3
耐蚀性强	0.010~0.05	4
	0.05~0.10	5
耐蚀性较弱	0.10~0.50	6
	0.50~1.00	7
耐蚀性弱	1.00~5.00	8
	5.00~10.00	9
耐蚀性极弱	>10	10

2. 点腐蚀

点腐蚀是指在金属材料表面大部分不腐蚀或腐蚀轻微,而分散发生高度的局部腐蚀,常见蚀点尺寸小于 1.0 mm,深度往往大于表面孔径,轻者有较浅的蚀坑,严重的甚至形成穿孔。点腐蚀是金属表面局部钝化膜被腐蚀破坏所致。首先形成腐蚀坑,然后从外向内深入发展,属于局部腐蚀。点腐蚀是不锈钢常见的腐蚀破坏类型之一。它是在介质作用下,由于表面有一些缺陷,如夹杂物、贫铬区、晶界和位错在表面暴露出来,使钝化膜在这些地方首先破坏,从而该局部遭到严重阳极腐蚀。在含有氯离子(Cl^-)的介质中,最易引起不锈钢的点腐蚀。当前防止不锈钢发生点腐蚀破坏的途径有以下几个方面:

(1)减少介质中氯离子含量和氧含量,加入缓蚀剂(如 CN^-,NO_3^-,SO_4^- 等),降低介质温度。

(2)在不锈钢中加入钼、锰、硅、钒或稀土元素合金化,能有效地增大抗点腐蚀能力。

(3)尽量不进行冷加工,以减少位错露出处发生点腐蚀的可能。

(4)降低钢中的碳含量,提高铬、镍含量,以提高其抗点腐蚀能力。

3. 缝隙腐蚀

缝隙腐蚀是指在金属构件缝隙处发生斑点状或溃疡形的宏观蚀坑,这是局部腐蚀的一种。常发生在垫圈、铆接、螺钉连接、搭接的焊接接头、阀座和堆积的金属片间等处。由于连接的缝隙处被腐蚀产物覆盖以及介质扩散受到限制等原因,该处的介质成分和浓度与整体相比有很大差别,形成"闭塞电池腐蚀"作用。这与点腐蚀形成机理的差异之处在于,缝隙腐蚀主要是由于介质的电化学不均匀性而引起的。

部分奥氏体型不锈钢、铁素体型和马氏体型不锈钢在海水中均有程度不等的缝隙腐蚀倾向。在钢中适当地增加铬、钼含量,可以改善抗缝隙腐蚀的能力。实际上在海水中使用的装置,只有采用钛、高钼镍基合金和铜合金等材料才能有效地防止缝隙腐蚀的发生。改善运行条件、改变介质成分和结构形式都可以成为防止缝隙腐蚀的重要措施。

4. 晶间腐蚀

晶间腐蚀是一种有选择性的腐蚀破坏,它与一般选择性腐蚀不同之处在于,腐蚀的局部性是显微尺度的,而宏观上不一定是局部的。此腐蚀集中发生在金属显微组织晶界并向金属材料内部深入,称之晶间腐蚀。这种类型腐蚀发生以后,有时从外观不易被察觉,但由于晶界区因腐蚀已遭到破坏,晶粒间的结合强度几乎完全丧失。腐蚀深度较大者可失去金属声,由于构件有效承载截面减少,从而导致构件因过载而断裂。受腐蚀严重的金属甚至会形成粉末从构件上脱落下来。这是一种危害性极大的腐蚀破坏。

奥氏体型不锈钢会发生晶间腐蚀是由于这类钢加热到 $600 \sim 800$ ℃温度区间会发生敏化,其机理是过饱和固溶的碳向晶粒边界扩散,与晶界附近的铬结合形成铬的碳化物$(CrFe)_{23}C_6$ 并在晶界沉淀析出;由于碳比铬的扩散速度快很多,铬来不及从晶内补充到晶界附近,因而晶界区贫铬而形成晶间腐蚀。在某些超低碳含钼奥氏体型不锈钢中,在敏化温度区间的晶界析出铬含量很高的 σ 相,其邻近区也会贫铬,贫铬的金属在腐蚀介质下,首先被腐蚀溶解。这些都是金属出现晶间腐蚀的原因。铁素体型不锈钢也有形成晶界腐蚀的倾向。在 20 世纪 50 年代不锈钢焊接的主要问题就是焊接接头的晶间腐蚀,随着科学技术的发展,这一问题已逐步得到解决。

5. 应力腐蚀

应力腐蚀是指金属在某种特定环境与应力水平的共同作用下,以裂纹扩展方式发生的与腐蚀有关的断裂。特定环境下无应力或应力水平很低,一般不会发生应力腐蚀。同样若仅有相当应力水平而无特定环境也不会发生应力腐蚀。所谓特定环境是指只有当介质的成分和浓度范围适当时,才能导致某种相应金属的应力腐蚀。

20 世纪 60 年代以来,许多不锈钢焊接构件因应力腐蚀断裂事故不断发生,断裂的模式完全是脆性的。在裂纹缓慢扩展过程中不出现任何其他的宏观问题,一旦达到瞬断截面立即快速断裂,往往造成灾难性事故,其危害性极大。

5.4　铝及铝合金

5.4.1　铝及铝合金简介

铝是一种银白色的轻金属,化学符号为 Al,原子序数为 13。铝元素在地壳中的含量仅次于氧和硅,居第三位,是地壳中含量最丰富的金属元素,其蕴藏量在金属中居第二位。在金属品种中,仅次于钢铁,为第二大类金属。铝的密度为 2 698.72 kg/m^3,熔点为 933.4 K(660.4 ℃),沸点为 2 750 K(2 477 ℃),热导率(0 ~ 100 ℃)为 22.609 W/(m·K),电阻率(20 ℃)为 26.7 nΩ·m。

铝的密度是钢的 1/3,铝合金比纯铝强度高,是制造各种轻质结构的重要金属材料。铝有良好的导电性和导热性,仅次于银和铜。铝的导电能力为铜的 62%,但按单位质量导电能力计算,则铝为铜的 2 倍,所以工业上大量的铝代替铜做导线。铝的导热能力为铁的 3 倍,因此热交换器、散热材料多用铝来制造。

纯铝的化学性质很活泼,其标准电极电位为 - 0.86 V,在大气中极易与氧作用形成一层牢固致密的氧化膜,膜厚为 5 ~ 10 nm。这一层氧化膜可以有效地防止铝继续氧化,使铝具有优异的耐蚀性。铝对水、硝酸和醋酸均有良好的耐腐蚀能力,因此常用铝来制造与这些腐蚀物质接触的容器和管道。

铝中的主要杂质是铁和硅,此外还有铜、锌、镁、锰、镍和钛等。杂质的性质和含量对铝的物理性质和化学性能、力学性能乃至工艺性能均有影响。

纯铝的强度很低,抗拉强度 80 MPa ~ 100 MPa,但塑性很高,延伸率 35% ~ 40%,断面收缩率 80%,只能以冷作硬化方式强化。冷作后强度几乎可以提高一倍,但还是不能满足作为结构材料的要求。为了满足航空工业对于铝合金高强度的要求,1905 年 A. Wilm 研制了 Al - 3Cu - 0.5 Mg 具有自然时效强化作用的硬铝合金,在 20 世纪 20 年代末使硬铝成为飞机结构材料,逐步实现了全金属的飞机,使飞机的速度、航程和载重等得到迅速发展;为了满足造船界对铝合金耐海水腐蚀的要求,1920 年开发出耐腐蚀性能良好的 Al - Mg 系合金;1929 年英国船用 Al - Mg - Mn 合金获得专利;1930 年苏联研制成了 Al - Mg 系的 AM$_r$型合金,稍后这种合金被称为 AM$_r$5 合金;随后又开发了多种牌号的 Al - Mg 系合金,满足了船舶及海洋工程的要求。经过近几十年的开发,按照美国铝协会以四位数字系列为基础建立的铝合金命名法,每种合金系列第一个数字表示它的主要合金元素,目前铝合金包括纯铝在内已形成八大系列:1000 系(纯 Al)、2000 系(Al - Cu)、3000 系(Al - Mn)、4000 系(Al - Si)、5000 系(Al - Mg)、6000 系(Al - Mg - Si)、7000 系(Al - Zn - Mg)、8000 系(其他系列),这些系列的合金基本上满足化工、造船、航空航天、铁路及建筑等行业的要求。

5.4.2　船舶用铝合金的选材原则与优势

铝合金材料从 1891 年在船舶上应用以来,经过近百年的研究和发展,得益于船用铝合金多方面的优势,使铝合金在船舶上的应用越来越广泛,并成为造船工业很有发展前途的材料。船用铝合金的选材原则与优势主要表现在以下几个方面。

1. 高的比强度和比模量

材料的屈服强度和弹性模量是进行船舶结构强度计算,确定结构尺寸的最基本参数。由于各种铝合金的弹性模量和密度都大体相同,而添加少量合金元素或改变热处理状态对它们的影响甚微,因此在一定范围内提高屈服强度对减轻舰船结构重量有利,一般铝合金的密度为 $2.7 \sim 2.8 \ g/cm^3$ 左右,弹性模量为 $70 \sim 73 \ GPa$ 左右。但高强度铝合金通常很难同时具有优良的耐蚀性和可焊性,因此舰船用铝合金一般选用具有中等强度和耐蚀可焊铝合金,此外铸造铝合金在舰船领域也有一定的应用。

2. 优良的焊接性能

对于舰船而言,采用焊接连接比采用铆接连接具有明显的优点,因此焊接连接方法已在造船中广泛使用,基本上取代了铆接结构,目前在铝船建造中主要使用自动氩弧焊接方法。铝合金具有良好的可焊接性意味着铝合金在焊接时形成的裂纹的趋向要小,即铝合金具有良好的焊接抗裂性,而且焊后焊接接头性能变化不大。因为在造船的条件下不能通过重新热处理的方法恢复因焊接而失去的性能,所以这是船用铝合金有别于其他结构用铝合金的重要特点之一。Al – Zn – Mg 系和 Al – Mg – Si 系合金焊后强度明显降低,Al – Zn – Mg 系合金焊后耐蚀性也差,因此该两系合金在作为焊接船用材料时受到一定的限制。而 Al – Mg 系合金无此弊端。Al – Zn – Mg 系合金主要用于焊后可热处理的构件(如鱼雷壳体),Al – Mg – Si 系合金主要用作型材。

3. 优良的耐蚀性能

舰船结构多在苛刻的海水介质和海洋环境中使用,因此铝合金是否耐腐蚀是决定其可否作为船用铝合金的主要标志之一。一般要求船用铝合金基体和焊接接头在海水和海洋环境中无应力腐蚀、剥落腐蚀和晶间腐蚀倾向;要尽量避免接触腐蚀、缝隙腐蚀和海生物附着腐蚀;允许有较小的均匀腐蚀和点腐蚀。

4. 良好的冷、热成型性能

舰船在建造过程中要经受冷加工(如折边、卷边、辊弯和冲压等)和热加工(如热弯、火工矫形等)。所以要求船用铝合金易于加工成型,加工时不产生裂纹等缺陷,加工后仍能满足强度、耐蚀性等性能要求。

5. 铝合金在船舶应用方面的优势

铝合金具有密度和弹性模量小、耐腐蚀、可焊接、易加工、无磁性和低温性能好等特点,用于船舶,具有如下优点:

(1)由于其密度小,因而可减轻船重,可减小发动机单机容量,可增加速度;可减少燃料耗费,节约燃油;可以改善船的长宽比,增加稳定性,使船易于操纵;还可以增加载重量,获得额外利润。

(2)由于抗腐蚀性能好,能减少涂油等维修费用,可延长使用年限(通常在 20 年以上)。

(3)加工成形性能好,易于进行切割、冲压、冷弯、成形和切削等各种形式的加工,适合船体的流线化;可挤压出大型宽幅薄壁型材,减少焊缝数和使船体结构合理化和轻量化。

（4）焊接性能好，能较容易地进行焊接。

（5）弹性模量小，吸收冲击应力的能力大，有较大的安全性。

（6）铝废料容易回收，可以循环使用。

（7）无低温脆性，最适合做低温设备。

（8）由于非磁性，罗盘不受影响；全铝船可以避免水雷攻击，适合作扫雷艇。

（9）没有虫害和干燥变形；不燃烧，遇火灾较安全。

5.4.3 船用铝合金的种类、特性、用途

船用铝合金按制造工艺的不同可以分为变形铝合金和铸造铝合金，由于船用铝合金对强度、耐腐蚀性、可焊接性等有特殊的要求，所以船用铝合金多选用 Al – Mg 系合金、Al – Mg – Si 系合金和 Al – Zn – Mg 系合金，其中 Al – Mg 系合金在舰船上应用最广泛。

1. 船用铝合金的特性、用途和化学成分

船舶用铝合金按用途可分为船体结构用铝合金、舾装用铝合金，船壳体结构上用的铝合金主要是 5083，5086 和 5456 这三种合金，6000 系合金由于在海水中会发生晶间腐蚀，所以主要用于船舶的上部结构，舾装铝合金主要用的是挤压型材，7000 系合金热处理后的强度和工艺性能比 5000 系合金还要优越，在船舶制造中的应用前景广阔，主要用于舰艇上层结构，如压挤结构、装甲板等，但是 7000 合金的缺点是对 SCC 较为敏感，而且焊缝对 SCC 剥落腐蚀和存放裂纹也较为敏感，因而限制了该系合金的使用范围。常用船用铝合金的特性、用途、化学成分见表 5 – 12。

表 5 – 12　船用铝合金的特性、用途、化学成分

类别	合金	状态	化学成分及含量(质量分数)%	特点	用途
船体用	5052	O H14 H34	$w(Al)$:余量；$w(Si)$：≤0.25； $w(Cu)$：≤0.1；$w(Mg)$：2.2~2.8； $w(Zn)$：≤0.1；$w(Mn)$：≤0.1； $w(Cr)$：0.15~0.35；$w(Fe)$：≤0.4	中等强度，耐腐蚀性和成形性好，有较高的疲劳强度	上部结构，辅助构件，小船船体
	5083	O H32	$w(Al)$:余量；$w(Si)$：≤0.4； $w(Cu)$：≤0.1；$w(Mg)$：4.0~4.9； $w(Zn)$：≤0.25； $w(Mn)$：0.4~1.0； $w(Ti)$：≤0.15； $w(Cr)$：0.05~0.25； $w(Fe)$：0~0.4	典型的焊接用铝合金，在非热处理合金中强度最高，焊接性、耐腐蚀性和低温性能好	船体主要结构
	5086	H32 H34	$w(Al)$:余量；$w(Si)$：≤0.4； $w(Cu)$：≤0.1；$w(Mg)$：3.5~4.5； $w(Zn)$：≤0.25； $w(Mn)$：0.2~0.7； $w(Ti)$：≤0.15； $w(Cr)$：0.05~0.25； $w(Fe)$：0~0.5	焊接性和耐腐蚀性与 5083 相同，强度稍低，挤出性有所改善	船体主要结构(薄壁宽幅挤压型材)

表 5 – 12(续)

类别	合金	状态	化学成分及含量(质量分数)/%	特点	用途
船体用	5454	H32 H34	$w(Al)$:余量;$w(Si)$:≤0.25; $w(Cu)$:≤0.1;$w(Mg)$:2.4~3.0; $w(Zn)$:≤0.25; $w(Mn)$:0.5~1.0; $w(Ti)$:≤0.20; $w(Cr)$:0.05~0.20; $w(Fe)$:0~0.4	强度比 5052 高22%,耐腐蚀性和焊接性好,成形性一般	船体结构、压力容器、管道等
	5456	O H321	$w(Al)$:余量;$w(Si)$:≤0.5; $w(Cu)$:3.8~4.9; $w(Mg)$:1.2~1.8; $w(Zn)$:≤0.3;$w(Mn)$:0.3~0.9; $w(Ti)$:≤0.15;$w(Ni)$:≤0.1; $w(Fe)$:0~0.5; $w(Fe+Ni)$:0~0.5	类似5083,但强度稍高,有应力腐蚀敏感性	船体和甲板
	6061	T4 T6	$w(Al)$:余量;$w(Si)$:0.4~0.8; $w(Cu)$:0.15~0.4; $w(Mg)$:0.8~1.2;$w(Zn)$:0.25; $w(Mn)$:0.15;$w(Ti)$:0.15; $w(Cr)$:0.04~0.35;$w(Fe)$:0.7	热处理可强化的耐蚀合金,强度高,但焊缝强度低,主要用于不与海水接触的螺接、铆接结构	上部结构、隔板结构、框架等
舾装用	1050 1200	H112 O H12 H24	$w(Al)$:余量;$w(Si)$:≤0.25; $w(Cu)$:≤0.5;$w(Mg)$:≤0.5; $w(Zn)$:≤0.15;$w(Mn)$:≤0.5; $w(Ti)$:≤0.03;$w(Fe)$:0.4	强度低,加工性、焊接性和耐蚀性好,表面处理性高	内装修
			$w(Al)$:余量;$w(Cu)$:≤0.5; $w(Mg)$:≤0.5;$w(Zn)$:≤0.15; $w(Mg)$:≤0.5;$w(Ti)$:≤0.03; $w(Fe+Si)$:≤1.0		
	3003 3203	H112 OH12	$w(Al)$:余量;$w(Si)$:≤0.60; $w(Cu)$:≤0.5;$w(Zn)$:≤0.1; $w(Mg)$:1.0~1.5; $w(Fe)$:≤0.7(3202)	强度比1100高10%,成形性、焊接性和耐蚀性好	内装,液化石油气罐的顶板和侧板

　　2. 船用铝合金的种类及用途示例

　　船用铝合金按产品种类可分为,板材、型材、管、棒、锻件和铸件,表 5 – 13 为目前常用船用铝合金产品种类,表 5 – 14 为常用铝合金在船舶使用中的示例。

表 5 – 13　船用铝合金产品种类

类别	合金	产品种类					
		板材	型材	管材	棒材	锻材	铸材
船体用	5052	√	√	√	√	√	—
	5083	√	√	√	√	√	—
	5086	√	√	—	—	—	—
	6061	√	√	√	√	√	—
	6N01	—	—	—	—	—	—
舾装用	1050	√	—	√	√	—	—
	1200	√	√	√	√	√	—
	3203	√	√	√	(3003)	—	—
	6063	—	√	√	√	—	—

注:①舾装也使用 5052 合金,品种有板、管和棒;

②5083,5086 和 6N01 合金可生产出宽幅薄壁挤压型材;

③板材的使用厚度是由船体结构、船舶规格和使用部位等所决定,从船体轻量化角度考虑,一般尽量采用薄板,但还应考虑在使用时间内板材腐蚀的深度,通常使用的板材有 1.6 mm 以上的薄板和 30 mm 以上的厚板。为减少焊接,常使用 2.0 m 宽的铝板,大型船则使用 2.5 m 宽的铝板,长度一般是 6 m,也有按造船厂合同使用一些特殊规格的板材。为防滑,甲板采用花纹板。

表 5 – 14　船用铝合金用途示例

用途	合金	产品类型
船侧,船底外板	5083,5086,5456,5052	板,型材
龙骨	5083	板
肋骨	5083	型材,板
肋板,隔壁	5083,6061	板
发动机台座	5083	板
甲板	5052,5083,5086,5456,5454,7039	板,型材
操舵室	5083,6N01,5052	板,型材
舷墙	5083	板,型材
烟筒	5083,5052	板
海上船容器的顶板和侧板	3003,3004,5052	板
舷窗	5052,5083,6063,AC7A	型材,铸件
舷梯	5052,5083,6063,6061	型材
桅杆	5052,5083,6063,6061	型材
海上船容器的结构材料	6063,6061,7003	管,棒,型材
发动机和其他船舶部件	AC4A,AC4C,AC4CH,AC8A	铸件

3. 船用铝合金的状态

铝合金的状态标志着材料的加工方法,内部组织和机械性能,一般工程商根据用途不同而采用不同状态的材料,船体结构用的 5000 系合金采用 O 和 H 状态,6000 系合金采用 T 状态,按日本的 JIS 标准规定列出的 5000 系合金的 H 状态细目和 6000 系合金和 AC 系铸造合金的状态代号如表 5 – 15 和表 5 – 16 所示。

表 5 – 15　船体结构用 5000 系合金 H 状态代号的细目

代号	内　容
H111	退火后,进行冷加工(轧制或矫直);
H112	挤压状态或热轧后的原始状态,但对材料的力学性能有要求,需做力学性能试验;
H116	冷加工低温退火,以改善材料的抗剥落腐蚀性能;
H14	抗拉强度介于 O 状态和 H18 状态之间(1/2 硬状态)
H311	H31 加小的冷加工状态;
H32	抗拉强度介于 O 状态和 H34 状态之间(冷加工后,进行稳定化处理,1/4 硬状态);
H321	H32 加小的冷加工状态;
H323	特殊的加工状态,改善了 H32 的抗应力腐蚀开裂能力(1/4 硬状态);
H34	抗拉强度介于 O 状态和 H38 状态之间(冷加工后,进行稳定化处理,1/2 硬状态);
H343	特殊的加工状态,改善了 H34 的抗应力腐蚀开裂能力(1/2 硬状态)

表 5 – 16　船用 6000 系合金和 AC 系铸造合金的状态代码

状态代号	定义和内容
T1	高温热加工冷却后,自然时效状态,适用于热挤压的不进行冷加工的材料,或矫直等冷加工对其标定力学性能影响很小的产品
T4	固溶处理后,自然时效状态。适用于固溶处理后不进行冷加工产品,或冷矫直加工对其标定力学性能影响很小的产品
T5	高温热加工后,人工时效状态,适用于高温成形后不进行冷加工的产品,或冷矫直加工对其标定力学性能影响很小的产品
T6	固溶处理后,人工时效状态。适用于固溶处理后不进行冷加工产品,或冷矫直加工对其标定力学性能影响很小的产品
T61	在热水中进行 T6 处理,适用于铸件

5.4.4　铝合金的腐蚀与防腐

1. 铝及铝合金常见腐蚀形式

铝的电位低,化学性质活泼,容易遭到腐蚀,但其氧化后生成的 Al_2O_3 氧化膜连续致密,能够有效阻止继续氧化,所以在大气中铝具有良好的耐腐蚀性,纯度越高,耐大气腐蚀能力越强。

铝在海水中由于受到氯离子作用,会破坏氧化膜,产生点腐蚀现象。

硬铝合金有较高的耐蚀性,但在应力作用下有晶间腐蚀倾向。

热处理强化铝合金,失效强化后强化相沿着晶界析出,造成晶界处韧性下降,容易引起晶间腐蚀。晶间腐蚀使晶粒间丧失结合力,强度急剧下降,其危害性很大。

2. 铝合金常用腐蚀措施

目前多用 Al – Mg 合金制造船体结构。上层建筑使用时,为了更耐久,仍然采取涂层保护。与海水接触的船体,均涂以防污漆,以减少海洋生物的附着,但应注意油漆中不可含有汞、铅、汞盐或铜,否则会产生腐蚀。

铝合金结构和钢结构采用螺栓或铆钉连接时,钢结构的结合处应镀锌或在清锈后喷涂铝基漆,而铝结构上应涂覆一层铬酸锌;有时分别在钢结构和铝结构的结合面上分别涂漆,再在它们之间垫上密封橡胶带。对于铝合金船体也可以用锌作为牺牲阳极来进行防腐,但必须注意锌块的纯度,以避免熔铸时混入铁质而降低保护效果。

对铝制小艇或快艇,可以进行阳极氧化处理,使其表面形成一层致密而连续的 Al_2O_3 氧化膜;或包覆铝丁橡胶;或包覆一层厚度为板材厚度 2% ~ 4% 的工业纯铝,使艇体与海水隔绝,以达到防腐目的。

第6章 造船工艺知识

6.1 现代造船工艺流程

6.1.1 船舶建造外部条件

由于船舶的航区和性能不同,船舶产品具有类型多、生产批量小的特点。为了缩短船舶建造周期,船厂从接受订货至完工交船为止,必须有严格的技术管理和周密的生产管理,生产过程由产品特点、用户要求及工厂生产条件决定。船舶修造厂位于沿海或江河之滨,具有一定的岸线长度和水深。厂址内设有船台、船坞、滑道、大型起重机和舾装码头等造船设备。厂址内设有各种生产车间,生产车间的设置常根据船厂的生产规模、性质和习惯而有所不同。钢料加工车间负责船体放样、号料,以及船体零件的切割、刨边等加工;船体车间负责船体结构、分段、总段的装焊;轮机车间负责船上机械设备及其附件的安装调试;管子加工车间负责管子及其附件的加工和安装;电工车间负责电器和无线电设备的安装调试;居装车间负责舱室的制作和安装以及绝缘工作;涂装车间负责除锈、涂漆;起运车间负责船台、船坞、滑道及码头的起重运输;此外还设有各种辅助车间,如工具车间、机修车间、动力车间等。随着造船工业的发展,船厂通常以建造船体为主,大量的机电设备及舾装件通常由外协厂家配套提供,船厂只进行安装,提高了造船质量和效率。

6.1.2 基于"壳、舾、涂"一体化的造船工艺流程

现代造船模式是以统筹优先理论为指导,运用成组技术原理将结构特征和加工方法相似的零件汇集成不同的零件组,使生产批量增大,制订最佳工艺路线,以中间产品为导向,以区域为基础组织生产,壳、舾、涂作业在空间上分道、时间上有序,依托计算机集成技术实现设计方式、生产组织、管理控制一体化,确保均衡、连续、高效地完成生产任务。基于区域造船法的生产工艺流程如图 6-1 所示。

1. 船体放样

船体放样的主要工作任务包括修正理论型值、光顺理论型线、结构线放样、构件展开和样板制作等内容。现代船舶建造利用造船集成系统中的船体数学放样子系统进行计算机辅助设计与制造,可以完成船体型线光顺、结构线放样和船体构件展开,还可以提供样板制作数据、胎架制作型值、构件的加工信息和工序的施工信息等。

2. 钢材预处理

钢材预处理是指号料前需要对钢材进行变形矫正、除锈和喷涂底漆等工作。

船用钢材常因轧制过程压延不均匀、轧制后冷却收缩不均匀,或运输、存放过程中受其他因素的影响而存在局部不平或扭曲等各种变形。因此板材和型材从钢料堆场取出后应分别用多辊钢板矫平机和型钢矫直机矫正,以保证号料、边缘加工和成型加工的正常进行。矫正后的钢材除锈后喷涂底漆和烘干,这样处理完毕后的钢材即可进入号料工序。现代造

```
                    ┌─────────────────────┐
                    │      船舶设计         │
                    ├───────────┬─────────┤
                    │ 产品性能设计 │产品生产设计│
                    └─────┬─────┴────┬────┘
                          │          │
                          │          ▼
                          │      ┌────────┐
                          │      │ 船体放样 │
                          │      └───┬────┘
                          │          ▼
        ┌────────┬────────┐     ┌────────┐
        │舾装品外购│舾装件加工│     │ 零件号料 │
        └────────┴───┬────┘     └───┬────┘
                     │               ▼
                     │           ┌────────┐
                     │           │ 构件加工 │
                     │           └───┬────┘
                     ▼               ▼
                 ┌──────┐        ┌────────┐
          ┌─────▶│ 配套 │───────▶│ 部件装焊 │
          │      └───┬──┘   ┌───▶└───┬────┘
          │          │      │        ▼
          │          │      │    ┌────────┐
          │          │      ├───▶│ 分段装焊 │
          │          │      │    └───┬────┘
          │          ▼      │        ▼
          │      ┌──────┐   │    ┌────────┐
          │      │单元舾装│──┼───▶│ 总组装焊 │
          │      └───┬──┘   │    └───┬────┘
          │          │      │        ▼
          └──────────┘      │    ┌────────┐
                            └───▶│ 船台装焊 │
                                 └───┬────┘
                                     ▼
                                 ┌────────┐
                                 │ 船舶下水 │
                                 └───┬────┘
                                     ▼
                                 ┌────────┐
                                 │ 码头舾装 │
                                 └───┬────┘
                                     ▼
                                 ┌────────┐
                                 │ 试航试验 │
                                 └───┬────┘
                                     ▼
                                 ┌────────┐
                                 │ 交验签字 │
                                 └────────┘
```

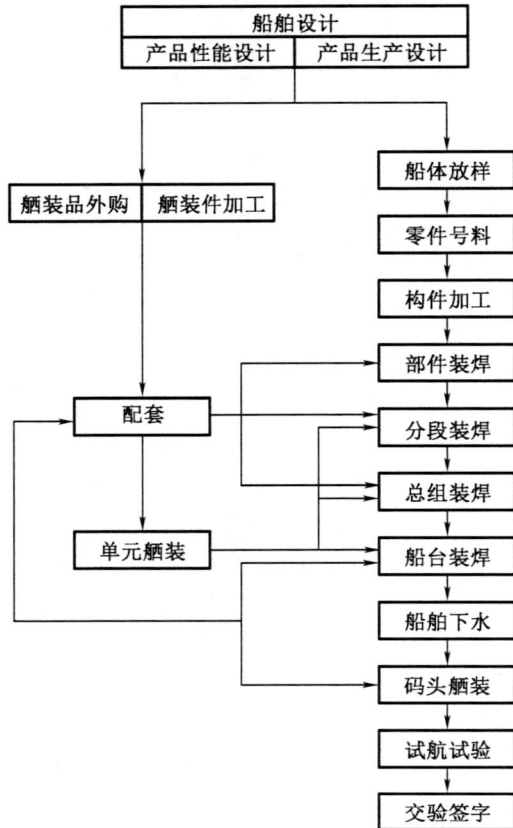

图6-1　现代造船工艺流程示意图

船已广泛采用钢材预处理流水线,利用传送辊道使从钢料堆场的钢料吊运至号料、边缘加工等后续工序的运输线,以实现材料准备和构件加工的综合机械化和自动化。

3. 零件加工

零件加工是指船体构件加工和舾装件的加工。船体构件的加工主要指构件边缘加工和构件成形加工。船体构件边缘加工的内容包括:运用火焰、等离子或机械剪切等切割方法,经切割得到船体构件;对船体构件进行开坡口加工;根据设计要求,用砂轮对船体构件的自由边和人孔进行磨光加工。构件成形加工是指船体构件经过边缘加工后,弯制或折曲成符合设计要求的空间形状。舾装件加工是指对外购、外协件之外的舾装自制件进行加工。

4. 中间产品制造

按照缩短建造周期、提高产品质量、降低建造成本和改善生产条件等原则,将船舶产品分解为若干个局部结构,如船体部件、船体分段、船体总段、舾装单元等船体结构,称为不同制造级的中间产品。再将中间产品进行分道建造,即按照中间产品的制造级以及相似性原理,将中间产品分类成组,再分别在相应的装焊生产线上进行制造。

(1)部件装配

部件是指两个或两个以上零件装焊而成的组合件。将加工后的钢板或型材组合成板列、T 型材、肋骨框架、舵、带缆桩和带扶强材的肋板等部件的生产过程称为部件装配。

（2）分（总）段装配

整个船体为了制造方便而分解成的若干个平面或立体的块,这些块是由船体部件和零件组合而成的一部分船体,而这些块又能组成一个完整的船体,这些块就叫分段。将零部件组合成平面分段、曲面分段、半立体或立体分段（如舱壁、船底、舷侧和上层建筑等分段）的生产过程称为分段装配。分段的划分主要取决于船体结构的特点和船厂的起重运输能力。分段的装配和焊接均在装焊平台或胎架上进行。

在船长方向横截主船体而成的环形立体分段称为总段,如船首总段、船尾总段等。将几个相邻分段组合成一个总段的生产过程称为总段装配。随着船舶的大型化和起重能力的增加,分段和总段也在日益增大,其质量可达 800 t 以上。

5. 船舶总装

将中间产品吊到船台或船坞,按施工技术文件规定的吊装顺序组装成整个船体,并按相应的制造级完成船内舾装和船台涂装,这个工艺过程称为船舶总装,又称船台装配（大合龙）。

根据船体结构特点和船厂的具体条件确定总装方法,将零部件、分段、总段在船台（或船坞）上装焊成船体。目前,船台装配方式有总段建造法、塔式建造法、层式建造法和串联建造法等。建造方法的选择与船舶结构特点、船台起重设备、装焊设备与技术、管理方法与技术以及工艺阶段的合理划分等有密切关系。

船体焊接直接影响到船体装配的效率和质量,随着焊接设备和焊接材料的发展,焊接方法从全手工焊接发展为埋弧焊、垂直气电焊及气体保护焊等多种高效焊接方法。自 20 世纪 60 年代起,陆续出现了单面焊双面成形、自动角焊、垂直气电焊和横向自动焊等新技术,并由此产生了平面分段流水线、T 型材装焊流水线等自动化生产线,对批量生产的船舶立体分段也可以采用流水线的生产方式进行装焊,显著地提高了船体部件装配、分段装配的机械化和自动化程度。

6. 密性试验

船体总装完成后必须对船体进行密闭性试验,以检验装焊结束后的船体舱室是否达到设计要求的油密或水密。进行密性试验常用的方法有冲水试验、气压试验、真空密性试验以及压水或灌水试验等。

7. 船舶下水

将在船台或船坞总装完毕的船舶从陆地移至水中的过程,称为下水。

在船台上完成总装的船舶,下水时的移行方向与船长平行,称为纵向下水;移行方向与船长垂直,称为横向下水。前者依靠船舶自重滑行下水,应用较普遍;后者主要利用小车承载船体在轨道上牵引下水,多用于内河船的建造或小型船的建造。

在船坞内完成总装的船舶,将水引入造船坞内,让船舶自己漂浮起来后再打开坞门,将船舶拖曳出去,称为坞式下水。坞式下水的操作过程比滑道下水简单和安全得多。

8. 舾装

船舶舾装通常是指电气舾装、机舱舾装、居室舾装和甲板舾装等施工。电气舾装是指全船的电路铺设,电机、雷达、照明、通信装置以及自动设备的电子控制装置等的装调;机舱舾装是指装调船舶运行所需的机械装置,主要包括主机、辅机、发电机、锅炉、螺旋桨、舵、管系、阀、泵、压缩机和净化器等;居装舾装是指对上层建筑上的船员与旅客的生活设施、通信装置、航海测量仪器等系统和设施的装调;甲板舾装是指锚系、系泊、舵系、装卸、消防、救生以及货舱区铁舾装等系统和设施的装调。

舾装作业按建造流程及顺序可以划分为单元舾装、分段舾装、总段舾装和船台舾装四个阶段。为了缩短下水后的安装周期,尽量将上述舾装工作提前到分段装配和船体总装阶段进行,称为预舾装。在车间内将单元组成安装单元,然后吊至分段、总段或船上安装,也可大大缩短安装周期,单元舾装尽量完整,使得船上的安装周期大大缩短。现代造船工艺发展的目标是将上述安装工作在船舶下水前完成,码头建造趋向于调试工作。

9. 船舶试验

在船体建造和安装工作结束后,为保证建造的完善性和各种设备运行的可靠性,必须进行全面严格的试验,通常分为两个阶段:第一阶段是系泊试验、倾斜试验;第二阶段是航行试验。

系泊试验是指在船舶的船体工程和动力装置安装基本完工后,经船东和船级社同意,根据设计要求和试验程序,在系泊状态下对船舶的主机、辅机和其他机电设备进行的一系列实效试验,用以检验安装质量和运转情况。系泊试验是以主机试验为核心,检查发电机组和配电设备的工作情况,以便为主机和其他设备的试验创造条件,对各有关系统的协调、应急、遥测遥控和自动控制等还需进行可靠性和安全性试验,以便对不符合要求的地方做调整,使船舶具备适航条件。系泊试验时船舶基本上处于静止状态,主机、轴系和有关设备系统不能显示全负荷运转的性能,所以还需进行航行试验。

倾斜试验是指对完工船舶质心(重心)位置的测定,通过船舶横倾来求得船舶完工后的实际质量(重量)和质心(重心)高度,倾斜试验在静水区进行。

航行试验是由船厂会同船东、船级社对新建船舶进行综合性考核,全面检查船舶在航行状态下主机、辅机以及各种机电设备和系统的使用性能,船舶出航前应备齐燃料、救生设施、试验仪器、仪表、专用测试器具和生活必需品,在航行试验中测定船舶的航速、主机功率以及操纵性、回转性、航向稳定性、惯性和指定航区的适航性等性能指标,以检查船舶各项航行性能指标是否满足设计要求。

10. 交船与验收

船舶试验结束后,船厂应立即排除试验中发现的问题,同时将船舶及船上一切装备按照图纸、说明书和技术文件逐项向船东交验。当交验结束后,由船级社颁发证书,签署交船验收文件,船东即可安排船舶离开船厂。

6.2 船体型线图的基本知识

船体外壳的内表面(型表面)是一个光顺复杂的空间曲面。在工程技术上,选取三个相互垂直的基本投影面(中纵剖面、设计水线面、舯横剖面),如图6-2所示,以一定距离平行于它们的平面剖切船体外壳所得到的投影线来表示船体的理论型线,作为描述船体的形状特征,所以型线图也是表示船体形状和大小的图样。

船体型线图由三组型线图(纵剖型线图、半宽水线图、横剖型线图)、型值与型值表以及主尺度所组成,如图6-3所示。它由设计部门绘制,除了表示船体的形状和大小外,又是船舶设计、计算航行性能、绘制其他图样及船体放样工作的主要依据,因此线形图是船体图样中最基本和最重要的图样之一。

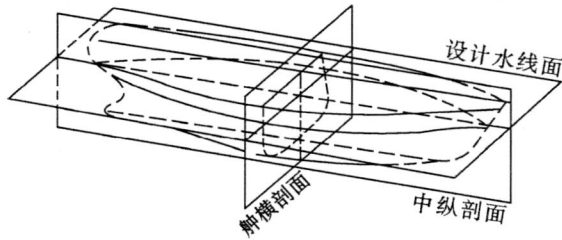

图 6 – 2　船体型线的三个基本投影面

6.2.1　中纵剖面(中线面)

中纵剖面是通过船宽中央贯穿于全船长度,并垂直于基线的平面,把船体分为相互对称的左舷和右舷(由艉向艏看,左手一侧称为左舷,右手一侧称为右舷)。中纵剖面与船体型表面的交线称为中纵剖线,也称船体中心线。它表示船体侧面最大的外形轮廓。平行于中纵剖面,每隔一定半宽间距的纵向剖面,与船体型表面截得的一组曲线称为纵剖线。将纵剖线叠绘到中纵剖面上的图形称为纵剖型线图,如图 6 – 3 所示。在纵剖型线图中,横剖线和水线的投影线组成了纵剖型线图的型值坐标格子线。此外,在纵剖型线图上还绘出甲板中线(显示真形)和甲板边线、舷墙顶线的投影线。

6.2.2　设计水线面

设计水线面是在额定载重吃水时船体与水面相交的水平面,它与中纵剖面相垂直,并把船体分为水上和水下两部分。平行于设计水线面每隔等距离的水平剖面与船体型表面截交而得的一组曲线称为水线(显示真形)。将各水线叠绘到设计水线面上的图形称为半宽水线图。由于船体左右对称,所以通常只需绘出水线的左舷部分即可,如图 6 – 3 所示。在半宽水线图中。纵剖线的投影为平行直线,横剖线的投影为垂直直线。纵剖线和横剖线的投影线组成了半宽水线图的型值坐标格子线。此外在半宽水线图上还绘出甲板边线、舷墙顶线的投影线。

6.2.3　舯横剖面

舯横剖面是通过垂线间长的中点所做的横向垂直剖面。它与中纵剖面、设计水线面相垂直,并把船体分为艏、艉两部分。平行于舯横剖面的各站剖面与船体型表面截交而得到的一组曲线称为横剖线(显示真形)。将各站横剖线叠绘到舯横剖面的图形称为横剖型线图。由于船体左右对称,通常仅绘出横剖线的半边,习惯上将艏部横剖线画在中线面的右侧,艉部画在左侧,如图 6 – 3 所示。在横剖型线图中,水线的投影为水平的直线,纵剖线的投影为垂直的直线。水线和纵剖线的投影组成了横剖型线图的型值坐标格子线。此外在横剖型线图中,还绘出甲板边线、舷墙顶线的投影线。

上述三个基本投影面是相互垂直的,它们之间的关系如图 6 – 2 所示。根据平面投影的特点,设计水线面和舯横剖面在中纵剖面上的投影、中纵剖面和舯横剖面在设计水线面上的投影以及中纵剖面和设计水线面在舯横剖面上的投影均为相互垂直的直线。

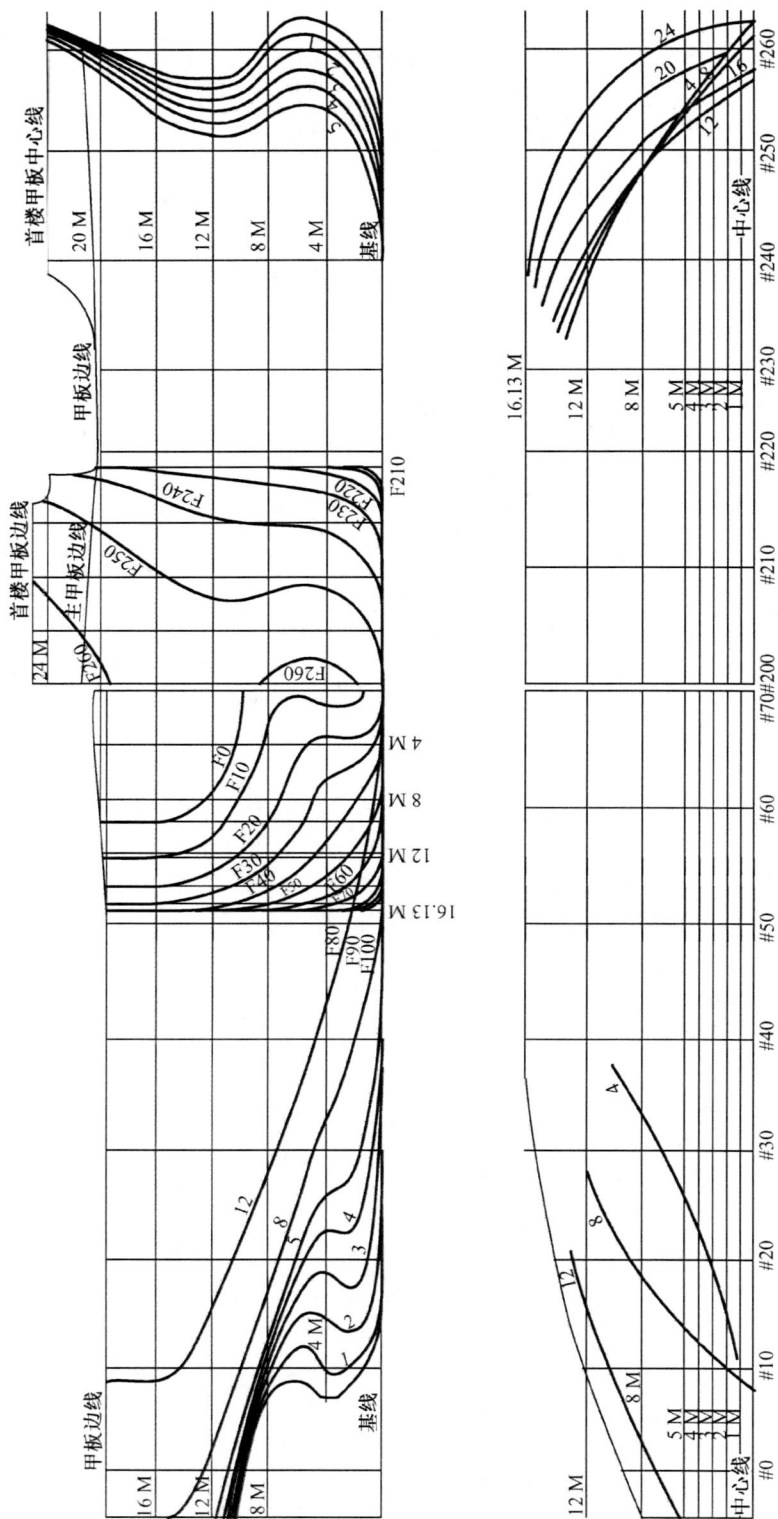

图6-3　型线图

6.3　船体余量与补偿量

6.3.1　余量与补偿

1. 船体建造误差分析

船体放样工作结束后,船体的每一个构件都已确定形状和尺寸,称为理论尺寸或公称尺寸;船体建造过程中的各道工序都会不可避免地产生公称尺寸与完工尺寸之间的偏差,即生产误差。造船的生产误差按照其特点可分为三类:草率性误差、规律性误差和随机性误差。

2. 加放余量与补偿的意义

为了保证部件、分段和船体在装配焊接后的形状和尺寸能够符合允许误差的要求,在下料时零件的某些边缘并不按理论尺寸切割,而是比理论值之外多加放一些量值,称为余量或补偿量。该值为后续的生产工序所积累的尺寸偏差、冷热变形以及收缩做部分补偿,剩余的部分在船体建造的某一工艺阶段做必要的切除,使船体及船体结构的实际尺寸控制在规定范围内。

3. 余量与补偿量的定义

由于结构放样和号料,构件冷加工和热加工、装配、焊接和火工矫正等工艺阶段的误差而影响船体建造精度,要求下料尺寸在理论值的基础上加放一定的增量,称为余量。

考虑到船体零部件在焊接、热加工等工艺过程中产生的收缩变形将造成尺寸变短,要求下料尺寸在理论值的基础上加放一定的增量,称为补偿量。

余量与补偿量的区别是:补偿是在装配过程中因焊接收缩等原因而自然消失,一般不需要画线切割;余量是在一定的工艺阶段经画线予以切除的。

在下料过程中,规律误差和随机误差是加放船体构件余量和补偿所要考虑的因素,各工序对船体结构尺寸所造成的误差,可以通过加放余量来解决。焊接和火工矫正所产生的规律性收缩,可采用加放补偿量予以弥补。

6.3.2　余量分类

1. 总段余量

当以总段形式在船台合龙时,为了保证环形总段的尺度能符合设计要求而预留在总段接缝上的余量,一般为 50 mm。

2. 分段余量

分段上船台合龙,或由分段装配成总段时,为了保证装配所要求的尺寸而预留在分段接缝上的余量,在分段型线较平直处一般加放 30 mm,型线变化较大处一般加放 50 mm。

3. 部件余量

为保证部件在装配、焊接并经矫正后仍能保持正确尺寸而加放的余量,一般为 20 ~ 30 mm。当部件位于分段或总段的接缝处时,必须同时满足分段和总段对余量的要求。

4. 零件余量

零件加工时,为保持正确尺寸并保证部件或小分段装配精度而加放的余量,一般为 10 ~ 15 mm。另外,当部件位于分段或总段的接缝处时,必须同时满足分段或总段对余量的要求。

另外,如技术文件规定需做特殊加工的零件,要加放厚度余量。

6.3.3 余量、补偿量符号

目前,余量符号的形式及标注方式尚无统一标准,各船厂不尽相同,但标注在图纸上的余量符号应包括三个要素,如图6-4所示。

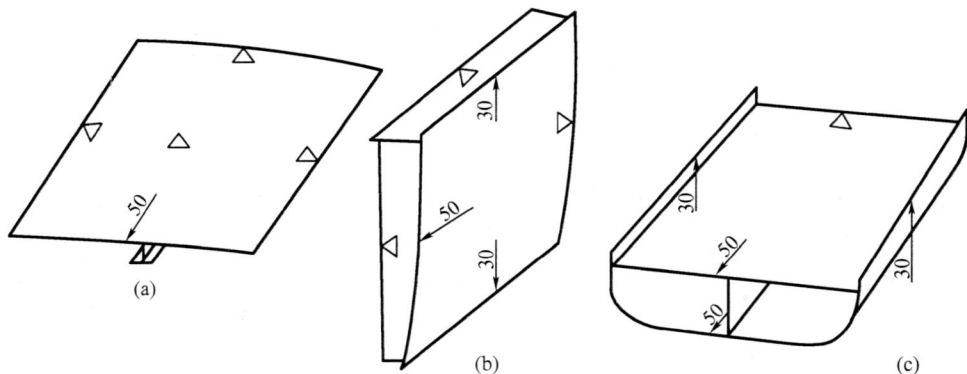

图6-4 常见的余量符号标注方式
(a)甲板分离;(b)舷侧分段;(c)双层底分段

1.余量加放的部位

余量加放在零件边缘,即加放在该零件与相邻零件的接缝上。在图纸或工件上,余量符号所指的零件边缘就是余量加放的部位。

2.余量数值

余量数值的大小直接标注在符号的规定部位,以毫米为单位,某些规定的余量数值不必标注在符号上,只有采用其他数值时才予以标注。某些相同的数值也可在图纸的附注中加以表明。

3.余量切割的不同工艺阶段

用不同的符号形式表示余量切除的不同工艺阶段。

(1)补偿值是指下料时加放,各阶段装焊时不需切割。

(2)零件加工阶段是指船体结构零件的加工过程,一般指曲面外板、曲度纵骨等在另加下料后弯曲成形的过程。

(3)小组立阶段是指肘板、肋板、纵桁、纵骨、横梁、框架等部件、组合件的安装焊接过程,此阶段是在船体小组立场的施工的装焊过程。

(4)中组立阶段是指平面拼板画线、曲面拼板画线、子分段装焊以及在流水线上施工的板架的装焊过程。

(5)大组立阶段是指完整分段装焊。

(6)总组立阶段是指在上船台或船坞前分段与分段之间的预合龙过程。

(7)合龙阶段是指在船台或船坞上进行的分段或总段的合龙过程。

(8)平面及曲面拼板时切除是指在各阶段平面、曲面拼板画线后立即切除。

6.3.4　余量、补偿量符号的形式及表达意义

根据分段建造施工的具体要求,余量符号有多种不同的形式。

CB/T 3194《船体建造工艺符号》中规定了余量、补偿量符号的形式及其表达的意义,见表 6 – 1。

表 6 – 1　余量、补偿量符号的形式及表达意义

序号	名称	符号	标记方法	说明
1	补偿量	b	在加放补偿量端标上补偿量符号,并注明补偿量值 b	符号所指端加放 b(mm)值,在装配时不需要切割
2	部件装配余量与补偿量	a b		符号所指端加放 a(mm)值,部件装配完工后保留 b(mm)值留作补偿
3	分段(总段)装配余量	a	a—装配余量 b—补偿量	符号所指端加放 a(mm)值,分段装配完工后休整切除
4	分段合龙余量与补偿量	a b		符号所指端加放 a(mm)值,在分段装焊结束并画线后保留 b(mm)留作船台(船坞)合龙时补偿
5	船台(船坞)合龙余量	a	在加放余量端标上余量符号并注明 a 值	符号所指端加放 a(mm)值,船台(船坞)合龙时切割

6.3.5　余量、补偿量的加放原则

从设计、放样开始,零件加工应为无余量、少余量;以加放补偿量逐步取代各组立阶段零部件的余量;线形复杂涉及冷热加工的零件,加工时必须加放余量,加工结束后按要求进行二次画线和切割。

6.4 装 配 工 具

6.4.1 度量画线工具

1. 度量工具

（1）卷尺

卷尺是用来测量构件尺度，一般规格为 2 m，3 m，5 m，10 m，30 m，50 m 等，卷尺为装配工必备的随身工具之一。

卷尺是用钢带制成的，所以使用时要特别注意，不可折叠，不能和电焊钳碰擦，以防损坏，使用后应立即收拢。

（2）钢直尺

钢直尺是用来测量构件尺度，一般规格为 150 mm，1 000 mm 等，钢直尺对精度要求较高的工位，如拼板、大接缝划余量、勘划水尺等尤显重要。

卷尺和钢尺要经过计量合格后方可使用。

（3）角尺

角尺是用来测量两个平面是否相互垂直，是小组立工位的必备工具之一。

为了保持角尺的角度，平时应注意保护，不要随意敲击，以免角尺变形导致角度出现偏差。使用前可以按图 6-5 所示的镜像法检验角尺的准确度。

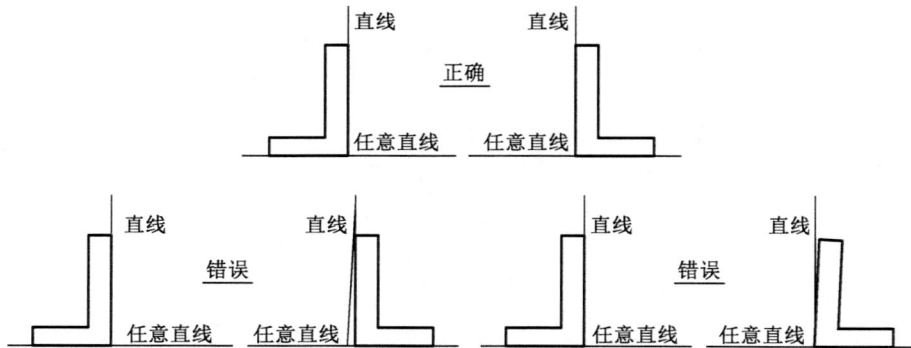

图 6-5 角尺检测

2. 画线工具

（1）各种画笔（石笔、划针、鸭嘴笔、铅笔等）

用于直线或曲线画线。

（2）粉线团

用于弹直线、拼接零部件检测直线边缘、对角线法检测平面度，为装配工必备的随身工具之一。

（3）圆规

用于作圆、画等分、做角度、画圆弧曲线和开角尺线等，是拉画线的常用工具之一。

6.4.2 冷热加工工具

1. 铁锤

种类很多,其大小、形状和用途各有差异。特殊锤用于加工和矫正钢材的各种形状。

锤击的安全注意事项如下:

(1)打锤的周围不能有障碍物;

(2)锤击前应检查锤柄是否打入铁锲,是否松动,手柄有无裂纹;

(3)木柄上不应沾有油,打锤时严禁戴手套,以防锤滑脱;

(4)起锤前先看清后方是否有人,工作时应避免对面站人,以防锤头脱出伤人。

图6-6 羊角

2. 羊角

用于弯曲型钢(图6-6),一端装有凸出的圆钢,操作时将圆钢插入火工平台孔内,用人力旋转手柄,利用羊角一段弧形,以弯曲工件来达到加工的要求。

3. 铁马

由圆钢折弯而成,两脚夹角小于90°,如图6-7所示,其主要作用是固定板材或型钢于火工平台上。使用时,一脚插入火工平台的圆孔内,另一脚压紧工作物,是热加工常用的工具。

图6-7 铁马

6.4.3 装配工具

1. 手锤(榔头)

敲击有关工具及船体零部件使其达到正确的安装位置,装配常用的有2磅、4磅等。

2. 铁锲

一般与各种"马"配合使用,利用锤击或其他机械方法获得外力,利用铁锲的斜面转换外力,从而达到对工件的夹紧。

垫物件时应用手指拿铁锲的两侧,防止手指受压伤,敲击时应注意周围人员,防止敲空后伤害到周围人员,操作时人应站在侧面。

3. 撬棒

用铁棒或六棱钢做成,一端做成尖头,另一端做成铲形,用于撬动工作物件。

使用时应注意,如垫铁锲或木锲等其他物品时,应拿住其两侧,放好后手要立即抽出,再撬动撬棒,送时速度要慢,防止垫物弹出伤人。

4. C形扎头

其一端制有螺孔,内装一丝杠,利用丝杠的旋转加紧工作物,主要用于夹紧工件,常有25 mm,37 mm,50 mm等不同规格。

5. 花篮螺丝

花篮螺丝是由中间一根两端反方向的丝杠与两端两只环形圆钢组成,当中间一根丝杠旋转时,两端两只环形圆钢同时拉进或推出,从而进行工作物的拉紧或放松,其主要用于物件的拉紧与固定。

使用时,要估计物件的紧固与撑开的力,配以适当的焊脚,不能超负荷使用;要看清螺纹旋转的方向,一般情况下焊接单面,即选择受拉力面焊接;人要站立平稳,在侧面操作。花篮螺丝平时应注意保养,在螺纹和转动部分处应经常加些机油,使其保持润滑不生锈,否则会造成使用不便。

6. 千斤顶

装配常用的顶压工具,一般装配工作多用 5 t,10 t,30 t 等,有螺旋式和液压式两种。螺旋式的优点是体积小,能全方向使用。船坞分段或总段装配定位用的都是大规格,按需要可选用 50～200 t 之间,且均为液压式千斤顶。

千斤顶使用时一定要放置平稳,横向使用也要放置平衡,不能倾斜,否则顶升到一定位置会因偏向而发生意外。焊在靠马或架子一定要牢固,顶升时受拉力一侧要包角焊。千斤顶放置要与靠马或架子的中轴线在同一直线上。人不要站在千斤顶的正面或上面,防止靠马崩裂后千斤顶弹出伤人。高空作业时要用绳索将千斤顶与边上固定物扎牢,或采取其他措施,防止脱落后坠落伤人。

7. 风动角磨机

以压缩空气为动力,用于清理钢板边缘的毛刺、除锈、清洁焊缝及磨平马脚等作业。风动角磨机应经常在进风口加油,使其润滑。砂轮片不能碰撞,不能有缺口,否则使用时会造成砂轮片爆裂,发生危险。使用风动角磨机必须佩戴好个人防护用品,如防风眼镜、口罩等。

8. "马"

形式较多,常用的有刀口马(L 形)、骑马(槽形)、梳状马(拉链马)和 G 形马等,如图6-8所示。

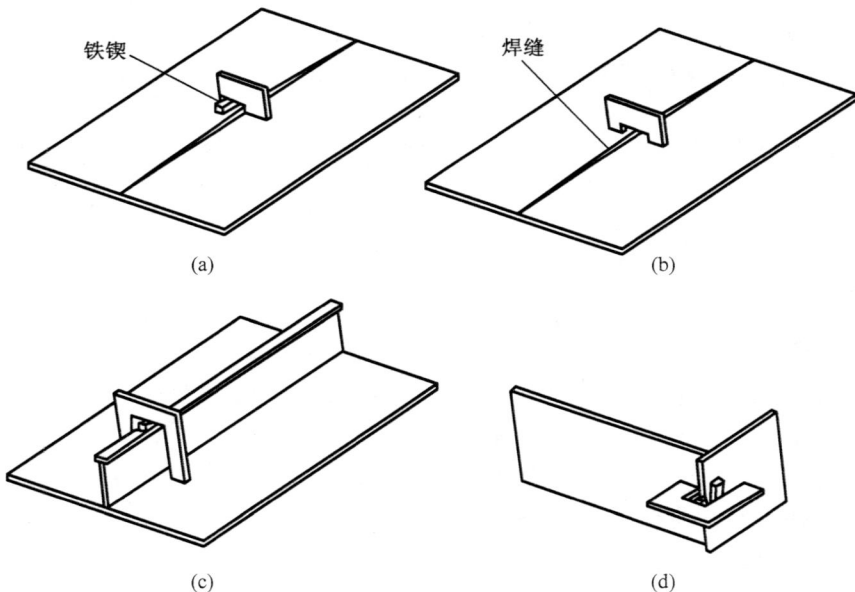

图6-8 "马"的种类示意图

(a)道口马;(b)骑马;(c)梳状马;(d)G 形马

　　与铁锲或千斤顶一起使用的马在焊接时要通过估计压紧力的大小来决定焊脚的大小,并进行包角焊。在敲击铁锲或在顶升千斤顶时,头和身体不要离"马"太近,以防"马"的封固焊缝崩裂后弹出伤人。

6.4.4　测量工具

1. 线锤

用来检测构件安装的垂直度或画垂直线。为保证测量精度,应根据测量距离的大小选择不同质量的线锤,线锤是装配工必备的随身工具之一。

风力较大时一般不宜使用线锤来测量构件的垂直度,此时的测量数值不能作为装配及切割的依据,可以采用适当的挡风措施后再使用线锤测量。

2. 水平尺

用于测量零件安装的水平度和垂直度。

3 水平软管

用于检测较大构件的水平度,是分段定位最常用的工具之一。

在向软管内注水时,一定要将软管内的气泡全部排出,否则测得结构不准确。使用前,可先将两根玻璃并拢,两管内的液面呈水平状态时就可使用,若发现玻璃管内有油状物时,应更换玻璃管或洗去油渍。使用中不能按住管口或有软管打结的现象,因为水的流动受阻时,测量数据不准确。

水平软管注水后,水在玻璃管中呈凹陷状,如图6 -9所示。测量时用状态 1 或状态 2 都可以,但两边一定要统一,一般玻璃管的规格相同时,凹陷面的状态是一致的。在日常工作中经常使用状态 1,在观察时相对较为方便和精确。

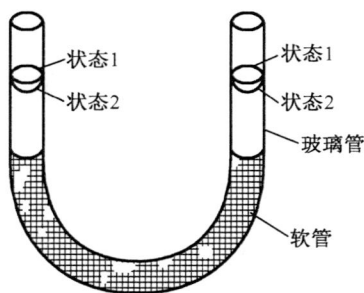

图 6 - 9　水在玻璃管中的状态

4. 水准仪

主要用来测量构件水平面和高度。

5. 激光经纬仪

测量角度、距离、高度以及测定直线等,主要用于测量距离长、精度要求高的工作场所,如船台中心线开设、肋位线开设、舵轴系中心线开设等。

6. 全站仪

具有激光经纬仪的大部分功能,其优点是测量或检测时不需多次移动仪器,同时全站仪本身具有计算功能,它能用液晶显示屏将所测量的点用三维坐标的方式显示出来。在设计阶段根据分段制造精度要求及满足全站仪使用功能的情况下,可以将测量点预先(或某个施工阶段)设置在分段上,能大大减轻操作人员的劳动强度。

6.5　钢材预处理

　　船用钢材需要经过矫正、表面清理与防护后,才能进行船体构件的号料,然后进行切割与弯曲成形,完成所需要的船体构件加工。因此将号料前的钢材矫正和表面清理与防护通称为钢材预处理。

6.5.1　钢材的矫正

船用钢材在使用前,其表面常存在弯曲、局部不平、扭曲及波浪变形等问题,容易导致下料画线的精度不够,造成零件尺寸的偏差,影响后续工序的进行。因此钢材在下料和成形加工之前,必须对其进行矫正。

1. 钢材变形的原因

钢板在轧制过程中由于沿其长度方向受热不均匀,或者由于轧辊之间的间隙不一致引起钢材在宽度方向的压缩不均匀,会导致钢材的每根纤维沿长度方向的延伸不相同。另外钢材在运输、存放过程中也会由于操作不当而引起变形。

2. 钢材的矫正原理

由于钢材的任何一种变形都是由于纤维伸缩不均匀而引起的纤维长度不一致所导致的,因此矫正就是将较短的纤维拉长或将较长的纤维缩短,从而使纤维等长。在实际生产中压缩纤维难以实现,通常采取拉长纤维的方法。

3. 钢板的矫正工艺

生产中常用多辊钢板矫正机来进行钢板的矫正。钢板矫正机的工作部分由上下两排轴辊组成,把待矫正的钢板置于上下两排轴辊之间的间隙中,轴辊的转动带动钢板来回辗压,使钢板的纤维受到辗压而延展,长度趋于一致,从而达到矫正效果。钢板矫正机的工作原理如图6-10所示。

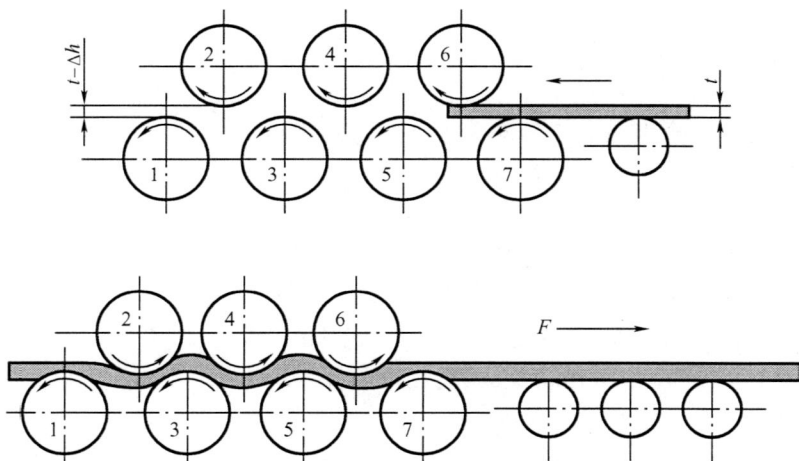

图6-10　钢板矫正机的工作原理

当矫正小块板材或扁钢时,可以将厚度相同的小块板材或扁钢放在一块用作衬垫的钢板上,然后通过矫正机进行矫平,如图6-11所示。

4. 型材的矫正工艺

生产中常用型钢型材矫直机进行型钢的矫正。机床的主要工作部分由两个支撑和一个推撑组成。两个支撑之间的间距可调,支撑没有动力传动。推撑由电动机或气动装置带动而做水平往复运动。在进行型钢矫正时,将型钢靠在两个支撑上,使其受到推撑作用力的作用而产生新的变形,抵消原有变形而达到平直,即完成矫正。

小尺寸的型材可以在平台或圆墩上用手工敲击的方式进行矫正;大尺寸的型材可采用

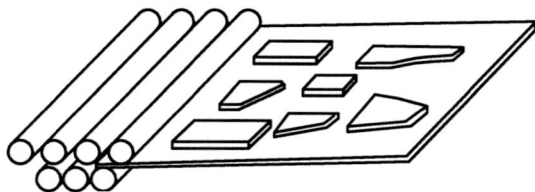

图 6-11 小块板材在矫正机上矫正

火工的方法矫正,但在压力机上矫正大尺寸的型材时需要配备符合型钢状态的压膜。

6.5.2 钢材的表面清理与防护

表面清理是指清除钢材表面的铁锈和氧化皮,俗称除锈。钢材的表面防护是指经除锈后的原材料表面喷涂防锈底漆的工艺过程。

1. 抛丸法除锈

抛丸法除锈广泛应用于钢材预处理,适用于组建钢材预处理流水线。它是利用抛丸机的离心式旋转叶轮将铁丸或其他磨料高速抛射到钢材表面上,使铁锈和氧化皮剥落,达到除锈的目的。

2. 酸洗法除锈

酸洗法除锈是一种化学除锈法,一般船用钢材的酸洗除锈鳞化防护的工艺流程如下:

脱脂→酸洗→冷水冲洗→中和处理→鳞化处理→热水冲洗→自然干燥→补充处理→自然干燥。

3. 喷丸法除锈

喷丸除锈一般应用于分段表面锈斑的清理,属于二次除锈。它是利用高速流动的压缩空气将铁丸喷射到钢板的表面上,使氧化皮和锈层剥离的一种工艺方法。

4. 带锈底漆防护法

带锈底漆又称反应底漆,它涂刷在钢材表面上后能与铁锈发生化学反应,生成具有保护功能的薄膜,并成为底漆。

5. 覆盖层保护法

覆盖层保护法使金属与外界隔绝,阻碍金属表面形成微电池,避免腐蚀的发生,又称为消极防护。覆盖层要求具有结构紧密,完整无孔,不透电解质,高强度、耐磨、分布均匀、附着力强等特性。

第7章 质量管理

7.1 质量管理概述

7.1.1 气割质量管理的概念

气割质量管理就是指在整个气割过程中要满足产品的使用目的,制造厂家对此负有全部的责任。气割质量不仅仅是气割接头质量满足实用要求,而且还要必须有气割前、气割过程中及气割后的系统质量管理,即质量的全面管理。只有质量的全面管理才能保证高效优质的产品。一个完善的质量管理系统应是计划—实施—检查成一体的质量管理系统。

完善的质量管理是按照如图 7 – 1 所示的那样实行计划(Plan)— 实施(Do)—检查(Check)的质量循环,特别是从检查到计划的反馈工作是否做的充分。另外也要成立经营者对这种质量管理的监督检查系统(即自上而下的管理)。

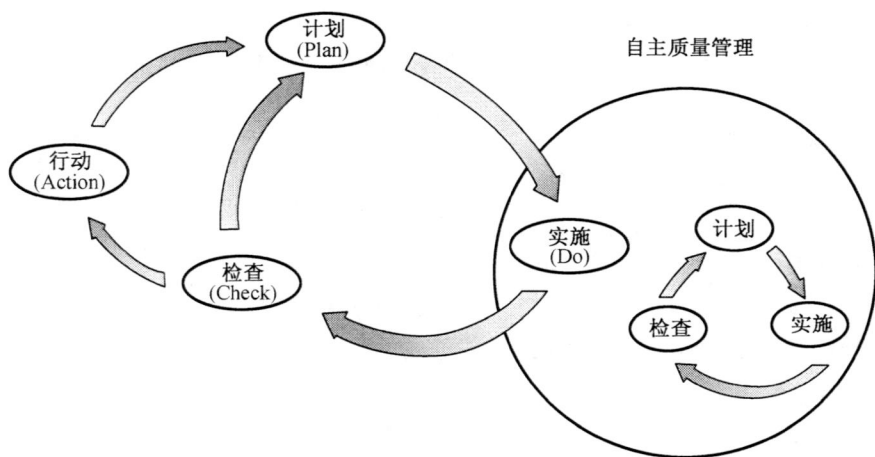

图 7 – 1 质量管理循环

质量管理的目标可分为以下三种:
(1)以降低生产成本为目的;
(2)以保证最终产品质量和使用性能为目的;
(3)以提高产品价值为主而达到良好外观为目的。

因此全面质量管理标准必须兼顾产品性能、商品价值和生产成本等因素进行综合考虑和制定。采用统计学方法的质量管理,主要特点是将产品质量控制在上、下限之间。自主质量管理的特点是经常以略高于操作者实际能力水平为目标,并向这一目标前进,也就是说,自主质量管理是一种通过不断改进生产技能,以努力实现目标为目的的质量管理方式。

　　为了保证产品质量,制造厂的检查部门要经常对产品质量管理的状况进行监督和检查,并把检查结果记录下来,这对最高经营层定期的判断生产运行情况是有帮助的。质量记录是生产厂家售后服务和一旦发生事故追溯原因所必备的资料。对于应保存的质量检查记录的种类、保管场所和保存期限,应根据规范、法规或其他相关文件制定出相应的公司标准。

　　英国管理学会曾对工程质量事故进行过统计(表 7 – 1),从统计数据看出由于管理造成的质量事故占很大的比重。因此要确保产品质量,不仅需要先进的技术和装备,还必须进行科学管理。

表 7 – 1　造成质量事故的原因分析

原因	导致因素	所占比例	备注
人为差错	个人因素	12%	由于个人原因占 12%
不恰当的检验方法	质量管理因素	10%	由于管理原因占 88%
技术原因或错误	计划管理因素	16%	由于管理原因占 88%
对新设计、新材料、新工艺缺乏了解、验证和鉴定	计划管理因素	36%	由于管理原因占 88%
计划与组织工作薄弱	生产管理因素	14%	由于管理原因占 88%
未能预见的因素	技术管理因素	8%	由于管理原因占 88%
其他		4%	由于管理原因占 88%

7.1.2　气割质量管理的主要环节

　　所有船舶及海洋工程制造企业都必须建立健全质量保证体系。在设计、制造、检验、验收的全过程中,对技术装备、人员素质、技术管理提出严格的要求,保证结构的合理设计与制造流程的合理安排。

　　全面质量管理应是全系统的,要使各个管理和生产部门有目标的组成没有遗漏的全面质量管理系统。质量管理要有明确的计划,并且能迅速反馈和修正,形成科学评价的管理体制。气割质量管理必须以降低生产成本、保证质量达到产品的技术指标为目的,以提高产品价值为主而达到良好的外观质量。气割质量管理的具体项目有钢材管理、气割气体管理、切割设备管理、技术人员和气割工技能管理、切割施工管理、气割工和检验人员的教育和培训管理以及切割质量检验管理等。

7.2　气割质量及检验要求

7.2.1　气割质量

　　气割质量的要求主要是指气割切口的质量要求和工件的尺寸偏差要求,而气割切口的质量和工件的尺寸偏差是受一定因素影响的。

1.影响气割质量的因素

影响气割质量的因素有很多,但是最常见的有以下几个方面:

(1)工件

工件的材质、厚度、力学性能、平面度、清洁度、气割形状、坡口形式、切口在工件上的分布、套裁方法以及切口四周的余量等。

(2)燃气和氧气

气体的纯度、气体的压力及压力的持久稳定性等。

(3)设备和工装

设备的精度、操作性能、气割平台的平整度、工件加紧装置和排渣的方便程度等。

(4)气割工艺

割炬规格和割嘴号的选择、预热火焰的选择、风线的调节、加热时间的控制、割嘴离工件的高度、割嘴的前后倾角和左右垂直度、气割速度、气割顺序及路线和工人的操作水平等。

2.气割面的质量要求

气割面总的要求是平整光洁。衡量切割面质量的常用要素见表7-2。

表7-2　衡量切割质量的要素

要素名称	符号	含义	图示
平面度	u	所测部位切割面上的最高点和最低点按切割面方向所作的两条平行线的间距。平面度也是切割质量的主要指标之一	
割纹深度	h	沿切割方向20 mm长的切割面上,以理论切割线为基准的轮廓波峰与波谷之间的距离。割纹深度是切割质量的主要指标之一	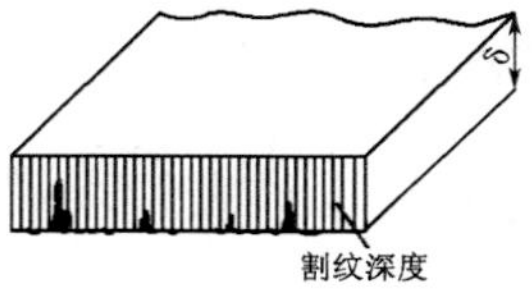 割纹深度
上缘熔化程度	r	切割过程中切口上缘烧塌的现象,简称熔塌。主要表现为是否产生塌角及形成间断或连续性的熔滴及熔化条状物	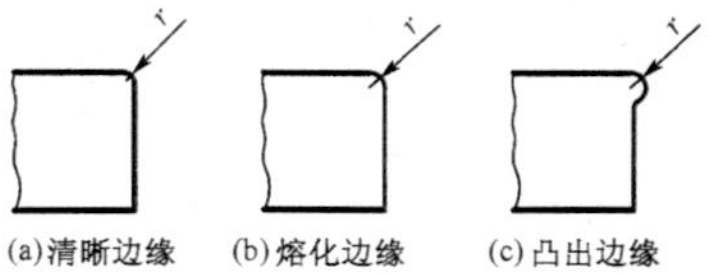 (a)清晰边缘　(b)熔化边缘　(c)凸出边缘
挂渣		切割过程中被氧吹除并黏附于切割面下方的熔融金属及其氧化物	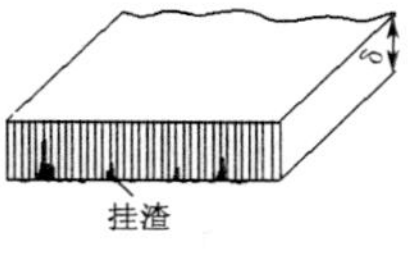 挂渣

表 7 - 2(续)

要素名称	符号	含义	图示
后拖量	n	切割面上切割氧流轨迹的起点和终点在水平方向上的距离	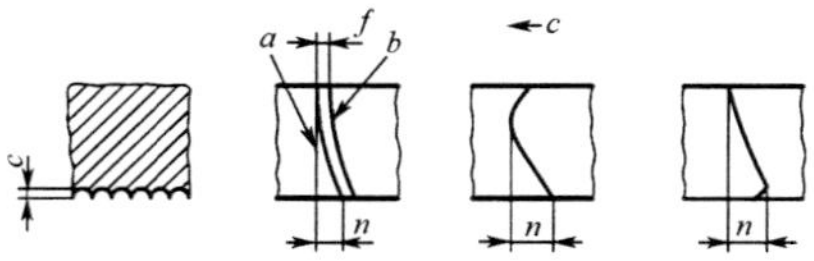
垂直度公差	t	垂直于基准平面与切割长度方向的给定截面内的切割表面轮廓线的垂直度公差。其公差带是距离为公差值 t 且垂直于基准平面和切割长度方向的两平行直线之间的区域	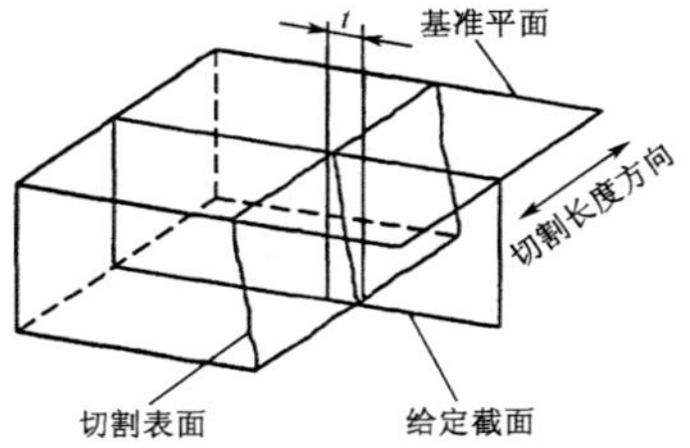
倾斜度公差		垂直于基准平面与切割长度方向的给定截面内的切割表面轮廓线的垂直度公差。其公差带是距离为公差值 t、与基准平面成一定角度并垂直于切割长度方向的两平行直线之间的区域	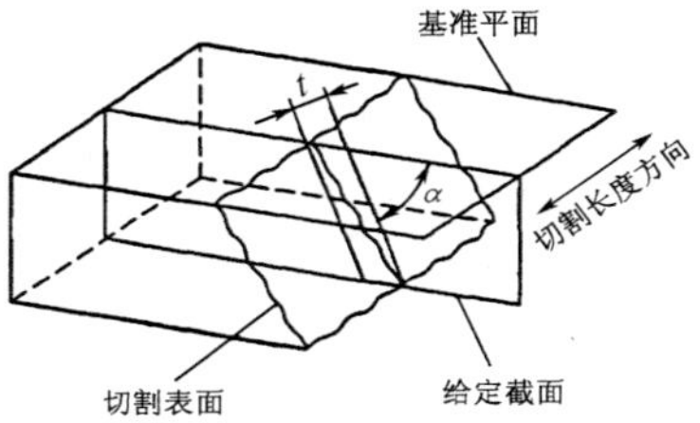
表面粗糙度	R_Z	加工表面上具有的较小间距和峰谷所组成的微观几何形状特征	
坡口精度		坡口角度 $\theta(\theta_1,\theta_2)$ 的公差和坡口深度 $H(H_1,H_2)$ 的公差	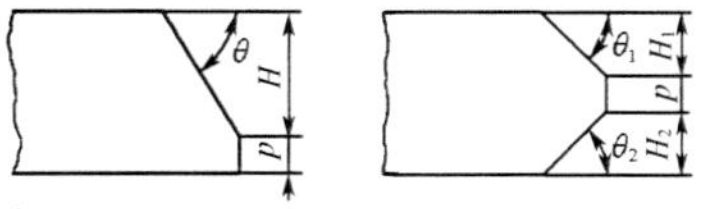
缺口	L	是指在气割面局部区域形成的宽度、深度及形状不规则的缺陷,使均匀的切割面产生中断。缺口也是切割质量的指标之一,常用缺口间的最小间距 L 进行质量评定	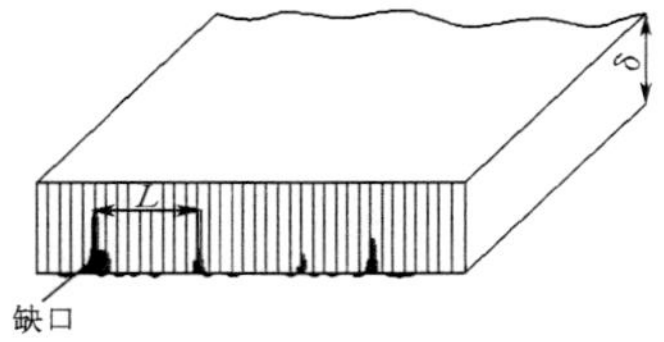
断面单元高度	Z_t	每个断面单元最高点与最低点的距离	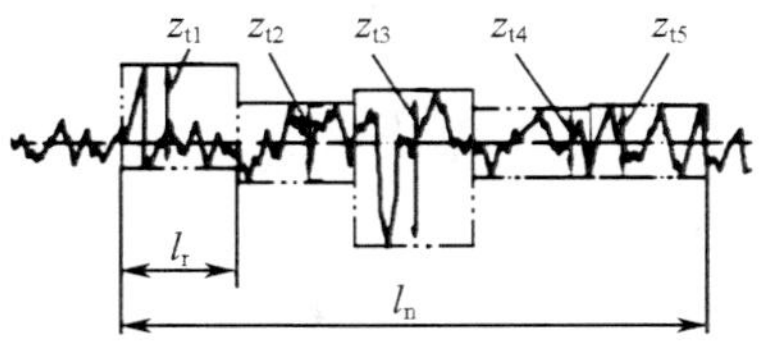
断面平均高度	R_Z5	5 个相邻的量测区间的单个断面单元的算术平均值	$Z_t1 \sim Z_t5$ 代表一个断面单元 l_n 评估长度 l_r 单个采样长度

3. 气割精度要求

气割精度主要包括割件尺寸和坡口尺寸的偏差及板边直线度等。通常是根据割件的用途和性能要求在图纸、技术文件中作出明确规定。

7.2.2　气割质量检验标准

现行气割质量检验标准有 JB/T 10045.3—1999《热切割 切割质量和尺寸偏差》、CB/T 4000—2005《中国造船质量标准》、JB/T 5000.2—2007《重型机械通用技术条件——第 2 部分：火焰切割件》及 ISO 9013—2002《热切割——热切割分类产品几何产品规程及质量公差》。

1. JB/T 10045.3—1999《热切割 切割质量和尺寸偏差》

JB/T 10045—1999 是按平面度 u、割纹深度 h 和缺口间最小间距 L 三个参数评定气割面的质量，共分两级，然后再按 u 和 h 值分成三等，详见表 7−3 至表 7−5。

表 7−3　气割面质量等级

切割面质量	气割面平面度 u	割纹深度 h	缺口的最小间距 L/mm
Ⅰ 级	1 等、2 等	1 等、2 等	≥2 000
Ⅱ 级	1 等、2 等、3 等	1 等、2 等、3 等	≥1 000

表 7−4　平面度 u 的分等取值范围　　　　　　　　单位：mm

切口厚度范围 δ/mm	质量分等		
	1 等	2 等	3 等
$3 \leqslant \delta \leqslant 20$	$u \leqslant 0.2$	$0.2 < u \leqslant 0.5$	$0.5 < u \leqslant 1.0$
$20 < \delta \leqslant 40$	$u \leqslant 0.3$	$0.3 < u \leqslant 0.6$	$0.6 < u \leqslant 1.4$
$40 < \delta \leqslant 63$	$u \leqslant 0.4$	$0.4 < u \leqslant 0.7$	$0.7 < u \leqslant 1.8$
$\delta > 63$	$u \leqslant 0.5$	$0.5 < u \leqslant 0.8$	$0.8 < u \leqslant 2.2$

表 7−5　割纹深度 h 的分等取值范围　　　　　　　　单位：mm

切口厚度范围 δ/mm	质量分等		
	1 等	2 等	3 等
$3 \leqslant \delta \leqslant 20$	$h \leqslant 50$	$50 < h \leqslant 80$	$80 < h \leqslant 130$
$20 < \delta \leqslant 40$	$h \leqslant 60$	$60 < h \leqslant 95$	$95 < h \leqslant 155$
$40 < \delta \leqslant 63$	$h \leqslant 70$	$70 < h \leqslant 115$	$115 < h \leqslant 185$
$\delta > 63$	$h \leqslant 85$	$85 < h \leqslant 140$	$140 < h \leqslant 250$

JB/T 10045—1999 对气割件的尺寸偏差的规定见表 7−6。

表 7-6　工件尺寸偏差的允许值

精度	切割厚度/mm	基本尺寸范围/mm			
		35 ~ <315	315 ~ <1 000	1 000 ~ <2 000	2 000 ~ <4 000
A	3 ~ 50	±0.5	±1.0	±1.5	±2.0
	50 ~ 100	±1.0	±2.0	±2.5	±3.0
B	3 ~ 50	±1.5	±2.5	±3.0	±3.5
	50 ~ 100	±2.5	±3.5	±4.0	±4.5

注:上列尺寸偏差适用于图纸未注明公差尺寸的、长宽比≤4∶1 的工件、切割周长≥350 mm 的工件。

2. CB/T 4000—2005《中国造船质量标准》

CB/T 4000—2005 主要针对船舶建造过程中气割精度、气割质量,从表面粗糙度、缺口、尺寸偏差三方面进行了明确,具体参见表 7-7 至表 7-9。

表 7-7　气割表面粗糙度

项目			标准范围/mm	允许极限/mm	备注
构件自由边	重要部分	自动气割	0.10	0.20	(1)型钢的机械切割按手工气割要求; (2)应除去自由边毛刺
		手工、半自动气割	0.15	0.30	
	非重要部分	自动气割	0.10	0.20	
		手工、半自动气割	0.50	1.00	
焊接接缝边	重要部分	自动气割	0.10	0.20	
		手工、半自动气割	0.40	0.80	
	非重要部分	自动气割	0.10	0.20	
		手工、半自动气割	0.80	1.50	

表 7-8　气割缺口(大于该表面粗糙度三倍的凹口)的允许极限

项目		标准范围	允许极限/mm	备注
构件自由边	在船中 0.6 L 区域内舷顶列板的上缘,强力甲板以及外板上所有开口的边缘,特别重要的纵材及悬臂梁	—	无缺口	(1)L 为船长; (2)特别重要的纵材是指安装在外板上的纵横桁构件,如护板、舭龙骨等; (3)重要的纵、横强力构件是指在 0.6 L 范围内的纵向强力构件,横向肋板,横撑材,以及桁梁的减轻孔的四周、舱口围板的四周边缘、艉尖舱内的肋板、主机基座和推力轴承座的四周边缘,支撑上下各种肘板边缘等应力高的部位的构件;
	重要的纵、横强力构件	—	<1.0	

表7-8(续)

项目		标准范围	允许极限	备注
构件自由边	其他	—	<3.0	(4)修补方法: 　a.用砂轮磨平; 　b.必要时可采用堆焊法修补,但应避免短焊缝
焊接接缝边	对接焊缝　船舯0.6L区域外板、强力甲板	—	<2.0	用砂轮或焊补修整缺口
	对接焊缝　其他	—	<3.0	
	角焊缝	—	<3.0	

表7-9　气割尺寸偏差

项目		标准范围/mm	允许极限/mm	备注
板边缘直线度	自动焊缝	≤0.4	≤0.5	
	半自动焊缝及手工焊缝	1.5	≤2.5	
坡口面尺寸	坡口面角度 θ_0	2°	±4°	按相应船级社规范要求,可取 $3d_1$,$4d_1$ 或 $5d_1$。
	坡口深度 d_1	±1.5	±2.0	
	过渡段长度 l_1	±0.5d_1	±1.0d_1	
构件尺寸	主要构件	±2.5	±4.0	—
	次要构件	±3.5	±5.0	
	面板宽度	±2.0	+4.0 -3.0	

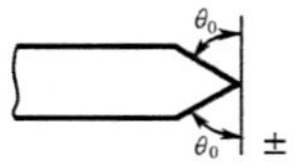

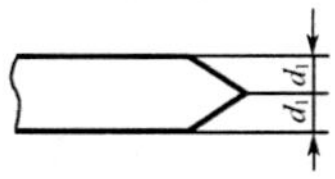

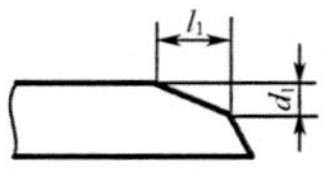

3. JB/T 5000.2—2007《重型机械通用技术条件——第2部分:火焰切割件》

JB/T 5000.2—2007 规定了重型机械火焰切割件的切割表面质量、检测要求及质量等级等内容。

（1）切割表面质量

火焰切割表面质量分垂直度公差和倾斜度公差、表面粗糙度、长度尺寸偏差、坡口角度和深度偏差、表面缺陷（缺口）、上缘熔化程度和挂渣七个方面进行检测，具体细节参见表7-10至表7-16。

表7-10 切割面的垂直度公差和倾斜度公差

切割厚度/mm		6~10	>10~20	>20~40	>40~60	>60~80	>80~100
公差	1级	0.5	0.6	0.8	1.0	1.2	1.4
	2级	1.2	1.3	1.6	1.9	2.2	2.5
切割厚度/mm		>100~130	>130~160	>160~200	>200~250	>250~300	—
公差	1级	1.7	2.0	2.4	2.9	3.4	—
	2级	3.0	3.4	4.0	4.8	5.5	—

注：①当切割厚度 δ 大于300 mm时，推荐按下式计算公差值：1级，$0.4+0.01\delta$；2级，$1+0.015\delta$。

②当图样上标注出切割件长度尺寸极限偏差时，垂直度公差和倾斜度公差应满足包容要求，即当切割件实际长度尺寸（指尺寸线垂直于切割长度方向的尺寸）达到最大实体尺寸时，垂直度和倾斜度实际误差只能发生在最大实体边界内，不能超出边界外（即只能向实体内偏斜）。

③采用手持割炬切割时，欲实现本表数值要求有一定困难，下料时应尽量避免采用（非等级要求的切割面除外）。

表7-11 切割面的表面粗糙度

切割厚度/mm		6~25	>25~50	>50~100	>100~150	>150~200	>200~250	>250~300
粗糙度 /μm	1级	100	100	200	240	280	350	420
	2级	160	200	250	300	400	500	600

注：采用手持割炬切割时，欲实现本表数值要求有一定困难，下料时应尽量避免采用手持割炬切割。受条件限制不得不采用时，应尽量使用靠板等辅助工装，否则应进行割后打磨，以满足本表粗糙度要求（非等级要求的切割面除外）。

表7-12 切割面的长度尺寸极限偏差

级别	公称尺寸/mm	切割厚度/mm						
		6~10	>10~50	>50~100	>100~150	>150~200	>200~250	>250~300
		长度尺寸极限偏差/mm						
A级	≤315	±0.5	±0.7	±1.0	±2.0	±2.5	—	—
	>315~1 000	±0.7	±1.0	±2.0	±2.5	±3.0	±3.5	±4.0
	>1 000~2 000	±1.0	±1.5	±2.5	±3.0	±3.5	±4.0	±5.0
	>2 000~4 000	±1.5	±2.0	±3.0	±4.0	±4.5	±5.0	±6.0
	>4 000~6 000	±2.0	±2.5	±3.5	±4.5	±5.0	±6.0	±7.0
	>6 000	±2.5	±3.0	±4.0	±5.0	±6.0	±7.0	±8.0

表 7 - 12(续)

级别	公称尺寸/mm	切割厚度/mm						
		6 ~ 10	>10 ~ 50	>50 ~ 100	>100 ~ 150	>150 ~ 200	>200 ~ 250	>250 ~ 300
		长度尺寸极限偏差/mm						
B 级	≤315	±1.0	±1.5	±2.5	±3.0	±3.0	—	—
	>315 ~ 1 000	±2.0	±2.5	±3.5	±4.0	±4.5	±4.5	±5.0
	>1 000 ~ 2 000	±2.5	±3.0	±4.0	±5.0	±6.0	±6.0	±7.0
	>2 000 ~ 4 000	±3.0	±3.5	±4.5	±6.0	±7.0	±7.0	±8.0
	>4 000 ~ 6 000	±4.0	±4.5	±5.5	±7.0	±8.0	±9.0	±10.0
	>6 000	±5.0	±5.5	±6.5	±8.0	±9.0	±10.0	±12.0

注:表中极限偏差数值适用于图样上未注公差的尺寸。

表 7 - 13 坡口面得角度及深度极限偏差

级别	坡口角度 $\theta(\theta_1,\theta_2)$ 极限偏差/(°)	钝边高度 $p \leq 4$ mm	钝边高度 $p > 4$ mm	图示
		坡口深度 $H(H_1,H_2)$ 极限偏差/mm		
1 级	±2.5	±0.5	±1.0	
2 级	±5	±1.0	±2.0	

注:坡口角度和坡口深度极限偏差用于图样上标注坡口角度及钝边高度的场合;当图样上未标注坡口角度及钝边高度而工艺要求制作坡口时,应按照 GB/T 985—1999,GB/T 986—1988 规定的角度范围和钝边高度范围进行制作和检查。

表 7 - 14 切割面的表面缺陷要求

级别	缺陷宽度/mm	缺陷深度/mm	缺陷间距/mm
1 级	≤3	≤1	≥3
2 级	≤5	≤1.5	≥2

注:①宽度、深度或间距超过本表要求的缺陷,应采用焊补方法将其填满磨平(非等级切割除外)。
②暴露于产品外观表面的缺陷,未超过本表要求时亦应打磨光顺。

表 7 – 15 切割面的上缘熔化程度要求

级别	上缘熔塌圆角半径 r	目视熔化状态
1 级	$r \leq 0.5\Delta a$	仅有细微的圆弧连续纹迹,无明显的熔融金属颗粒飞溅
2 级	$r \leq \Delta a$	上缘有明显且连续的珠状纹迹,并伴有熔融金属颗粒飞溅

注:①r 及 Δa 见图 7 – 2 及表 7 – 17。

②熔塌圆角半径超过本表要求、熔珠飞溅严重且连成条状时,应做等级外处理。

表 7 – 16 切割面的挂渣要求

级别	挂渣清除难易程度
1 级	挂渣较少,可轻易剥离和清除;清理后无明显痕迹
2 级	挂渣较多,经敲击可清理干净;清理后有一定痕迹

注:挂渣与母材融成一体、非铲削不能清除、铲后其分离部位有明显金属撕裂痕迹时,为不合格,应打磨消除残余挂渣。

(2)切割检测要求

JB/T 5000.2—2007 对检测要求及检测方法进行了规定。

①检测垂直度和倾斜度误差时,按照图 7 – 2 和表 7 – 17 的规定确定检测范围 a(扣除 Δa 后的剩余部分)。

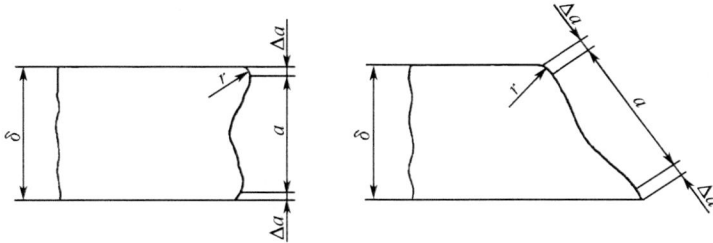

图 7 – 2 垂直度和倾斜度误差检测示意图

表 7 – 17 垂直度和倾斜度的检测范围

切割厚度 δ/mm	6 ~ 10	> 10 ~ 20	> 20 ~ 40	> 40 ~ 100	> 100 ~ 150	> 150 ~ 200	> 200 ~ 250	> 250 ~ 300
Δa/mm	0.6	1.0	1.5	2.0	3.0	5.0	8.0	10.0

②检测切割面垂直度、倾斜度、表面粗糙度时,按下列要求确定检测部位:

a. 检测部位不应存在表面缺陷;

b. 检测部位不应紧靠切割面长度方向的端部,至少应相距一个切割厚度尺寸;

c. 检测部位的测量基准面(工件的上表面)应平整、洁净;

d. 评定表面粗糙度的基准线应选在切割面上距工件基准面三分之二处,且与基准面平行。

③检测部位的数量按表 7-18 规定选取。

表 7-18　检测部位的数量要求

切割表面质量		切割面长度/mm			测量部位分布
		≤500	>500~1 000	>1 000	
项目	级别	测量部位数量			
垂直度、倾斜度	1	2	3	5	沿切割面长度方向均布
	2	1	2	3	
表面粗糙度 R_Z	1	2	3	5	
	2	1	2	3	
坡口精度	1	2	3	5	
	2	1	2	3	

注:测量部位应尽量选择在误差较大处。

④按照表 7-19 的要求对切割质量进行检测。

表 7-19　切割质量检测方法

项目	检测方法	量具
垂直度、倾斜度	以工件上表面为基准面进行检测	角尺、塞尺、测量钢丝
表面粗糙度 R_Z	与样板比较	切割表面质量样板
尺寸精度	端头对齐拉直	钢直尺、钢卷尺
坡口精度	深度、高度测量	钢直尺、深度卡尺、焊口检测器
	角度测量	焊口检测器、角度规、专用样板
表面缺陷	目视检测	钢直尺、钢卷尺、放大镜
上缘熔化	目视检测	放大镜
挂渣	清渣检测	—

(3)切割质量等级

按照 JB/T 5000.2—2007 切割质量等级要求见表 7-20 所示。

表 7-20　切割质量等级要求

项目	切割质量等级	
	Ⅰ级	Ⅱ级
垂直度、倾斜度	1 级	2 级
表面粗糙度 R_Z	1 级	2 级
尺寸精度	A 级	B 级

表 7 – 20（续）

项目	切割质量等级	
	Ⅰ级	Ⅱ级
坡口精度	1 级	2 级
表面缺陷	1 级	2 级
上缘熔化	1 级	2 级
挂渣	1 级	1 级或 2 级

注:①坡口表面粗糙度均为 2 级。
　　②无特殊要求时,产品零件的切割质量等级通常选用Ⅱ级。
　　③关键件、重要件的主要表面,其切割质量等级应选用Ⅰ级。

4. ISO 9013—2002《热切割——热切割分类产品几何产品规程及质量公差》

ISO 9013—2002 规定了厚度在 3 ~ 300 mm 范围内,火焰切割的几何产品规程和质量公差。切割质量主要通过垂直度或角度公差、断面平均高度进行评价,也可加入后拖量、上缘熔化度、切割面下缘可能出现的残渣或熔瘤等补充要素进行综合评价。测量时按表 7 – 21 和表 7 – 22 的要求进行仪器选择。

表 7 – 21　精度测量仪器要求

项目	误差极限	精度测量仪器范例
垂直度或角度公差	0.02 mm	沿切割厚度方向和公称角度放置带有指示表的导向装置探针接触点角度≤90°探针接触点半径≤0.1 mm
断面平均高度	0.002 mm	精密测量仪器,如沿切割方向连续扫描的电接触探针仪
后拖量	0.05 mm	带有十字线和可调横向滑板的测量显微镜
上缘熔化度	0.05 mm	扫描切口上缘断面的带读数表的特种设备
直线度	0.2 mm	测隙规钢线最大直径 0.5 mm

表 7 – 22　粗糙度测量仪器要求

项目	误差极限	粗糙度测量仪器范例
垂直度或角度公差	0.1 mm	角尺(车间用尺,精度为 1 度或 2 度);坡面切割测量用测角规或三角尺,置于公称坡面角度或固定角度处;测量用带带探测点的深度计、尺度索、测隙规
断面平均高度	—	—
后拖量	0.2 mm	角尺(车间用尺);坡面切割测量用滑动角尺或三角板;带游标的测径规或带游标的刻度尺。从拖线角至线长处带有换算表的测角规
上缘熔化度	0.1 mm	凸面规(半径规)
直线度	0.2 mm	测隙规钢线最大直径 0.5 mm

测量应在无氧化物、无杂质的切割面进行,测量点的数量及位置取决于工件的形状和尺寸,有时还取决于工件的用途。通常情况下制造商应规定测量点的数量和位置,如果制造商未作要求,应按照下列默认要求进行:

(1)垂直度或角度公差按照每米切割面间隔 20 mm 处应对 3 个测量点进行 2 次测量;

(2)断面平均粗糙度按照每米切割面对一个测量点进行一次测量;

(3)垂直度或角度公差仅在切割表面限定区域内进行测量,该区域为切割面除去上、下缘 Δa 以外的整个区域,具体参见表 7 - 23 及图 7 - 2,但当切割厚度低于 2 mm 时,测定垂直度或角度公差的方法需另作确定。

表 7 - 23　Δa 尺寸

切割厚度 a/mm	≤3	>3 ~ 6	>6 ~ 10	>10 ~ 20	>20 ~ 40
Δa/mm	0.1a	0.3	0.6	1.0	1.5
切割厚度 a/mm	>40 ~ 100	>100 ~ 150	>150 ~ 200	>200 ~ 250	>250 ~ 300
Δa/mm	2.0	3.0	5.0	8.0	10.0

断面平均粗糙度取决于切割表面的有限区域。按照 ISO 4288 的规定,应在切割厚度表面粗糙度最高处进行测量工作。氧气火焰切割以及等离子切割通常在切口上缘至切割厚度 2/3 处测量。当切割厚度低于 2 mm 时,应在切口上缘至切割厚度 1/2 处进行测量。

垂直度或角度公差范围参照图 7 - 3 和表 7 - 24 所示。

表 7 - 24　垂直度或角度公差,u

范围	1	2	3	4	5
垂直度或角度公差,u/mm	0.05 + 0.003a	0.15 + 0.007a	0.4 + 0.01a	0.8 + 0.02a	1.2 + 0.035a

断面平均高度范围参照图 7 - 4 和表 7 - 25 所示。

表 7 - 25　断面平均高度,R_{ZS}

范围	1	2	3	4
断面平均高度,R_{ZS}/μm	10 + (0.6a mm)	40 + (0.8a mm)	70 + (1.2a mm)	110 + (1.8a mm)

一般情况下,图样上的尺寸为公称尺寸,实际尺寸则在清理过的切割面上测取。图样或其他文件(如供货条件)通常以 ISO 9013—2002 为基准,未注公差的尺寸应采用表 7 - 26 和表 7 - 27 规定的极限值。

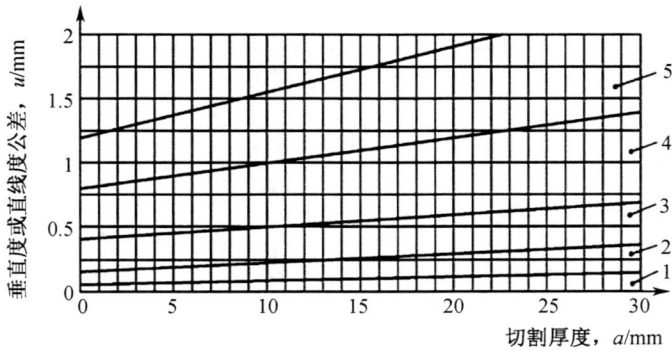

(a)

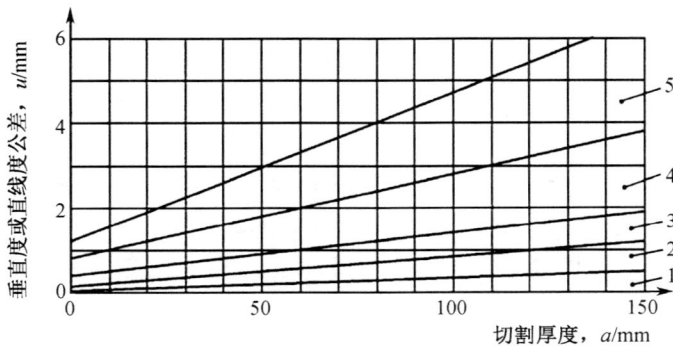

(b)

图 7 - 3　垂直度或角度公差，u

（a）垂直度或直线度公差，u—工作厚度 30 mm 以内；（b）垂直度或角度公差，u—工件厚度 150 mm 以内

表 7 - 26　公称尺寸的极限偏差——1 级公差

工件厚度/mm	公称尺寸/mm							
	>0<3	≥3<10	≥10<35	≥35<125	≥125<315	≥315<1 000	≥1 000<2 000	≥2 000<4 000
	极限偏差/mm							
>0≤1	±0.04	±0.1	±0.1	±0.2	±0.2	±0.3	±0.3	±0.3
>1≤3.15	±0.1	±0.2	±0.2	±0.3	±0.3	±0.4	±0.4	±0.4
>3.15≤6.3	±0.3	±0.3	±0.4	±0.4	±0.5	±0.5	±0.5	±0.6
>6.3≤10	—	±0.5	±0.6	±0.6	±0.7	±0.7	±0.7	±0.8
>10≤50	—	±0.6	±0.7	±0.7	±0.8	±1	±1.6	±2.5
>50≤100	—	—	±1.3	±1.3	±1.4	±1.7	±2.2	±3.1
>100≤150	—	—	±1.9	±2	±2.1	±2.3	±2.9	±3.8
>150≤200	—	—	±2.6	±2.7	±2.7	±3	±3.6	±4.5

表 7 - 26(续)

工件厚度/mm	公称尺寸/mm							
	>0 <3	≥3 <10	≥10 <35	≥35 <125	≥125 < 315	≥315 < 1 000	≥1 000 < 2 000	≥2 000 < 4 000
	极限偏差/mm							
>200 ≤250	—	—	—	—	—	±3.7	±4.2	±5.2
>250 ≤300	—	—	—	—		±4.4	±4.9	±5.9

注:①上述偏差只适用于火焰切割和等离子切割长宽比(长度:宽度)不大于 4:1、切割长度不小于 350 mm 的工件。

②当火焰切割或等离子切割工件的长宽比大于 4:1,应由制造商按照本国际标准规定的原则对极限偏差作出规定。

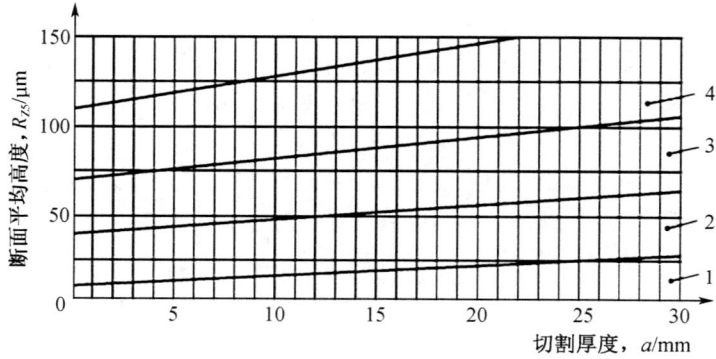

(a)

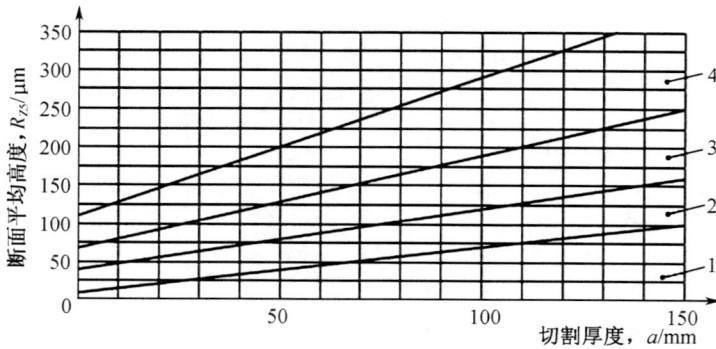

(b)

图 7 - 4 断面平均高度,R_{ZS}

(a)断面平均高度,R_Z—工件厚度 30 mm 以内;(b)断面平均高度,R_Z—工件厚度 50 mm 以内

表 7 - 27　公称尺寸的极限偏差—2 级公差

工件厚度/mm	公称尺寸/mm							
	>0 <3	≥3 <10	≥10 <35	≥35 <125	≥125 < 315	≥315 < 1 000	≥1 000 < 2 000	≥2 000 < 4 000
	极限偏差/mm							
>0≤1	±0.1	±0.3	±0.4	±0.5	±0.7	±0.8	±0.9	±0.9
>1≤3.15	±0.2	±0.4	±0.5	±0.7	±0.8	±0.9	±1.0	±1.1
>3.15≤6.3	±0.5	±0.7	±0.8	±0.9	±1.1	±1.2	±1.3	±1.3
>6.3≤10	—	±1	±1.1	±1.3	±1.4	±1.5	±1.6	±1.7
>10≤50	—	±1.8	±1.8	±1.8	±1.9	±2.3	±3	±4.2
>50≤100	—	—	±2.5	±2.5	±2.6	±3	±3.7	±4.9
>100≤150	—	—	±3.2	±3.3	±3.4	±3.7	±4.4	±5.7
>150≤200	—	—	±4	±4	±4.1	±4.5	±5.2	±6.4
>200≤250	—	—	—	—	—	±5.2	±5.9	±7.2
>250≤300	—	—	—	—	—	±6	±6.7	±7.9

注:①上述偏差只适用于火焰切割和等离子切割长宽比(长度:宽度)不大于 4:1、切割长度不小于 350 mm 的工件。

②当火焰切割或等离子切割工件的长宽比大于 4:1,应由制造商按照本国际标准规定的原则对极限偏差作出规定。

第8章 气割安全

8.1 生产概述

安全生产是指在社会生产活动中,通过人、机、物料、环境和方法的和谐运作,使生产过程中潜在的各种事故风险和伤害因素始终处于有效控制状态,切实保护劳动者的生命安全和身体健康。也就是说,为了使劳动过程在符合安全要求的物质条件和工作秩序下进行,防止人身伤亡、财产损失等生产事故,消除或控制危险有害因素,保障劳动者的安全健康和设备设施免受损坏、环境的免受破坏的一切行为。

安全生产是安全与生产的统一,其宗旨是安全促进生产,生产必须安全。搞好安全工作,改善劳动条件,可以调动职工的生产积极性;减少职工伤亡,可以减少劳动力的损失;减少财产损失,可以增加企业效益,无疑会促进生产的发展;而生产必须安全,则是因为安全是生产的前提条件,没有安全就无法生产。

8.1.1 安全生产的本质

1. 保护劳动者的生命安全和职业健康是安全生产本质的核心

保护劳动者的生命安全和职业健康是安全生产最根本、最深刻的内涵,是安全生产本质的核心。它充分揭示了安全生产以人为本的导向性和目的性,它是我们党和政府以人为本的执政本质、以人为本的科学发展观的本质、以人为本构建和谐社会的本质在安全生产领域的鲜明体现。

2. 突出强调了最大限度的保护

所谓最大限度的保护,是指在现实经济社会所能提供的客观条件的基础上,尽最大的努力,采取加强安全生产的一切措施,保护劳动者的生命安全和职业健康。根据目前我国安全生产的现状,需要从三个层面上对劳动者的生命安全和职业健康实施最大限度的保护:一是在安全生产监管主体,即政府层面,把加强安全生产、实现安全发展,保护劳动者的生命安全和职业健康,纳入经济社会管理的重要内容,纳入社会主义现代化建设的总体战略,最大限度地给予法律保障、体制保障和政策支持。二是在安全生产责任主体,即企业层面,把安全生产、保护劳动者的生命安全和职业健康作为企业生存和发展的根本,最大限度地做到责任到位、培训到位、管理到位、技术到位和投入到位。三是在劳动者自身层面,把安全生产和保护自身的生命安全和职业健康,作为自我发展、价值实现的根本基础,最大限度地实现自主保护。

3. 突出了在生产过程中的保护

生产过程是劳动者进行劳动生产的主要时空,因而也是保护其生命安全和职业健康的主要时空,安全生产的以人为本,具体体现在生产过程中的以人为本。同时,它还从深层次揭示了安全与生产的关系。在劳动者的生命和职业健康面前,生产过程应该是安全地进行生产的过程,安全是生产的前提,安全又贯穿于生产过程的始终。两者发生矛盾,当然是生产服从于安全,当然是安全第一。这种服从,是一种铁律,是对劳动者生命和健康的尊重,是对生产力最主要最活跃因素的尊重。如果不服从、不尊重,生产也将被迫中断,这就是人们不愿见到的事故发生的强迫性力量。

4. 突出了一定历史条件下的保护

这个一定的历史条件,主要是指特定历史时期的社会生产力发展水平和社会文明程度。强调一定历史条件的现实意义在于:一是有助于明加强安全生产工作的现实紧迫性;二是有助于明确安全生产的重点行业取向,如煤矿、建筑、造船等行业是现阶段的高危行业的劳动者,其生命安全和职业健康更应受到重点保护,更应加大这些行业安全生产工作的力度,遏制重特大事故的发生。因此立足现实条件,充分利用和发挥现实条件,加强安全生产工作,是我们的当务之急。并不断推动现实条件向更高层次、更为先进的历史条件形态转化,从而为不断满足保护劳动者的生命安全和职业健康这一根本需求提供新的条件、新的手段、新的动力。

8.1.2　安全生产的基本内容

安全生产的基本内容是采取组织措施和技术措施,保证从业人员在生产过程中的人身安全免遭伤害,使国家财产免遭损失,促进经济可持续发展。主要有以下几个方面:

(1)建立和健全各级安全生产责任制;

(2)组织制定单位的安全生产规章制度和操作规程;

(3)保证安全生产投入的有效实施,积极改善劳动条件;

(4)开展安全生产培训和宣传教育,提高从业人员的安全意识和安全操作水平;

(5)加强安全检查,消除事故隐患;

(6)依靠科技进步,采取先进装备和先进的管理模式。

8.1.3　安全生产法

"法者,天下之程式也,万事之仪表也。"我国《安全生产法》由1981年原国家劳动总局牵头起草《劳动保护法(草案)》开始历时21年,于2002年6月29日正式颁布施行,2014年12月1日新修订的《安全生产法》开始实施。

1. 安全生产法的三大目标

保障人民生命安全,保护国家财产安全,促进社会经济发展。由此确立了安全(生产)所具有的保护生命安全的意义、保障财产安全的价值和促进经济发展的生产力功能。

2. 安全生产法的七项基本法律制度

(1)安全生产监督管理制度

这项制度主要包括安全生产监督管理体制、各级人民政府和安全生产监管部门以及其他有关部门各自的安全监督管理职责、安全监督检查人员职责、社会基层组织和新闻媒体进行安全生产监督的权利和义务等。

(2)生产经营单位安全保障制度

这项制度主要包括生产经营单位的安全生产条件、安全管理机构及其人员配置、安全投入、从业人员安全资质、安全条件论证和安全评价、安全设施的设计审查和竣工验收、安全技术装备管理、生产经营场所安全管理和社会工伤保险等。

（3）生产经营单位负责人安全责任制度

这项制度主要包括生产经营单位主要负责人和其他负责人、安全生产管理人员的资质及其在安全生产工作中的主要职责。

（4）从业人员安全生产权利义务制度

主要包括生产经营单位的从业人员在生产经营活动中的基本权利和义务，以及应当承担的法律责任。

（5）安全中介服务制度

这项制度主要包括从事安全评价、评估、检测、检验和咨询服务等工作的安全中介机构和安全专业技术人员的法律地位、任务和责任。

（6）安全生产责任追究制度

这项制度主要包括安全生产的责任主体、安全生产责任的确定和责任形式、追究安全责任的机关、依据、程序和安全生产法律责任。

（7）事故应急和处理制度

这项制度主要包括事故应急预案的制定、事故应急体系的建立、事故报告、调查处理的原则和程序、事故责任的追究和事故信息发布等。

3. 安全生产法四种监督方式

《安全生产法》是明确规定了我国安全生产的四种监督方式：第一是工会民主监督，即工会有权对建设项目的安全设施与主体工程同时设计、同时施工、同时投入生产和使用的情况进行监督，提出意见；第二是社会舆论监督，即新闻、出版、广播、电影和电视等单位有对违反安全生产法律、法规的行为进行舆论监督的权利；第三是公众举报监督，即任何单位或者个人对事故隐患或者安全生产违法行为，均有权向负有安全生产监督管理职责的部门报告或者举报；第四是社区报告监督，即居民委员会、村民委员会发现其所在区域内的生产经营单位存在事故隐患或者安全生产违法行为时，有权向当地人民政府或者有关部门报告。

4. 安全生产法的四个责任对象

《安全生产法》明确了对我国安全生产现有责任的各方，包括以下四个方面：政府责任方，即各级政府和对安全生产有监管职责的有关部门；生产经营单位责任方；从业人员责任方；中介机构责任方。

5. 安全生产法十三种处罚方式

《安全生产法》明确了对相应违法行为的处罚方式：对政府监督管理人员有降级、撤职的行政处罚；对政府监督管理部门有责令改正、责令退还违法收取的费用的处罚；对中介机构有罚款、第三方损失连带赔偿、撤销机构资格的处罚；对生产经营单位有责令限期改正、停产停业整顿、经济罚款、责令停止建设、关闭企业、吊销其有关证照、连带赔偿等处罚；对生产经营单位负责人有行政处分、个人经济罚款、限期不得担任生产经营单位的主要负责人、降职、撤职、处 15 日以下拘留等处罚；对从业人员有批评教育、依照有关规章制度给予处分的处罚。无论任何人，造成严重后果。构成犯罪的，依照刑法有关规定追究刑事责任。

6. 从业人员八项权利和四项义务

（1）《安全生产法》明确了从业人员的八项权利

①知情权，即有权了解其作业场所和工作岗位存在的危险因素、防范措施和事故应急措施；

②建议权,即有权对本单位的安全生产工作提出建议;

③批评权和检举、控告权,即有权对本单位安全生产管理工作中存在的问题提出批评、检举、控告;

④拒绝权,即有权拒绝违章作业指挥和强令冒险作业;

⑤紧急避险权,即发现直接危及人身紧急情况时,有权停止作业或者在采取可能的应急措施后撤离作业场所;

⑥依法向本单位要求赔偿的权利;

⑦获得符合国家标准或者行业标准劳动防护用品的权利;

⑧获得安全生产教育和培训的权利。

(2)《安全生产法》明确了从业人员的四项义务

①遵章守规,服从管理的义务;

②佩戴和使用劳动防护用品的义务

③接受培训,掌握安全生产技能的义务

④发现事故隐患及时报告的义务

7. 企业负责人六项责任

《安全生产法》对生产经营单位负责人的安全生产责任作了专门的规定:建立健全安全生产责任制;组织制定安全生产规章制度和操作规程;保证安全生产投入;督促检查安全生产工作,及时消除生产安全事故隐患;组织制定并实施生产安全事故应急救援预案;及时如实报告生产事故。

8.2　气割安全技术

气割作业是明火操作,又使用易燃易爆气体,因为气体泄漏或操作不当,各类事故时有发生。因此有关人员必须重视安全生产,制定并严格执行安全操作规程,遵守各项安全法规和安全生产规章制度。

8.2.1　气割作业安全技术要点

(1)气割作业场所必须配备消防装置,如消防栓、灭火器、沙箱及盛满水的水桶等。

(2)从事气割操作人员必须经三级安全教育,学习并掌握安全操作知识,经考核合格者方能上岗工作。

(3)必须严格执行电石、乙炔发生器、乙炔瓶、液化石油气瓶(或储罐)、氧气瓶等及各种减压器的使用规则和安全注意事项。

(4)进入生产现场必须戴好安全帽和必要的防护用品,在 3 m 以上高空作业时应系好安全带。

(5)气割场所附近不得堆放易燃易爆物品,更不允许在储有易燃易爆物品的场所进行气割作业。必须在可燃物附近作业时,距离可燃物的间距不应小于 5 m,并设置遮挡屏等防止火星和气割熔渣飞向可燃物。

(6)储存过原油、汽油或其他易燃易爆液体和气体的容器或舱室,事先应对容器进行清洗,经测爆合格后,再在孔盖完全打开的情况下进行切割。

(7)在容器或狭小舱室内气割时,严禁使用漏气的皮管和割炬等,因泄漏的燃气在容器内不易扩散,遇火会爆炸。工作告一段落应将割炬和皮管携出。当容器的容积较小时,割炬应在外面点火。

(8)必须在敷有易燃物或新涂过油漆的舱室进行气割作业时,事先应取得消防部门的同意,并有消防人员在现场才能切割。

(9)高空操作时,应看清周围环境和风向,并注意下面是否有人员和易燃物品,以免伤人或引起火灾。同时割下的废余料不可以让其随意坠落。

(10)切割现场必须照明时,手持照明灯的电压不得超过 36 V。

8.2.2 电石的储存、运输与使用安全事项

(1)存放电石的仓库应干燥、保持良好的通风、不漏雨。严禁采暖管线和水管等通过库房。库内照明设备应采用防爆式、电灯开关必须采用封闭式,或者采用室外投射照明。不得在低洼、易进水的房屋内储存电石。不准用地下室储存电石。

(2)装运电石桶应使用专车并加以信号标志。搬运电石桶时应先松开桶盖上的螺钉放气。搬运桶时要轻搬轻放,不可用钢丝绳直接吊运电石桶,不得滚动或扔摔,以免桶内电石受剧烈振动柜互撞击引起火花而爆炸。在雨雪天装运电石时,要有避雨水和防潮措施。

(3)开启电石桶时,不得使用可能产生火花的工具,特别是铁器,最好采用铍铜合金制的专用工具,不可在有明火的场所开通。开桶时操作人员不可面对桶盖。

(4)取用电石后应随即关闭桶盖。取用或砸碎大块电石时,操作者应戴眼镜、手套和口罩。

(5)剩余的细小电石粉末,应送到电石坑集中由专人处理,不可混在一般的垃圾中。

(6)扑灭电石引发的火灾应使用干沙或二氧化碳灭火。严禁使用四氯化碳灭火器、水或化学反应时会产生水分的灭火器,如泡沫灭火器。

8.2.3 乙炔发生器的安全管理和安全操作

乙炔发生器是易爆装置,特别是移动式乙炔发生器,因为结构上和操作上的不当而造成的事故较多,要特别重视其安全管理和安全操作。一定要使用安全性能和技术性能符合有关标准的乙炔发生器,并应有产品合格证和使用说明书。不得使用不符合标准的产品,更不允许使用自制的浮桶式乙炔发生器。

固定式乙炔发生器应安装在符合规定的乙炔站内。室内及周围禁止一切明火。

1. 使用乙炔发生器的注意事项

(1)使用乙炔发生器的操作人员必须经过培训并掌握发生器的构造、工作原理和维护规则以及安全技术规程,经考试合格、取得安全操作合格证方可操作。

(2)移动式乙炔发生器应放在空气流通和不发生振动的地方,离高温源或明火至少保持 10 m 间隔,且不得放在高压线下方。置于室外时,夏季应防曝晒,冬季要防止冻结。发生冻结时严禁用火烘烤,要用热水或蒸汽进行解冻。

(3)发生器不能有漏气现象,对此应采用涂肥皂水进行检查,绝对不可用火焰来做试验。

(4)不能将已点燃的割炬或焊炬靠近发生器,也不可在发生器旁边吸烟。

(5)发生器工作或更换电石后,应先把其中的空气排除,然后才能接上割炬和焊炬输气。

（6）发生器必须装上回火防止器。

（7）各种乙炔发生器工作时，水温不得超过 60 ℃，发气室温度不得超过 90 ℃。当超过以上温度时应用冷水喷射降温或添加冷水。

（8）禁止在气割或气焊操作时移动发生器或增加冷却水。

（9）使用的电石粒度应符合发生器说明书规定，粒度小于 4 mm 的电石不可使用。电石的装入量也要符合说明书规定，不可过量。

2. 乙炔发生器安全操作规程

（1）移动式中压乙炔发生器安全操作方法

①加电石操作

a. 旋松开盖手柄，放下压板环，启开盖板，然后灌入清水并旋开溢水阀，见水溢出即关闭；

b. 将水封式回火防止器水位阀、储气室水位阀旋开，灌入清水，直至水溢出水位阀为止；

c. 移动调节杆，使电石篮脱离水面，将电石放入篮中，装完后立即把盖关闭并旋紧开盖手柄。移动调节杆使之复位，电石与水接触就产生乙炔。当需调节发气量时再移动调节杆。

②排污操作

拉开排污开关杆，推动橡皮塞，使电石污从出渣口排出。然后用清水冲洗出渣口，以防止橡皮塞损伤。一般经过三次装料后就要排一次污。

③日常运行操作要点

发生器工作结束后应把未用完的电石取出，并进行放污、清洗，在严冬季节应注意将发生器内的水排干；回火防止器的水位必须每天检查，必要时需调换清水。

（2）固定式中压乙炔发生器安全操作方法

①日常操作要点

a. 把规定数量的电石放入电石篮，推入发气室，关紧发气室盖。

b. 将加水桶灌满水，然后向发室注水，使电石发气。

c. 乙炔压力下降时，打开顺泄阀，看是否有水喷出，并检查发气室情况。

d. 有 2 个发气室的发生器，第二个发气室工作后，让已不工作的第一个发气室发尽余气（需 5～10 min），随后即对其进行冲洗，同时打开排污阀排污。

e. 排污完毕，打开发气室盖，冲洗后加装电石。

f. 向水封式回火防止器加水至水位阀。使用干式防止器时检查一下是否处于工作状态。

g. 发生器停止工作后，即关闭乙炔管主阀。

h. 检查一下发生器水位。

②发生器启用、清洗和大修后的操作要点

a. 向回火防止器内注水至水位阀为止。

c. 关闭进水阀。

d. 向发生器放水至水位阀，清除发生器内的混合气体。

e. 把规定数量的电石放入电石篮内，推入发气室，关紧发气室盖。

f. 向发气室注水使之发气。

g. 清除回火防止器中的混合气体。

3. 回火防止器的安全使用

回火防止器的使用和维护要点如下：

(1)尽可能采用干式回火防止器。

(2)干式回火防止器的阻火元件应经常清洗以保持气路畅通。多次回火后,应更换阻火元件。

(3)水封式回火防止器必须垂直放置并要经常换水,注意保持必要的水位。

(4)一个回火防止器只能供一把割炬或焊炬使用,不得合用。当一个乙炔发生器向多个割炬或焊炬供气时,除应装总的回火防止器外,每个工作岗位都须安装岗位式回火防止器。

(5)禁止使用无水封的、漏气的、逆止阀失灵的回火防止器。

4. 减压器的安全使用

使用减压器应按下述规则执行：

(1)氧气瓶放气或开启减压器时动作必须缓慢。如果阀门开启速度过快,减压器工作部分的气体因受绝热压缩而温度大大提高,这样有可能使有机材料制成的零件如橡胶填料、橡胶薄膜纤维质衬垫着火烧坏,并可使减压器完全烧坏。另外,由于放气过快产生的静电火花以及减压器有油污等,也会引起着火燃烧,烧坏减压器零件。

(2)减压器安装前及开启气瓶阀时的注意事项:安装减压器之前,要略打开氧气瓶阀门,吹除污物,以防灰尘和水分带入减压器。在开启气瓶阀时,瓶阀出气口不得对准操作者或他人,以防高压气体突然冲出伤人。减压器出气口与气体橡胶管接头处必须用退过火的铁丝或卡箍拧紧,防止送气后脱开发生危险。

(3)减压器装卸及工作时的注意事项:装卸减压器时必须注意防止管接头丝扣滑牙,以免因旋装不牢而射出。在工作过程中必须注意观察工作压力表的压力数值。停止工作时应先松开减压器的调压螺钉,再关闭氧气瓶阀,并把减压器内的气体慢慢放尽,这样可以保护弹簧和减压活门免受损坏。工作结束后,应从气瓶上取下减压器,加以妥善保存。

(4)减压器必须定期校修,压力表必须定期检验。这样做是为了确保调压的可靠性和压力表读数的准确性。在使用中如发现减压器有漏气现象、压力表针动作不灵等,应及时维修。

(5)减压器冻结的处理。减压器在使用过程中如发现冻结,应使用热水或蒸汽解冻,绝不能用火焰或红铁烘烤。减压器加热后,必须吹掉其中残留的水分。

(6)减压器必须保持清洁。减压器上不得沾染油脂、污物,如有油脂,必须在擦拭干净后才能使用。

(7)各种气体的减压器及压力表不得调换使用,如用于氧气的减压器不能用于乙炔、石油气等系统中。

8.2.4　各种气瓶搬运和使用安全事项

1. 氧气瓶搬运和使用安全注意事项

(1)氧气瓶用的阀门要彻底杜绝油类污染,对已被油脂污染的,可使用四氯化碳进行清洗。

(2)禁止把氧气瓶和溶解乙炔瓶或其他可燃气体瓶放在一起或同车运输。

(3)运送时应将气瓶沿同一方向卧放码齐,并加以固定,避免瓶体相互碰撞和受到剧烈振动。

（4）禁止从车上或从高处直接滚下气瓶和在地面上滚动搬运气瓶。

（5）禁止带压拧动瓶阀螺杆，或猛击减压器的调节螺丝等方法来处理泄漏的气瓶。

（6）使用时应尽可能把气瓶垂直放置并用支架固定，防止倾倒。

（7）夏天应防止气瓶受阳光曝晒，露天使用时应设临时棚、罩遮蔽。另外还应防止直接受高温热源辐射，以免瓶内气体膨胀而发生爆炸。

（8）氧气瓶与乙炔发生器、易燃物品或其他明火点的距离一般不小于 10 m，当环境条件不允许时，应保证不小于 5 m，并须加强防护。

（9）气瓶中的氧气不允许全部用完，至少应留 0.1～0.2 MPa 表压的剩余气体。

（10）气瓶必须装上瓶帽和防震橡胶圈。集中储存氧气瓶的地方不允许存在明火作业和吸烟的现象。

（11）氧气瓶在使用过程中应按国家质检总局颁发的《气瓶安全监察规程》定期进行各项检验。过期未检验的气瓶不允许继续使用。

2. 乙炔瓶搬运、储存和使用安全事项

（1）乙炔瓶运输安全注意事项

①应轻装、轻卸，严禁抛、滑、滚、碰。

②车、船运输时应妥善固定。汽车装运时，如卧放，不得超过车厢挡板高度，且头部应朝向同一方向；直立排放时，车厢挡板高度不得低于瓶高的三分之二。

③夏季运输要有遮阳设施，防止曝晒，炎热地区应避免白昼运输。

④车上禁止烟火，并应配备干粉或二氧化碳灭火器（严禁用四氯化碳灭火器）。

⑤严禁与氯气瓶、氧气瓶和易燃物品同车运输。

⑥严格遵守交通和公安部门颁布的危险品运输条例及有关规定。

（2）乙炔瓶储存安全注意事项

①储存乙炔瓶超过 5 瓶、但不超过 20 瓶时，应在现场或车间内用非燃烧体或难燃烧体墙隔成单独的储存间；超过 20 瓶时应设置乙炔瓶库。乙炔瓶库的设计和建造应符合《建筑设计防火规范》和《乙炔站设计规范》的有关规定。

②储存间与明火或散发火花点的距离不得小于 15 m，且要有良好的通风降温措施，并避免阳光直射，在其附近应设有消防栓和干粉或二氧化碳灭火器（严禁使用四氯化碳灭火器）。

③乙炔瓶储存时，一般要保持直立状态，并应有防倾倒措施。

④严禁与氯气瓶、氧气瓶及其他易燃品同间储存。

⑤储存间应设专人管理，并在醒目的部位设置"乙炔危险""严禁烟火"标志。

（3）乙炔瓶使用安全注意事项

①必须配装专用减压器和回火防止器。开启时操作者应站在阀口侧后方。放气压力不得超过 0.15 MPa，每瓶的输气流量不应超过 1.5 m³/h。

②气瓶应直立放置，防止其倾倒。严禁卧放使用。卧放的气瓶竖起后需待 20 min 后才可输气。

③气瓶要放置在通风良好的场所，不得靠近热源和电气设备。与明火的距离一般不小于 10 m，与氧气瓶不要太靠近。

④夏季要防止曝晒。冬季瓶阀冻结时严禁用火烘烤，应使用 40 ℃以下温水解冻。

⑤现场吊装搬运时应使用专用夹具和防振的运输车，不得用链绳或钢丝绳吊装搬运。

⑥瓶内气体不得用尽，应根据气温保持一定的余压。

3. 液化石油气瓶使用安全事项

(1)气瓶不可全部充满液体,应留有10%～15%的气化空间。

(2)气瓶必须安装专用减压器,禁止直接与瓶阀(角阀)连接使用。

(3)气瓶应放置在通风阴凉处,不得靠近火源,离明火的距离应不小于5 m。夏季应防止受曝晒。冬季使用时如气化量不足,禁止把气瓶移至加热炉旁烘烤,可使用蛇管式或列管式热水汽化器。

(4)使用时气瓶应直立放置。

(5)瓶内残液严禁自行倒出,以防急速气化造成火灾。

8.2.5　割炬的安全使用

(1)使用射吸式割炬时,在装上乙炔胶管之前,要先检查割炬的射吸力。方法是:只接上氧气胶管,打开割炬上的乙炔阀和氧气阀,将手指放在割炬的乙炔进口处,如感到有吸力,则表明射吸力良好,然后检查乙炔胶管中有无乙炔气正常流出,最后再把乙炔胶管装到割炬上。

(2)割炬点火前,应检查连接处和各气阀是否漏气。

(3)在氧气和乙炔阀都开启后,禁止用手或其他物件堵住割嘴,以免氧气倒流入乙炔供气系统而造成回火。

(4)点火时先开乙炔,点着火后再打开氧气阀调节火焰,这样一旦发现回火迹象,可立即关闭氧气阀,将火熄灭。缺点是开始时火焰产生炭黑烟。如先略微打开氧气阀、再打开乙炔阀然后点火,可避免黑烟。但在射吸式割炬的场合,如割炬有泄漏或割嘴端部受堵时,很易发生回火。

(5)点火时应把割嘴朝外偏下,以免点火后火焰伤及身体。点火应使用专用点火枪或引火绳,不可用烟蒂点火。使用射吸式割炬时,手应握在胶木把手上,不可握在混合管上,以免因回火而烫伤手。

(6)不准将点燃的割炬随意放在工件上或地上。

(7)一旦发生回火,应按照先立即关闭燃气阀,再关上氧气阀的顺序操作。待回火制止后,松开减压器,查明回火原因后方可重新点火。点火前要把胶管和割炬混合室内烟灰吹除,并把割嘴放入水中冷却。

(8)切割终了熄火时,射吸式割炬应先关切割氧,再关闭燃阀,最后关闭预热氧阀。等压式割炬可先关切割氧后,再关闭预热氧阀。

(9)割炬暂不使用时,不可将其放在坑道、地沟内或者工件下面,或锁在工具箱内,以免因气阀不严漏出乙炔,在这些空间集聚燃气－空气混合气,遇火星而发生爆炸。

(10)每天工作结束后,应把减压器和割炬拆下,并将气瓶、气路等阀门关闭。

8.2.6　橡胶软管的安全使用

(1)燃气、氧气软管必须选用按国标生产的橡胶管。氧气胶管的颜色是红色,乙炔胶管是黑色,注意不要错用。禁止两种胶管换用或替用。

(2)移动式乙炔发生器使用的胶管长度应不小于15 m。胶管接长用接管禁止使用纯铜。连接处要扎牢,避免漏气和脱落。

(3)胶管局部损坏,应切除破损部分或更换新胶管,以防止破损处泄出乙炔而发生事故。

(4)胶管在工作中应防止沾上油脂或触及红热金属。

附录 A 船舶气割工国家职业技能标准(中级)

1. 职业概况

1.1 职业名称

船舶气割工。

1.2 职业定义

使用自动化设备及手工设备对船用金属材料进行热切割作业的人员。

1.3 职业等级

本职业共设五个等级,分别为:初级(国家职业资格五级)、中级(国家职业资格四级)、高级(国家职业资格三级)、技师(国家职业资格二级)、高级技师(国家职业资格一级)。

1.4 职业环境条件

室内、外,高空,高温,噪声,烟尘,光辐射,有毒、有害。

1.5 职业能力特征

手指、手臂灵活,动作协调,色觉和空间感强;具有一定的学习和理解能力。

1.6 基本文化程度

初中毕业。

1.7 培训要求

1.7.1 培训期限

全日制职业学校教育,根据其培养目标和教学计划确定。晋级培训期限中级不少于200标准学时。

1.7.2 培训教师

培训中级的教师应具有本职业技师及以上职业资格证书或相关专业中级及以上专业技术职务任职资格。

1.7.3 培训场地设备

理论培训场地应具备可容纳20名以上学员的标准教室;实际操作培训场所应具备相应的设备、工具,通风条件良好,光线充足,安全设施完善。

1.8 鉴定要求

1.8.1 适用对象

从事或准备从事本职业的人员。

1.8.2 申报条件

中级(具备以下条件之一者)

(1)取得本职业初级职业资格证书后,连续从事本职业工作2年以上,经本职业中级正规培训达规定标准学时数,并取得结业证书。

(2)取得本职业初级职业资格证书后,连续从事本职业工作4年以上。

(3)连续从事本职业工作7年以上。

(4)取得经人力资源和社会保障行政部门审核认定的、以中级技能为培养目标的中等以上职业学校本职业(专业)毕业证书。

1.8.3　鉴定方式

分为理论知识考试和技能操作考核。理论知识考试采用闭卷笔试方式,技能操作考核采用现场实际操作、模拟操作等方式。理论知识考试和技能操作考核均实行百分制,成绩皆达60分及以上者为合格。

1.8.4　考评人员与考生配比

理论知识考试考评人员与考生配比为1∶20,每个标准教室不少于2名考评人员;技能操作考核考评员与考生配比为1∶5,且不少于3名考评员;综合评审委员不少于5人。

1.8.5　鉴定时间

理论知识考试时间不少于90 min;技能操作考核时间:中级不少于60 min。

1.8.6　鉴定场所设备

理论知识考试在标准教室进行;技能操作考核在具备必要的设备、工具且通风条件良好、光线充足、安全措施完善的场所进行。

2. 基本要求

2.1　职业道德

2.1.1　职业道德基本知识

2.1.2　职业守则

(1)遵守法律、法规和有关规定。

(2)爱岗敬业,忠于职守,认真履行各项职责。

(3)工作认真负责,严于律己。

(4)刻苦学习,研究业务,努力提高思想和科学文化素质。

(5)主动配合,具有团队合作精神。

(6)严格执行工艺纪律,保证质量。

(7)重视健康、安全、环保,坚持文明生产。

2.2　基础知识

2.2.1　气割基本知识

(1)气割原理和过程。

(2)气割用气体及器具。

(3)割炬和割嘴。

(4)气割质量。

(5)气割安全技术。

2.2.2　等离子弧切割基本知识

(1)等离子弧切割基本原理。

(2)等离子弧切割安全技术。

2.2.3　船体建造工艺知识

(1)船体结构常识。

(2)船体建造主要工艺流程。

(3)船体分段划分和零部件编码方式。

(4)船体构件理论线。

2.2.4　金属材料及热处理知识

(1)常用金属材料的机械、工艺性能和种类。

(2)船用结构钢的牌号和用途。

2.2.5　质量管理知识

(1)质量管理性质和特点。

(2)质量管理基本方法。

(3)《中国造船质量标准》相关知识。

2.2.6　职业健康与环境保护知识

(1)《中华人民共和国安全生产条例》相关知识。

(2)《中华人民共和国安全生产违法行为行政处罚办法》相关知识。

(3)《中华人民共和国特种设备安全监察条例》相关知识。

2.2.7　相关法律、法规知识

(1)《中华人民共和国劳动法》相关知识。

(2)《中华人民共和国劳动合同法》相关知识。

(3)《中华人民共和国消费者权益保护法》相关知识。

(4)《中华人民共和国产品质量法》相关知识。

3.工作要求

本标准对初级、中级、高级、技师和高级技师的技能要求依次递进,高级别涵盖低级别的要求,见表 A - 1

表 A - 1　工作要求

职业功能	工作内容	技能要求	相关知识
一、内场气割	(一)切割准备	1.能选用工作气体压力; 2.能进行横、仰位置切割的工装准备; 3.能根据板厚选择割嘴号码、切割速度	1.气体压力对切割的影响; 2.横、仰位置切割准备及工艺要求
	(二)切割	1.能使用半自动切割机进行 X 坡口切割; 2.能切割工字型钢材	1. X 坡口切割工艺要求; 2.工字型钢材切割要领
二、平台气割	(一)手工切割	1.能进行船体结构 T 型接头切割; 2.能进行薄板防变形切割; 3.能切割船体构件坡口; 4.能切割各种线型分段胎架	1.薄板切割工艺要求; 2.坡口切割质量要求; 3.曲面胎架切割操作要领
	(二)机械切割	1.能使用半自动切割机切割 28 ~ 40 mm 厚钢板,并达到钝边 2 mm、坡口30°的双面切割要求; 2.能进行型钢、管子机械切割	1.坡口切割的操作要领; 2.管子切割机操作要领

表 A −1(续)

职业功能	工作内容	技能要求	相关知识
三、船台(坞)气割	(一)手工切割	1. 能进行气割前预热; 2. 能切割船体结构; 3. 能切割船体结构嵌补板; 4. 能拆除船体分段各种马板	1. 气割前预热的作用和方法; 2. 船体立体分段切割要领; 3. 船体换板切割操作要领; 4. 船体分段各种马板切割操作要领
	(二)多向切割	1. 能进行船体结构横割、竖割、仰割; 2. 能进行曲线切割; 3. 能进行压力空气罐环形气割	1. 曲线切割操作要领; 2. 压力容器环形切割操作操作要领和安全知识; 3. 船台(坞)切割工艺

附录 B 船舶气割工习题及答案

一、填空题

1. 气割的实质是被切割材料在纯氧中的_____过程,而不是_____过程,不是所有金属都可以进行气割。

2. 气割就是利用氧炔焰加热时使用过量的_____,吹到熔化的金属和氧化物,在工作物上形成一条割缝,从而把金属割断。

3. 氧气橡胶软管应为_____色,工作压力应为_____MPa;乙炔橡胶软管应为_____色,工作压力应为_____MPa。

4. 气割临近终点时,割嘴应略向_____方向倾斜,以利于钢板的下部提前割透,使收尾时割缝整齐。

5. 进行气割作业时,金属材料的燃点必须_____于其熔点。燃烧生成金属氧化物的熔点,应_____于金属本身的熔点。

6. 碳弧气刨枪有_____和_____两种类型。

7. 切割要在钢板中间开始的,如割圆,应在钢板上先_____,如钢板较厚则需要先_____,再由孔开始切割。

8. 气割工件采用_____焰,火焰的大小应根据工件的_____适当调整。

9. 乙炔瓶表面温度不得超过_____,瓶阀冬季解冻加温时,应使用_____。

10. 为了使沿厚度方向切口宽度上下一致、后拖量尽可能小,这需要切割氧流在尽可能长的范围内保持_____。

11. 焊割现场必须配备灭火器材,危险性较大的应有专人_____。

12. 等离子体是除固体、液体、气体之外物质的第四种存在形态,由_____电离而成,是由_____、_____、_____等粒子组成,具有良好导电性的类似气体的物质。

13. 金属的气割过程包括_____、_____、_____三个阶段。

14. 氧气瓶的安全是由_____控制的。

15. 气割的工艺参数主要包括_____、_____、_____、_____等。

16. 预热火焰能率主要取决于_____和_____的大小。

17. 切割氧气的压力主要根据_____确定。

18. 氧气瓶内氧气压力为_____,乙炔瓶的工作压力是_____。

19. 割炬按预热火焰中氧气和乙炔的混合方式,分为_____和_____两种,其中以_____的使用最为普遍。按割炬用途又分为_____、_____以及_____等。

20. 我国的安全生产方针是_____、_____综合治理。

21. 登高焊接切割作业,电焊机及其他焊割设备与高处焊割作业点的下部地面应保持_____m以上的距离,并应设_____。

22. 金属材料的性能通常包括_____、_____、_____和_____等。

23. 乙炔火焰根据氧和乙炔混合比的不同,可分为_____焰、碳化焰和_____焰。

24. 根据切割厚度来选择割炬割嘴的大小,割嘴号越_____,切割厚度越厚。

25. 线形复杂涉及冷热加工的零件,加工时必须加放余量,加工结束后按要求进行_____和_____。

26. 乙炔、氧气管_____互用,胶管穿过道路要加保护。

27. 气割开始前要清应清除工作地点附近的_____、_____物,以防起火造成人身伤害。

28. 焊接切割作业的地点应距易燃易爆物品_____米以外。

29. 气割精度主要包括_____和_____的偏差及_____等。

30. ISO 9013—2002 规定了厚度在_____范围内,火焰切割的几何形产品规程和质量公差。

二、判断题

1. 切割终了时,先关闭切割氧气阀,再关闭预热焰的氧气阀。( )

2. 钢材按脱氧程度不同可分沸腾钢、镇定钢、半镇定钢三类。( )

3. 氧气瓶必须做定期检查(1 年一次),合格后才能继续使用。( )

4. 装氧气调压器前,应先吹扫氧气瓶嘴,人应该站在氧气出口的侧面。( )

5. 由于氧气瓶的壁厚较厚,即使夏季使用氧气瓶时,将氧气瓶置于阳光直射下,也不会发生安全事故。( )

6. 气割能够切割碳钢、铸铁、铜等金属材料。( )

7. 氧气瓶应直立应用,若卧放时应将减压器处于最高位置。( )

8. 氧气是气割的助燃气体,故其纯度对气割质量和效率影响不大。( )

9. 塑性是衡量金属软硬程度的一项重要指标。( )

10. 氧气是无色无味,本身不能燃烧,但是一种比较活泼的助燃气体。( )

11. 接受安全生产教育培训是从业人员的义务。( )

12. 遇险停、撤是从业人员的权利。( )

13. 安全生产方针突出强调了"以人为本"的思想。( )

14. 有机富锌底漆对切割速度及质量的影响最小。( )

15. 爆炸性混合物的压力、温度、含氧量及火源的能量都会影响爆炸极限范围。( )

16. 使用氧气瓶前,应稍打开瓶阀,吹出瓶阀上黏附的细屑或脏污后立即关闭,然后接上减压表再使用。( )

17. 在禁火区内动火作业以及在容器与管道内进行焊补作业时,必须设监护人。( )

18. 开启乙炔瓶瓶阀时应缓慢,不要超过一转半,一般情况只开启四分之三转。( )

19. 供乙炔使用的器材都不能用银和含铜量(铜的质量分数)70% 以上的合金制造。( )

20. 氧气瓶运送时必须带瓶帽,不能与装可燃气体的气瓶同车运输。( )

21. 薄板气割时速度要尽可能慢。( )

22. 引起气焊回火的原因是混合气体的流动速度低于燃烧速度。( )

23. 严禁气瓶阀、减压器、焊炬、割炬、输气胶管等黏上易燃的物质和油脂等物,以免引起火灾和爆炸。( )

24. 带钝边的 X 形坡口可以采用双割炬一次加工出来。（ ）

25. 氧气瓶运送时可以放倒后用叉车进行批量运送。（ ）

26. 切割时为了提高生产率，应尽量选用较大的火焰能率。（ ）

27. 割嘴离割件的距离：根据预热火焰的长度及割件的厚度而定，一般为 3～5 mm。（ ）

28. 严禁气瓶阀、减压器、焊炬、割炬、输气胶管等沾上易燃的物质和油脂等物，以免引起火灾和爆炸。（ ）

29. 发生燃烧必须具备的三个条件，即可燃物质、助燃物质和着火源。（ ）

30. 碳弧气刨对较厚钢板的深坡口刨削时，一般采用分段分层刨削的方法。（ ）

31. 钢的强度指标有屈服强度和抗拉强度等。（ ）

32. 钢的屈服强度是指钢在拉伸试验时，所能承受的最大拉应力。（ ）

33. 钢的冲击韧度值越小，在受到冲击时越不容易断裂。（ ）

34. 在生产过程中，凡是超出有效范围的燃烧称为火灾。（ ）

35. 等离子弧因为是具有高能量密度的压缩电弧，因而可以切割氧－乙炔无法切割的难熔金属和非金属。（ ）

36. 乙炔瓶最高工作压力禁止超过 1.47 MPa 表压。（ ）

37. 乙炔瓶使用时，瓶阀出口处必须配置专用的减压器和回火防止器。（ ）

38. 乙炔胶管可以直接从乙炔瓶出气口连接使用。（ ）

39. 不锈钢就是耐蚀钢。（ ）

40. 未配有手轮的乙炔瓶使用过程中，开闭乙炔瓶瓶阀的专用扳手，应始终装在阀上。（ ）

41. 液化石油气比空气轻。（ ）

42. 氧液化石油气切割现场的厂房内，必须设有通风换气孔，使室内下部不滞留液化石油气。（ ）

43. 液化石油气瓶禁止使用沸水加热和烧烤。（ ）

44. 船用 A 级板没有冲击要求。（ ）

45. 各种气瓶用的减压器可以换用或替用。（ ）

46. 用于液化石油气瓶及溶解乙炔瓶的减压器，使用时应保证减压器位于瓶体的最高位置，以防瓶中液体流入减压器。（ ）

47. 目前船舶建造都是基于"壳、舾、涂"一体化的现代造船模式。（ ）

48. 焊炬或割炬在使用过程中，嘴头堵塞物可以用嘴头与平面摩擦来消除。（ ）

49. 气焊气割用胶管在开始工作前应吹净胶管内残存的气体。（ ）

50. 气割薄板时，预热火焰功率要小，加热点落在切割线上，并处于切割氧流的正前方。（ ）

51. 气焊火焰能率的大小取决于焊炬型号和焊嘴号码的大小。（ ）

52. 氧液化石油气切割质量可比氧乙炔好，但生产率较低。（ ）

53. 切割氧压力是根据割件厚度选择的。（ ）

54. 气割作业可以直接在水泥地面上进行。（ ）

55. 氧－乙炔切割型钢或因工作位置不能向下气割时，在气割喷射方向应有有效防护措施，以防火花大量飞溅伤人或引起火灾爆炸事故。（ ）

56. 船用钢材需要在号料后进行矫正、表面清理及防护处理。（ ）

57. 氧－乙炔气割是金属在切割氧射流中剧烈燃烧(氧化),同时生成氧化物熔渣和产生大量的反应热,并利用切割氧的动能吹除熔渣,使割件形成切口的过程。(　　)

58. 乙炔在常温常压下是无色气体。工业用的乙炔混有磷化氢、硫化氢等杂质,因而具有刺鼻的臭味。(　　)

59. 乙炔能溶解在浸满丙酮的多孔填料中,故乙炔才能储存于瓶内。(　　)

60. 乙炔的爆炸极限范围极大,在空气中有大量的乙炔才能引起爆炸。(　　)

61. 气割质量要求主要是指气割切口的质量要求和工件的尺寸偏差要求。(　　)

62. 乙炔发生器的防爆泄压装置有安全阀、泄压膜。(　　)

63. 被切割金属材料的燃点高于熔点是保证切割过程顺利进行的基本条件。(　　)

64. 船体结构用一般强度钢分 A,B,D,E,F 五个等级。(　　)

65. 在气割作业中发生回火倒燃进入氧气胶管时,只要清洁一下,便可继续使用。(　　)

66. 氧气无色无味,本身不能燃烧。(　　)

67. 割炬熄火时,应先关闭乙炔调节手轮,然后再关闭氧气手轮。(　　)

68. 中国造船质量标准规定型材的机械切割按手工气割检验要求执行。(　　)

69. 存放、运输和使用氧气瓶时,应防止阳光直接曝晒以及其他高温热源的辐射加热,以免引起气体膨胀而爆炸。(　　)

70. 溶解乙炔瓶只能直立,不能卧放,这主要是为了防止丙酮流出。(　　)

71. 气割护目镜的作用是保护气割工的眼睛不受火焰亮光的刺激,以及清楚地观察气割线及气割状态。(　　)

72. 金属气割过程的实质是金属在纯氧中燃烧的过程,而不是金属的熔化过程。(　　)

73. 余量和补偿量都是可以切除的。(　　)

74. 溶解乙炔与由乙炔发生器直接得到的气态乙炔相比,前者压力高,能保证割炬的工作稳定。(　　)

75. 乙炔瓶严禁与氯气瓶、氧气瓶及易燃物品同室存放。(　　)

76. 防爆膜(片)可以用铜片或铁片代替。(　　)

77. 等离子切割厚板时,应该增大后倾角。(　　)

78. 没有减压器的氧气瓶也可以使用。(　　)

79. 开启氧气阀门时,要用专业工具,动作要缓慢。(　　)

80. 进入容器内气割时,点火和熄火可以在容器内进行。(　　)

三、选择题

1. 钢是指含碳量(碳的质量分数)小于多少的铁碳合金?(　　)
A. 0. 25　　　　　B. 0. 8%　　　　　C. 2. 11%　　　　　D. 0. 020%

2. 要使用已卧放的乙炔瓶,必须先直立后静置多少分钟再用?(　　)
A. 2　　　　　B. 5　　　　　C. 10　　　　　D. 20

3. 金属材料的力学性能中没有什么?(　　)
A. 强度　　　　　B. 韧性　　　　　C. 塑性　　　　　D. 磁性

4. 乙炔和氧气、水蒸气等混合,会使爆炸危险性怎么样?(　　)
A. 增加　　　　　B. 降低　　　　　C. 不变　　　　　D. 无规则变化

5. 气瓶凝结时应采用什么方法解冻?(　　)
A. 烤　　　　　　　　　B. 蒸汽

C. 40 ℃以下温水　　　　D. 敲击

6. 切割 V 形和 Y 形坡口时,通常当单侧坡口超过多少摄氏度时需要把坡口面置于背面气割?(　　)

A. 75　　　　　B. 60　　　　　C. 45　　　　　D. 30

7. 氧 – 乙炔火焰中,(　　)部分温度最高。

A. 焰心　　　　B. 内焰　　　　C. 外焰

8. 氧气瓶的连接形式采用(　　)。

A. 顺旋螺纹　　B. 倒旋螺纹　　C. 夹紧

9. 氧气瓶阀门及附件严禁沾有(　　)。

A. 水　　　　　B. 灰尘　　　　C. 油脂

10. 根据电极连接方式,等离子弧可分为(　　)。

A. 非转移型　　B. 转移型　　　C. 联合型　　　D. 接触型

11. 氧气瓶是一种存储和运输氧气的专用(　　)容器。

A. 低压　　　　B. 中压　　　　C. 高压　　　　D. 超高压

12. 氧气瓶阀门或附件检修时沾有油脂可用(　　)进行清洗。

A. 汽油　　　　B. 柴油　　　　C. 四氯化碳

13. 随着钢含碳量的增加,用氧 – 乙炔火焰切割越不易这主要是(　　)。

A. 熔点降低燃点升高　　　　　B. 熔点及燃点都没变化

C. 熔点增高燃点降低

14. 底漆漆膜厚度对气割速度和气割质量也有一定影响,从气割角度考虑车间底漆的漆膜厚度易控制在(　　)左右为宜。

A. 15 μm　　　B. 30 μm　　　C. 50 μm　　　D. 75 μm

15. 气割低碳钢时被切割氧所吹走的是(　　)。

A. 熔化的金属　　　　　　B. 熔化的金属氧化物

C. 熔化的脏物

16. 为防备由焊、割作业而引起的火灾、爆炸事故在作业现场应放置(　　)。

A. 消防器材　　B. 通风设备　　C. 除尘设备

17. 凡是(　　),焊工有权拒绝焊、割。

A. 不了解焊、割现场周围情况

B. 已经泄压的压力容器和管道

C. 登高作业

18. 割炬 G02—300,G 表示割炬,0 表示手工,2 表示等压式,300 表示最大切割(　　)。

A. 厚度　　　　B. 长度　　　　C. 宽度　　　　D. 角度

19. 切割材料越厚,气割速度越(　　)。

A. 越慢　　　　B. 越快　　　　C. 不变

20. 气割直径大于 220 mm 的圆钢是,通常应分几次气割?(　　)

A. 1　　　　　B. 2　　　　　C. 3　　　　　D. 4

21. 以下哪几条为正确的气割胶管使用方法是(　　)。

A. 乙炔胶管与氧气胶管不能相互使用

B. 应经常检查胶管有无磨损、烧坏、泄漏、老化

C.经常用水或汽油对管体进行清洗

D.给管体内加注少量润滑油保证安装方便

22.气割时都会出现哪些安全事故(   )?

A.火灾　　　　　B.爆炸　　　　　C.烧伤　　　　　D.塌方

23.在外力作用下,钢抵抗永久变形和断裂的能力称为什么?(   )

A.强度　　　　　B.塑性　　　　　C.冲击韧度　　　　　D.硬度

24.钢的塑性越好,塑性变形能力如何?(   )

A.越大　　　　　B.越小　　　　　C.不变　　　　　D.无规则变化

25.下面那种缺陷易在碳弧气刨时出现(   )。

A.夹碳　　　　　B.刨偏　　　　　C.黏渣　　　　　D.铜斑

26.可燃物的爆炸极限越宽,则爆炸的危险性如何?(   )

A.越小　　　　　B.越大　　　　　C.不变　　　　　D.无规则变化

27.对于比较干燥而触电危险性较大的环境,安全电压为多少?(   )

A.3 V　　　　　B.12 V　　　　　C.36 V　　　　　D.2.5 V

28.燃料容器及管道焊补时,应在安全区内进行,安全区与易燃易爆物距离几米以上?(   )

A.5 m　　　　　B.10 m　　　　　C.15 m　　　　　D.20 m

29.登高焊割作业时,一般认为在地面周围几米范围内为危险区?(   )

A.3 m　　　　　B.5 m　　　　　C.10 m　　　　　D.20 m

30.不可采用碳弧气刨加工的材料有(   )。

A.木材　　　　　B.水泥　　　　　C.塑料　　　　　D.钢材

31.下列金属材料中,哪种材料能采用氧气切割?(   )

A.中碳钢　　　　　B.不锈钢　　　　　C.铜　　　　　D.铸铁

32.随着温度升高,丙酮溶解乙炔的能力怎样变化?(   )

A.增大　　　　　B.降低　　　　　C.不变　　　　　D.略大

33.乙炔溶解在液体里会使爆炸危险性怎么样?(   )

A.降低　　　　　B.增大　　　　　C.不变　　　　　D.无规律变化

34.乙炔与氮气、水蒸气等混合,会使爆炸危险性怎么样?(   )

A.增加　　　　　B.降低　　　　　C.不变　　　　　D.无规律变化

35.乙炔瓶着火时,不应该采用什么来灭火?(   )

A.水　　　　　B.CO_2灭火器　　　　　C.泡沫灭火器　　　　　D.四氯化碳灭火器

36.不锈钢除了均匀腐蚀、点腐蚀外还有那几种腐蚀形式?(   )

A.点腐蚀　　　　　B.缝隙腐蚀　　　　　C.晶间腐蚀　　　　　D.应力腐蚀

37.燃烧是强烈的(   )反应,并伴随由光和热的同时发生的化学现象。

A.氧化　　　　　B.分解　　　　　C.复合　　　　　D.分裂

38.回火原因是:在气割过程中由于堵塞等各种原因,使混合气体的喷射速度(   )混合气体的燃烧逺度,混合气体产生的火焰自割炬向乙炔胶管内逆燃。

A.大于　　　　　B.小于　　　　　C.等于　　　　　D.远大于

39.目前,铝合金包括纯铝在内已形成(   )个系列。

A.5　　　　　B.6　　　　　C.7　　　　　D.8

40. 要使用已卧放的乙炔瓶,必须先直立后静置多少分钟再使用?( )

A. 2   B. 5   C. 10   D. 20

41. 液化石油气瓶瓶体表面是什么颜色?( )

A. 白色   B. 天蓝色   C. 银灰色   D. 黑色

42. 船舶中间产品制造主要包括?( )

A. 钢材预处理   B. 部件装配

C. 分(总)段装配   D. 船舶总装

43. 气割设备、附件及管道的漏气,只准用( )检验。

A. 煤油   B. 明火   C. 肥皂水   D. 汽油

44. ( )是切割过程正常进行的基本条件。

A. 金属的燃点低于熔点   B. 金属的熔点与燃点相等

C. 金属的燃点高于熔点   D. 以上都不是

45. 气割时,预热火焰应该应用( )。

A. 中性焰   B. 氧化焰   C. 碳化焰   D. 无所谓

46. 不锈钢按化学成分可分为( )。

A. 铬不锈钢   B. 铬镍不锈钢

C. 铬锰氮不锈钢   D. 以上都不是

47. 乙炔既是( )气体,又是易爆性气体。

A. 可燃性   B. 助燃性   C. 自燃性   D. 难燃性

48. 下面乙炔站在厂区的布置是不符合安全要求的有( )。

A. 易靠近主要用户处

B. 严禁布置在易被水淹没的地方

C. 应布置在人员密集区和主要交通要道处

D. 乙炔站房的墙上不允许穿过任何管线

49. 下面不正确使用割据的情况有( )。

A. 使用前检查其射吸能力

B. 检查其气体通道是否正常

C. 使用后放在地上

D. 检查各气体通路、阀门是否沾有油脂

50. 在水泥地面上切割时应( )工件,以防止锈皮和水泥地面爆溅伤人。

A. 垫高   B. 放平   C. 检查   D. 无所谓

51. 除了覆盖层保护法外还有哪几种钢材表面清理与防护方法。( )

A. 抛丸法除锈   B. 酸洗法除锈

C. 喷丸法除锈   D. A 和 B

52. CB/T 4000 主要针对船舶建造过程中气割精度、气割质量,从( )等方面进行了明确。

A. 表面粗糙度   B. 缺口

C. 尺寸偏差   D. 后拖量

53. 乙炔瓶与明火或散发火花的地点距离不得小于( )m,且不能设在地下室或半地下室。

A. 5　　　　　　B. 8　　　　　　C. 10　　　　　　D. 15

54.(　　)是不锈钢中最重要的元素。

A.镍　　　　　　B.铬　　　　　　C.钼　　　　　　D.钛

55.在进行氧-乙炔切割时,预热火焰能率与割件厚度(　　),同时应与气割速度相适应。

A.成正比　　　　B.成反比　　　　C.关系不大　　　　D.无比例关系

56.气割作业过程中出现回火时,应立即关闭割炬的(　　)阀门,然后关闭其他阀门。

A.氧气、切割氧　　　　　　B.减压阀

C.乙炔　　　　　　　　　　D. A + B

57.检查割炬的射吸情况时,可在接通氧气后,将手指按在乙炔的接头上,若手指感到(　　),则表示射吸能力正常。

A.有吸力　　　B.有压力　　　C.无吸力　　　D.无压力

58.金属材料的工艺性能主要包括(　　)。

A.切削性能　　　　　　　　B.铸造性能

C.锻造性能　　　　　　　　D.焊接性能

59.等离子弧压缩效应主要有(　　)。

A.机械压缩效应　　　　　　B.热收缩效应

C.磁收缩效应　　　　　　　D.联合收缩效应

60.船用铝合金多选用(　　)。

A.铝-镁系合金　　　　　　B.铝-镁-硅系合金

C.铝-锌-镁系合金　　　　D.铝-锰系合金

四、问答题

1.影响气割过程(包括切割速度和质量)的主要因素有哪些?

2.气焊气割用胶管安全使用规程有哪些?

3.简述使用碳弧气刨如何去除裂纹。

4.进行气割作业时,操作工所需劳保用品有哪些?(回答正确三个及以上给满分)

5. 气焊气割作业容易发生哪些安全事故？

6. 简述不锈钢的分类。

7. 船舶图纸上的余量符号应包括哪几个因素？简述不同阶段的余量切割。

8. 简述气割质量管理的主要内容。

9. 简述基于"壳、舾、涂"一体化的造船工艺流程的主要组成部分。

10. 最常见的影响气割质量的主要因素有哪些？

答案

一、填空题

1. 燃烧,熔化

2. 氧气

3. 红色,2,黑色,0.3

4. 后

5. 低,低

6. 侧面送气,圆周送气

7. 割出孔,钻孔

8. 氧化,厚度

9. 40 ℃,40 ℃以内的温水加热

10. 圆柱形状

11. 现场监护

12. 气态物质,带正电的离子、带负电的电子、部分未电离的中性原子

13. 预热,燃烧,吹渣

14. 瓶阀中的金属安全膜

15. 预热火焰能率,切割氧气压力,切割速度,割嘴倾角及其与工件表面的距离

16. 割炬,割嘴

17. 切割厚度

18. 15 MPa,1.5 MPa

19. 射吸式,等压式,射吸式割炬,普通割炬,重型割炬,焊、割两用炬

20. 安全第一,预防为主

21. 10,监护人

22. 物理性能,化学性能,力学性能,工艺性能

23. 中性,氧化

24. 大

25. 二次画线,切割

26. 不可

27. 易燃,易爆

28. 10

29. 割件尺寸,坡口尺寸,板边直线度

30. 3～300 mm

二、判断题

1～5. √√×√×

6～10. ×√××√

11～15. √√√×√

16～20. √√√√√

21～25. ×√√××

26～30 ×√√√√

31～35. √ × × √ √
36～40. √ √ × × √
41～45. × √ √ × ×
46～50. √ √ × √ √
51～55. √ × √ × √
56～60. × √ √ √ ×
61～65. √ √ × × ×
66～70. √ √ √ √ √
71～75. √ √ × √ √
76～80. × × × √ ×

三、选择题

1. C;2. D;3. D;4. B;5. C;6. D;7. B;8. A;9. C;10. ABC;

11. C;12. C;13. A;14. A;15. B;16. A;17. A;18. A;19. A;20. C;

21. AB;22. ABD;23. A;24. A;25. ABCD;26. B;27. C;28. B;29. C;30. ABC;

31. A;32. B;33. A;34. B;35. D;36. ABCD;37. A;38. B;39. D;40. D;

41. C;42. BC;43. C;44. A;45. A;46. ABC;47. A;48. C;49. C;50. A;

51. ABC;52. ABC;53. D;54. B;55. A;56. C;57. A;58. ABCD;59. ABC;60. ABC

四、问答题

1. 答:

(1)切割氧的纯度;

(2)切割氧的流量、压力及氧流形状;

(3)切割氧流的流速、动量和攻角;

(4)预热火焰的功率;

(5)被切割金属的成分、表面状况和初始温度;

(6)其他因素。

2. 答:

(1)乙炔胶管与氧气胶管不能相互使用,也不能用其他胶管代替。

(2)乙炔胶管管段的连接,应使用含铜(铜的质量分数)70%以上的铜管,低合金钢管或不锈钢管。

(3)工作前应吹净管内残存的气体,再开始工作。

(4)氧气胶管严禁沾染油脂。

(5)应经常检查胶管有无磨损、烧坏、泄漏、老化或其他缺陷等,发现情况应及时修理或更换。

3. 答:

焊缝经探伤后,发现有超标准的缺陷,可用碳弧气刨进行剔除。根据检验人员在焊缝上做出的缺陷位置的标记来进行刨削,刨削过程中要注意一层一层地刨,每层不要太厚。当发现缺陷后,要轻轻地再往下刨一二层,直到将缺陷彻底刨掉为止。清除焊缝中的裂纹时,应先将裂纹两端刨去一部分,以免裂纹扩展。然后以较大的刨削量连续向下刨,直至裂纹完全被清除,最后采用磁粉或渗透探伤进行确认。

4. 答:

(1)防护服;

(2)防护手套;

(3)防护鞋;

(4)安全帽;

(5)口罩

5. 答:

爆炸、火灾、烧伤、烫伤和有毒气体中毒等。

6. 答:

不锈钢的分类方法有几种:按主要化学成分可分为铬不锈钢、铬镍不锈钢和铬锰氮不锈钢等,也可以以性能特点分成耐酸不锈钢和耐热不锈钢等;通常以金相组织进行分类。按金相组织可分为:奥氏体(A)型不锈钢、铁素体(F)型不锈钢、马氏体(M)型不锈钢、奥氏体 – 铁素体(A – F)型双相不锈钢、析出硬化(PH)型不锈钢。

7. 答:

图纸上的余量符号应包括余量加放部位、余量数值、余量的切割阶段三个要素。

用不同的符号形式表示余量切除的不同工艺阶段。

①补偿值是指下料时加放,各阶段装焊时不需切割。

②零件加工阶段是指船体结构零件的加工过程,一般指曲度外板、曲度纵骨等在另加下料后弯曲成形的过程。

③小组立阶段是指肘板、肋板、纵桁、纵骨、横梁、框架等部件、组合件的安装焊接过程,此阶段是在船体小组立场地施工的装焊过程。

④中组立阶段是指平面拼板画线、曲面拼板画线、子分段装焊以及在流水线上施工的板架的装焊过程。

⑤大组立阶段是指完整分段装焊。

⑥总组立阶段是指在上船台或船坞前分段与分段之间的预合龙过程。

⑦合龙阶段是指在船台或船坞上进行的分段或总段的黏渣过程。

⑧平面及曲面拼板时切除是指在各阶段平面、曲面拼板画线后立即切除。

8. 答:

气割质量管理的具体项目有钢材管理、气割气体管理、切割设备管理、技术人员和气割工技能管理、切割施工管理、气割工和检验人员的教育和培训管理以及切割质量检验管理等。

9. 答:

①船体放样;

②钢材预处理;

③零件加工;

④中间产品制造;

⑤船舶总装;

⑥密性试验;

⑦船舶下水;

⑧舾装;

⑨船舶试验；

⑩交船与验收。

10. 答：

影响气割质量的因素有很多，但是最常见的有以下几个方面：

①工件

工件的材质、厚度、力学性能、平面度、清洁度、气割形状、坡口形式、切口在工件上的分布、套裁方法以及切口四周的余量等。

②燃气和氧气

气体的纯度、气体的压力及压力的持久稳定性等。

③设备和工装

设备的精度、操作性能、气割平台的平整度、工件加紧装置和排渣的方便程度等。

④气割工艺

割炬规格和割嘴号的选择、预热火焰的选择、风险的调节、加热时间的控制、割嘴离工件的高度、割嘴的前后倾角和左右垂直度、气割速度、气割顺序及路线和工人的操作水平等。

附录 C 中级气割工技能自测题

考核要求：

(1)正确操作使用切割设备；

(2)清理试件切割处的油、锈等污物；

(3)切割前阅读图纸并按图纸给定的尺寸划出实际割缝中心线；

(4)固定试件要留有一定的切割空间；

(5)割缝表面清理干净,并保持焊缝原始状态；

(6)做到工完、料净、场地清。

考核内容：

(1)操作前准备；

(2)切割操作；

(3)割透状态；

(4)下料尺寸精度；

(5)切割面质量；

(6)安全文明生产。

测试要点：

(1)工具及劳保用品准备齐全,切割用气体压力选择正确,割嘴的选择及清理,并符合质量要求；

(2)试件一次割透；

(3)试件下料尺寸精度符合图样要求；

(4)切割面质量符合技术要求,主要包括平面度、垂直度、粗糙度、上边缘塌边宽度和下边缘挂渣状况；

(5)安全生产满足国家颁布或企业制定的有关规定；

(6)文明生产满足企业有关规定,包括场地清理和工具复位等。

表 C-1 配分及评分标准

序号	考核内容	配分	评分标准	检测结果	扣分	得分
1	割前准备	5	工具及劳保着装不符合要求,参数设置,设备调试等每缺一项或一处不符合标准,项扣1分			
2	切割操作	5	送气顺序不对及点火操作有误扣5分			
3	割透状况	15	切割次数每增加一次扣5分			
4	试件下料尺寸精度	20	按图纸给定允许公差有关标准评分			

表 C-1(续)

5	切割面质量	表面粗糙度 R_z 值/mm	5	粗糙度≤320 μm， 每增加 0.1 mm，扣 2 分			
		平面度 u 值/mm	10	$\delta \leqslant 20$　$u \leqslant 4\%\delta$ $\delta = 20 \sim 100$，$u \leqslant 2.5\%\delta$ 平面度超标扣 10 分			
		上边缘熔化程度 r 值/mm	5	塌边宽度 >1.5 mm，扣 5 分			
		挂渣有条状挂渣，用铲可铲除	10	1. 挂渣较难清除，扣 5 分 2. 留有残迹≥10% 割缝长度不得分			
		直线度/mm	10	>2 mmδ，扣 5 分；>4 mm，不得分			
		垂直度/mm	10	>3%δ，不得分			
6		其他	5	关闭电源，设备、工具复位，试件、场地清理干净，每一处不符合要求扣 1 分。			
7	定额	切割时间		每超过 1 min 扣 2 分			
	合计		100				

否定项：

(1)回火烧毁割嘴；

(2)割缝原始表面破坏；

(3)切割操作时间超过定额的 50%。

中级切割工技能自测题(一)

1.操作内容:薄钢板手工切割(视生产余料而定)。

2.考试所用切割机及辅助设备:G01 - 30 型射吸式割炬、1 号割嘴、钢丝钳、活扳手、手锤、敲渣锤、通针、石笔、钢板尺和点火枪等。

3.切割后钢板规格:钢板规格如图 C - 1 所示。

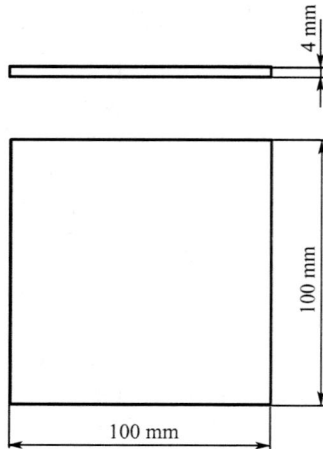

图 C - 1　切割后钢板规格

技术要求:

割口平整光滑、割纹均匀;

割口表面无挂渣、塌角;

宽度与长度误差:±2 mm;

板边缘直线度标准范围≤1.5 mm。

4.考核要求:

(1)切割前将割件缝处附件的氧化皮活污垢清理干净;

(2)不允许从多割件中挑选;

(3)割件表面清理干净,保持割件原始表面;

(4)采用中性焰切割;

(5)严格安全操作规程执行操作;

(6)切割时间 15 min。

中级切割工技能自测题(二)

1. 操作内容:中等厚度板 30 度坡口手工切割(视生产余料而定)。

2. 考试所用切割机及辅助设备:G01 - 100 型射吸式割炬、1 号割嘴、钢丝钳、活扳手、手锤、敲渣锤、通针、石笔、钢板尺和点火枪等。

3. 切割后钢板规格:钢板规格如图 C - 2 所示。

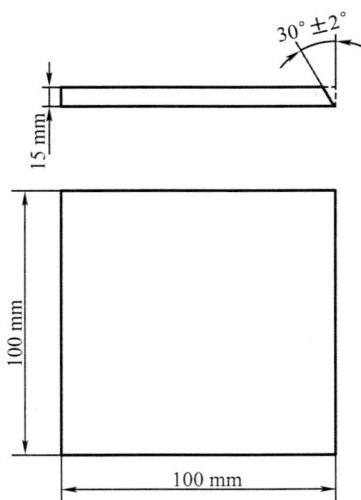

图 C - 2　切割后钢板规格

技术要求:

割口平整光滑、割纹均匀;

割口表面无挂渣、塌角;

宽度与长度误差:±2 mm;

板边缘直线度标准范围≤1.5 mm。

4. 考核要求:

(1)切割前将割件缝处附件的氧化皮活污垢清理干净;

(2)不允许从多割件中挑选;

(3)按图纸要求用石笔画出 30° ±2°坡口切割线;

(4)割件表面清理干净,保持割件原始表面;

(5)采用中性焰切割;

(6)严格安全操作规程执行操作;

(7)切割时间 20 min。

中级切割工技能自测题(三)

1. 操作内容:厚板 X 型坡口手工切割(视生产余料而定)。

2. 考试所用切割机及辅助设备:G01 – 100 型射吸式割炬、2 号割嘴、钢丝钳、活扳手、手锤、敲渣锤、通针、石笔、钢板尺和点火枪等。

3. 切割后钢板规格:钢板规格如图 C – 3 所示。

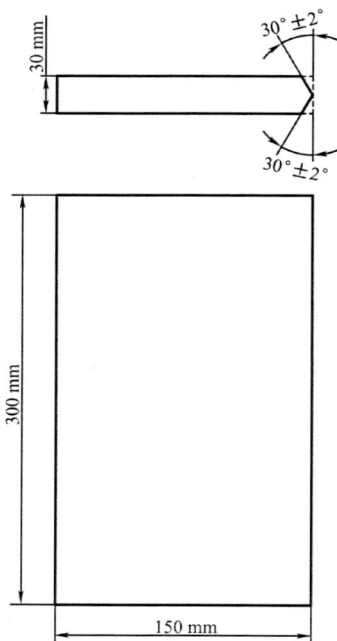

图 C – 3　切割后钢板规格

技术要求:
割口平整光滑、割纹均匀;
割口表面无挂渣、塌角;
宽度与长度误差:±2 mm;
板边缘直线度标准范围≤1.5 mm。

4. 考核要求:
(1)切割前将割件缝处附件的氧化皮活污垢清理干净;
(2)不允许从多割件中挑选;
(3)按图纸要求用石笔画出 30° ±2°坡口切割线;
(4)割件表面清理干净,保持割件原始表面;
(5)采用中性焰切割;
(6)严格安全操作规程执行操作;
(7)切割时间 30 min。

中级切割工技能自测题（四）

1. 操作内容：25b 工字钢手工切割（视生产余料而定）。

2. 考试所用切割机及辅助设备：G01－100 型射吸式割炬、1 号割嘴、钢丝钳、活扳手、手锤、敲渣锤、通针、石笔、钢板尺和点火枪等。

3. 切割后型材规格规格如图 C－4 所示。

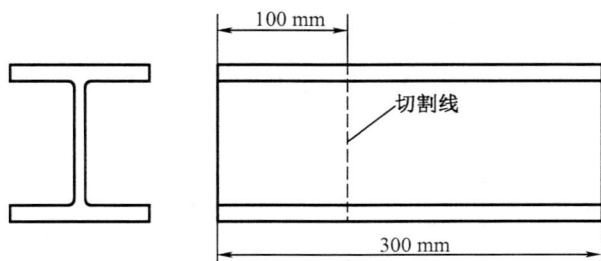

图 C-4　切割后型材规格规格

技术要求：

割口平整光滑、割纹均匀；

割口表面无挂渣、塌角；

宽度与长度误差：±2 mm；

板边缘直线度标准范围≤1.5 mm。

4. 考核要求：

（1）切割前将割件缝处附件的氧化皮活污垢清理干净；

（2）不允许从多割件中挑选；

（3）按图纸要求用石笔画出切割线；

（4）割件表面清理干净，保持割件原始表面；

（5）采用中性焰切割；

（6）严格安全操作规程执行操作；

（7）切割时间 15 min。

中级切割工技能自测题(五)

1. 操作内容:钢管水平转动手动切割(视生产余料而定)。

2. 考试所用切割机及辅助设备:G01 – 30 型射吸式割炬、1 号割嘴、钢丝钳、活扳手、手锤、敲渣锤、通针、石笔、钢板尺和点火枪等。

3. 切割后钢板规格:钢管规格为($D \times S \times L$)80 mm ×6 mm ×100 mm,如图 C – 5 所示。

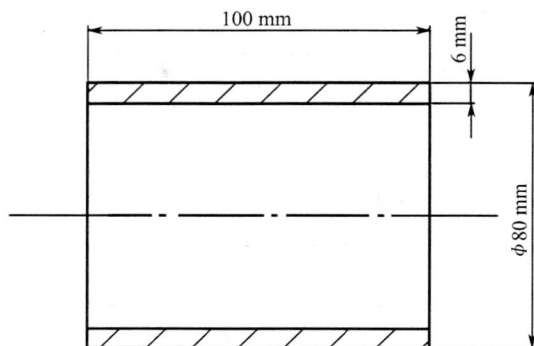

图 C – 5　切割后钢板规格

技术要求:

割口平整光滑、割纹均匀;

割口表面无挂渣、塌角;

尺寸误差:±2 mm;

板边缘直线度标准范围≤1.5 mm。

4. 考核要求:

(1)切割前将割件缝处附件的氧化皮活污垢清理干净;

(2)不允许从多割件中挑选;

(3)割件表面清理干净,保持割件原始表面;

(4)采用中性焰切割;

(5)严格安全操作规程执行操作;

(6)切割时间 15 min。

中级切割工技能自测题（六）

1. 操作内容：矩形及半圆形曲线手动切割（视生产余料而定）。

2. 考试所用切割机及辅助设备：G01－100 型射吸式割炬、1 号割嘴、钢丝钳、活扳手、手锤、敲渣锤、通针、石笔、钢板尺和点火枪等。

3. 切割后钢板规格：钢板规格如图 C－6 所示。

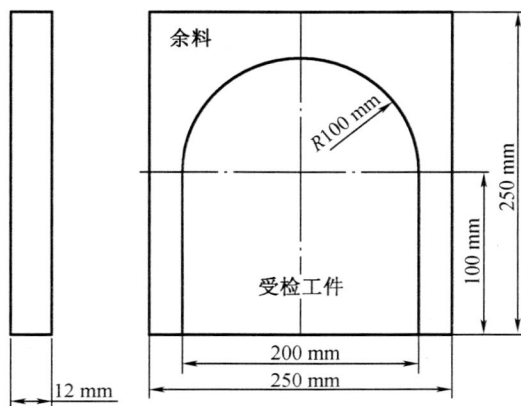

图 C－6　切割后钢板规格

技术要求：

保证试件尺寸，不许用底规；

割口平整光滑、割纹均匀；

割口表面无挂渣、塌角；

宽度与长度及圆孔误差：±2 mm；

平面度≤0.5 m。

4. 考核要求：

（1）切割前将割件缝处附件的氧化皮活污垢清理干净；

（2）不允许从多割件中挑选；

（3）按图纸要求用石笔画出切割线；

（4）割件表面清理干净，保持割件原始表面；

（5）采用中性焰切割；

（6）严格安全操作规程执行操作；

（7）切割时间 20 min。

中级切割工技能自测题(七)

1. 操作内容:平、立、仰三个位置手动切割去除马板(视生产余料而定)。

2. 考试所用切割机及辅助设备:G01-100 型射吸式割炬、1 号割嘴、钢丝钳、活扳手、手锤、敲渣锤、通针、石笔、钢板尺和点火枪等。

3. 马板模拟件的规格如图 C-7 所示。

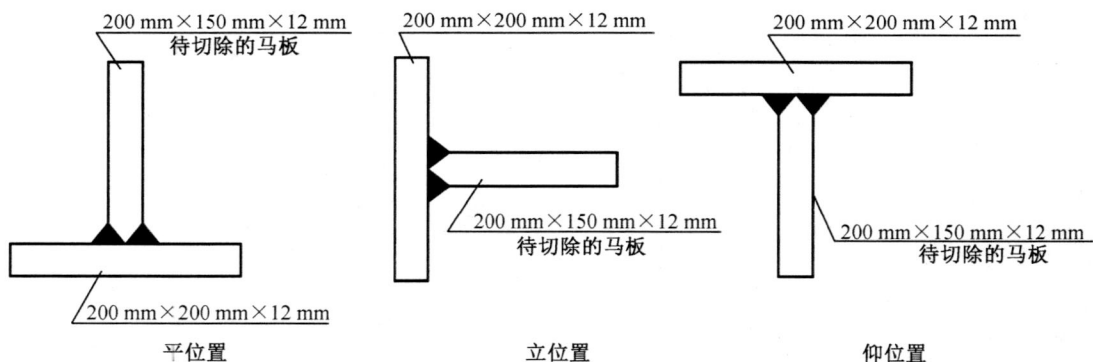

图 C-7 马板模拟件的规格

技术要求:

马板割除后,不能损伤与其连接的钢板;

割口平整光滑、割纹均匀;

割口表面无挂渣;

切割后留根≤6 mm。

4. 考核要求:

(1)切割前将割件缝处附件的氧化皮活污垢清理干净;

(2)不允许从多割件中挑选;

(3)割件表面清理干净,保持割件原始表面;

(4)采用中性焰切割;

(5)严格安全操作规程执行操作;

(6)切割时间 20 min。

中级切割工技能自测题(八)

1. 操作内容:钢板坡口半自动切割(视生产余料而定)

2. 考试所用切割机及辅助设备:半自动切割设备、钢丝钳、活扳手、手锤、敲渣锤、通针、石笔、钢板尺、点火枪等。

3. 切割后钢板规格:钢板规格为 35 mm×400 mm×200 mm,如图 C-8 所示。

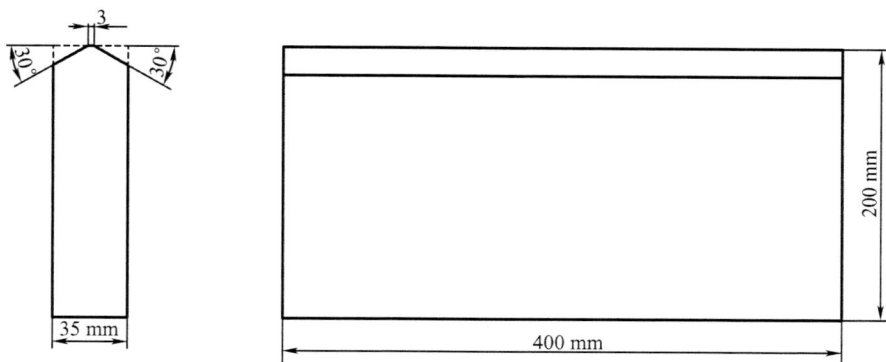

图 C-8　切割后钢板规格

技术要求:

割口平整光滑、割纹均匀;

割口表面无挂渣、塌角;

宽度与长度误差:±2 mm;

板边缘直线度标准范围≤1.5 mm;

坡口角度允许标准范围为±2°;

坡口深度允许标准范围为±1.0 mm。

4. 考核要求:

(1)切割前将割件缝处附件的氧化皮活污垢清理干净;

(2)不允许从多割件中挑选;

(3)割件表面清理干净,保持割件原始表面;

(4)采用中性焰切割;

(5)严格安全操作规程执行操作;

(6)切割时间 30 min。

参 考 文 献

[1] 任桂芬.新型工业燃气替代产品特利Ⅱ气分析[J].内蒙古石油化工,2001,27(2):148-149.

[2] 叶韶轩,郭增振,梅利.天然气替代乙炔技术的研究[J].能源工程,2004(3):12-13.

[3] 梁桂芳.切割技术手册[M].北京:机械工业出版社,1999.

[4] 李风波.船舶与海洋工程焊接[M].哈尔滨:哈尔滨工程大学出版社,2015.

[5] 张应立,张梅.金属切割实用技术[M].北京:化学工业出版社,2005.

[6] 曹先海,韩云枢.初级船舶气割工工艺学[M].哈尔滨:哈尔滨工程大学出版社,2007.

[7] 徐继达,徐晓航,孙志新.金属焊接与切割作业[M].北京:气象出版社,2002.

[8] 张应立,张莉.焊接安全与卫生技术[M].北京:中国电力出版社,2003.

[9] 李亚江.切割技术及应用[M].北京:化学工业出版社,2004.

[10] 王怀宝.实用气割技术[M].郑州:河南科学技术出版社,2000.

[11] 邱言龙,聂正斌,雷振国.等离子弧焊与切割技术快速入门[M].上海:上海科学技术出版社,2011.

[12] 唐景富.等离子弧切割操作技能[M].北京:机械工业出版社,2009.

[13] 高进强,宋思利.切割[M].北京:化学工业出版社,2007.

[14] 何汉武.船舶切割工[M].北京:国防工业出版社,2008.

[15] 刘云龙.焊工技师手册[M].北京:机械工业出版社,2002.

[16] 应长春.船舶工艺技术[M].上海:上海交通大学出版社,2013.